스머프 학교, 해밀초가 건네는 소소한 개교 이야기

학교와 나

스마트 학교,
해밀초가 건네는 소소한 개교 이야기
학교와 나

초판 1쇄 인쇄 2021년 3월 5일
초판 1쇄 발행 2021년 3월 12일

지은이 강유민, 고은영, 김지수, 김현영, 김현진, 김희수, 박경현, 박다예, 박정미,
        서시연, 유우석, 윤지영, 이연우, 전서연, 전유진, 태동민, 황현영
펴낸이 김승희
펴낸곳 도서출판 살림터

기획 정광일
편집 조현주
북디자인 꼬리별

인쇄·제본 (주)신화프린팅
종이 (주)명동지류

주소 서울시 양천구 목동동로 293, 22층 2215-1호
전화 02-3141-6553
팩스 02-3141-6555
출판등록 2008년 3월 18일 제313-1990-12호
이메일 gwang80@hanmail.net
블로그 http://blog.naver.com/dkffk1020

ISBN 979-11-5930-184-1 03370

스머프 학교, 해밀초가 건네는 소소한 개교 이야기

학교와 나

강유민·고은영·김지수·김현영·김현진·김희수·박경현·박다예·박정미
서시연·유우석·윤지영·이연우·전서연·전유진·태동민·황현영 지음

살림터

그대가 있어 학교가 아름답습니다

세종특별자치시교육감 최교진

마음을 담아 진심으로 축하합니다.

해밀초에 대한 기대와 걱정이 함께 있었습니다.

해밀초는 세종특별자치시의 50번째 초등학교이자, 새로 조성되는 6생활권에 들어서는 첫 학교입니다. 그리고 해밀유, 초, 중, 고등학교, 복합커뮤니티센터, 근린공원이 한 공간에 어우러지는 마을이 학교이고 학교가 마을인 공간입니다. 그 자체로 '온 마을이 배움터'가 되기에 충분한 여건입니다.

그러나 54일이라는 유례없는 긴 장마로 공사 일정이 늦어지고 있었습니다. 학교 주변 복합커뮤니티센터와 근린공원은 한창 공사 중이었고, 학교 건물은 개교가 가까워져도 완공이 쉽지 않은 상황이었습니다.

전국에서 이사 오는 사람들이 모여 하나의 마을을 이루고 학교를 운영해야 하니 코로나19 방역 안전에 대한 걱정도 있었습니다. 새로운 보금자리, 새로운 학교에 대한 기대감도 있지만, 아파트 주변에는 당장 간단한 생활용품 살 곳도 없었습니다. 새로운 학교의 외부는 멋지지만, 내부는 아직 갖추어야 할 것들로 가득 차 있는 상황이었습니다.

더욱이 해밀초등학교는 세종특별자치시교육청 개청 이래 첫 내부형 공모 교장을 모신 학교입니다. 새로운 교장 선생님과 선생님들이 세종 혁신학교에 대한 이해가 높고 혁신학교에서 근무한 경험도 있었지만 그만큼 걱정과 우려도 있었습니다.

각기 다른 걱정이었지만 하나라도 흔들리면 같이 흔들릴 것 같았습니다. 걱정하는 마음으로 한 학기를 응원하며 보냈습니다.

걱정의 한 학기를 보내고 해밀초 선생님들이 엮은 책을 읽으며 역시 걱정은 '걱정일 뿐'이었다는 생각을 합니다.

'이게 1학년이지, 맞다, 정말 이게 1학년이다.' 아이들을 있는 그대로 봐주고, 그들의 이야기를 정성껏 들어주고, 가능한 많이 들으려고 애쓰는 선생님.

우리의 삶이 언제나 따스한 햇볕만 있는 것이 아니듯 어려운 상황을 이겨 내고 해밀이 '비 온 뒤 갠 하늘'이 되었다는 선생님.

선생님으로서, 엄마로서, 연구자로서 많은 역할을 담당하고 있지만 '해밀은 내 운명'으로 기꺼이 받아들인다는 선생님.

'교육'이란 때로는 가장 효율적이라고 생각했던 것이 가장 비효율적이기도 하고, 완전히 비효율이라고 생각했던 것이 알고 보니 무척 의미 있는 일이 되기도 한다며 기꺼이 '김비효율'이라는 별명을 마음에 들어 하는 선생님.

누구도 가 보지 않은 길을 걸으면서 설렘과 동시에 두려움을 느끼지만 처음 길을 걸었던 사람들을 동경하며 해밀에서의 첫걸음을 걷겠다는 선생님.

해밀에서 집단지성의 힘을 발견하고 초임 시절의 수동적인 사람보다는 누군가를 이끌어 주고 도와주는 능동적인 학교생활을 꿈꾸는 열심 종자 선생님.

해밀초가 특별한 것은 근사한 건물이 아니라 사람 때문이라는 것을 깨달은 선생님.

'해밀초 선생님들과 해밀 아이들이 자신의 공간을 꾸준히 돌보며 사랑할 수 있는 학교'가 될 것 같다는 기대를 하는 선생님.

학교는 아이들이 있어야 빛나는 곳이며, 그 아이들과 빛나는 순간을 함께하고 싶은 교사를 꿈꾸는 6학년 선생님

처음 발령받은 학교가 해밀초이며, 날마다 전학 오는 아이들을 설렘으로 맞으며 아이들을 더 사랑하겠다 다짐하는 선생님.

무용수를 꿈꾸다가 터닝 포인트를 맞이하여 초등 교사가 되었고, 해밀초가 초등 교사로서 다시금 터닝 포인트가 되기를 바란다는 무용수 선생님.

오랜 혁신학교의 경험이 학교혁신의 지향에 대한 흔들림은 줄이겠지만, 자기확신이 강해 꼰대가 될까 봐 끊임없이 성찰하는 선생님.

신규지만 동료 선생님들과 연구회를 만들고 함께 활동하며 내친김에 전시회까지 운영한 선생님.

지칠 만도 하지만, 여전히 새로운 학교, 새로운 교육의 영역을 개척하려 애쓰는 이유가 어떤 문제가 생기더라도 우리 공동체는 해결할 수 있다는 믿음 때문이라는 선생님.

많은 사람이 머리를 맞대어 고민하고, 공통의 경험을 쌓고, 기록을 남기고, 기억해야 더 온전한 학교가 만들어진다고 믿는 선생님.

하루 2만 2천 보, 학교를 사랑하고 책임지는 아름다운 마음과 그것을 실천하는 성실함이 빛나는 선생님.

행정 업무를 하며 남모르는 어려운 일을 묵묵히 헤쳐 나가며, 때로는 길을 잃기도 하고 때로는 길을 찾고 또 새로운 길을 묻고 찾는 선생님.

개교한 지 얼마 되지 않았지만, 그것보다 더 중요한 것은 공동체를 구성하는 사람입니다. 한 사람이 온다는 것은 그 사람의 인생이 온다는 것이라는 어느 시인의 말처럼 다양한 경험을 한 소중한 사람들이 모여 우리 아이들의 '소중한 인생'을 지지하고 지원하는 해밀초의 모습은 참 아름답습니다.

학교를 만드는 일만 해도 벅찰 텐데, 이렇게 소중한 기록까지 남겨 주시니 고맙고 대견합니다. 이 기록이 해밀교육마을의 소중한 역사가 될 것입니다. 항상 응원하며 함께하도록 하겠습니다. 감사합니다.

해밀의 무지개를 그리며

한솔초등학교 교장 황미애

소담초를 떠나 한솔초로 부임한 지 150여 일이 지났습니다. 코로나 19로 늘 긴장이지만 교직원의 노력으로 참 평온한 나날이었습니다. 만족스럽습니다.

그럼에도 불쑥불쑥 소담초의 시간들이 떠올랐습니다. 교문에서부터 구석구석, 그곳의 사람들 모두 생각났습니다. 너무도 활기찬 모습들이 가까이 다가옵니다. 돌이켜 보면 모두 다 즐겁고 신나는 일들만 있었던 것은 아니건만 그래도 열정이 있고 웃음이 있고 에너지가 넘쳤던 기억만 남아 있습니다.

코로나19 대유행에 원격과 등교수업을 병행하며 혼란스러움이 어느 정도 진정되었을 무렵, 두 명의 부장에게 해밀초 개교 TF로 지원하고 싶다는 이야기를 들었습니다. 반 아이들과 학부모의 민원을 해결해야 한다는 겁박과 가정과 건강을 생각하라고 회유를 했습니다. 혁신학교 4년 차 마무리를 해야 한다고도 했습니다.

그래서 그들을 설득하고자 노력했습니다. 시간이 흐르면서 그들도 같은 고민을 더 오랫동안 했을 것이라는 믿음에, 벌써 몇 번째 개교 학교 업무를 한 열정과 더 새로운 학교에 대한 갈증이 있다는 것을 깨닫고 응원해 주고 싶기도 했습니다.

이제 해밀초가 개교한 지도 한 학기가 지났습니다. 해밀초의 소소한 개교 이야기를 묶어 책으로 낸다고 출력한 원고를 받았을 때 전혀 놀랍지도 당황스럽지도 않았습니다.

'학교와 나', 나와 학교가 아닌 '학교와 나'.

나보다 학교를 먼저 생각하는 사람들의 이야기가 펼쳐질 것 같은 불안한(?) 느낌이 들었습니다. 먼저 허허벌판인 학교를 채우고 기록으로 남기며 출판까지 그 노고에 감사하며 축하드립니다.

해밀이들은 20세기 교사들이 21세기 아이들을 22세기의 환경에서 가르치고 싶다는 열망을 실현할 수 있는 새로운 학교를 찾아 다시 뭉쳤습니다. 개교한다고 해서 시작부터 모든 것이 갖춰지고 준비되어 있는 학교는 없습니다.

설계 시부터 주목을 받았던 학교임에도 어느 해보다 길었던 장마와 코로나19 등 복병이 있어 많은 어려움이 있었을 것입니다. 그럼에도 몇 번의 신설 학교 개교 경험에 당황하지 않고 빠르게 적응할 수 있었던 것 같습니다. 그들이 흘린 많은 땀방울과 눈물방울은 학교 구석구석 묻어 두었을 테고요.

"해밀초의 학교 공간은 특혜처럼 느껴지지만 구성원인 우리에게는 많은 과제를 던져 준다"라는 구절이 마음에 와닿았습니다. 태생부터 일반 학교와는 다르니 많은 관심과 주목을 받을 것입니다. 그곳에 어떤 내용으로 어떻게 구현시키느냐는 전적으로 해밀초 구성원의 몫이기 때문입니다.

지역 및 학교 공간과 교육과정과의 연계와 구현, 학년군제로 부분적 연임제와 중임제 실시 등 혁신학교를 넘어 자치학교를 지향하는 의욕이 남다르기에 기대가 됩니다.

해밀초의 본격적인 이야기는 이제부터 시작됩니다. 국화 한 송이가, 대추 한 알이 저절로 붉어지지는 않습니다. 무수하게 있을 천둥과 먹구름, 무서리 그리고 땡볕….

그들은 앞에 놓인 장애물에 대한 해결 방법도 이미 알고 있다는 생각이 듭니다. 벽에 부딪힐 때마다 어렵고 힘들 때마다, 옆을 봐도 뒤돌아봐도 손 내밀어 주고 어깨에 기댈 수 있게 배려하고 나누는 해밀이들이 참 많은 것 같습니다.

함께하는 그 모습들이 참 아름다웠습니다. 빨리 가려면 혼자 가고, 멀리 가려면 함께 가라는 말이 있습니다. 드러나지도, 내세우지도 않으면서도 묵묵히 손잡아 주는 모습들에 가슴이 떨립니다. 스머프 학교로 주목과 관심, 그리고 기대를 한 몸에 받고 있는 해밀초의 내일이 무척 궁금해집니다.

비 갠 맑은 하늘에 아름답게 떠 있는 쌍무지개가 그려지는 이유입니다.

과정은 늘 훌륭하다

퇴근 시간이 조금 지났을 무렵이었다. 겨울이 가까워져 어둠이 빨리 내렸다. 밖에서 소리가 나서 나가 보니 현관 밖에 남자아이 둘이 있다. 우는 아이를 선생님 한 분이 다독이고 있었다. 사정을 들어 보니 두 명은 형제였고, 동생이 있는 돌봄교실로 찾아가 만나서 집으로 가기로 했단다. 그런데 서로 길이 어긋나 헤매다 겨우겨우 만났다. 마침 퇴근하다 울고 있는 동생을 발견한 선생님이 이야기를 들어주고 있었던 것이다.

아이들을 건네받았다. 퇴근하는 선생님이 물어봤을 질문들을 다시 던졌다. 동생은 울음을 그쳤지만, 여전히 목소리는 울고 있었다.

사연은 간단했다. 이사 온 지 얼마 되지 않아 걱정되니 형에게 동생을 부탁한 것이다. 형은 동생 돌봄교실로 찾아갔는데 동생이 없더란다. 동생은 형을 기다리다 돌봄교실을 나와 학교 건물 내부를 돌아다녔다.

형은 동생을 찾아, 동생은 형을 찾아 한참 동안 헤맨(?) 것이다.

진즉에 이런 예상을 한 사람들이 있다. 아니 많다. 처음 오는 아이들은 길을 헤맬 것이고, 그로 인한 곤란한 상황이 생길 것이다. 그러니 아이들이 다니며 확인할 수 있는 표지판이라도 만들어야 한다고.

또 이런 일도 있었다.

개교한 지 한 달쯤 지났을 때였다. 교직원 다모임 자리에서 '해밀초' 하면 떠오르는 것이 무엇인가라는 질문이 있었다.

"만 오천 보."

어느 선생님의 답변이었는데 이리저리 다니다 보면 하루 동안 걷는 걸음 수라고 한다. 공감했다.

"교도소, 관공서 건물, 격납고 그리고 학교 등 여러 건물 중에 가장 단가가 싼 건물이 학교예요. 게다가 건물 구조도 똑같아요. 우리나라 아이들이 12년 동안 똑같은 건물에 다니고 있는 거예요. 만약 돈이 좀 더 들더라도 학교를 멋지게 지으면 우리나라 사람은 12년 동안 멋진 건물에서 모두 다 살아 보는 거예요."

해밀마을을 비롯한 해밀초를 지을 때 마스터플랜에 참여했던 건축가가 한 말이다. 그 건축가는 낮은 건물, 자연과 통하는 건물을 지어야 한다고 했지만 모두 거절당했고, 그래도 세종에서 그 생각을 어느 정도 실현할 수 있었다고 한다. 그곳이 바로 해밀초다.

해밀초의 공간은 분명 특별하다. 가장 높은 층은 3층인데, 옥상 같기도, 조그만 운동장 같기도 한 2층 데크(해밀이 놀이터)로 인해 2층 높이다. 1층은 골목처럼 서로 연결되어 있다. 그래서 언뜻 보면 복잡하고 넓다. 처음 오는 사람 대부분의 반응은 '표지판'이 필요하겠다는 것이다. 아직 표지판은 없다. 적어도 당분간은 없을 예정이다. 여기에 사는 사람은 금방 적응하여 아무 문제가 없다. 찾아오는 손님이 있다면? 친절히 설명하면 된다.

이러한 해밀초에 사람들이 모이기 시작했고, 뭔가를 도모하려고 한다. 그 '뭔가'가 새로운 교육으로 가는 길을 여는 '뭔가'가 될 수도 있고, 그냥 그저 그런 '뭔가'도 될 수 있다. 우리는 그 '뭔가'가 무엇인지

보다는 '뭔가'를 도모하려는 그 과정에 의미를 둔다.

도전을 담은 과정은 그 자체로서 늘 훌륭하기 때문이다.

이 책은 그 과정을 담은 첫 책이다. 당연히 훌륭할 수밖에.

2020 해밀 에세이팀

차례

1부　교사로 산다는 것은

2부　해밀초에 낙타가 산다

1부

교사로 산다는 것은

아이들과 헤어질 시간이 다가오니 아이들이 자란 모습이 더 잘 보였다. 우리 아이들과 함께한 시간이 길어야 4개월인데, 이렇게 많이 자랐다는 게 놀라웠다. 1학년 아이들은 다른 학년 아이들보다 한 해 동안 더 많이 자라는가 보다. 아이들이 시기가 되어서 저절로 자란 걸까? 해밀초가 아이들을 잘 자라게 했나? 잘 모르겠다.

내가 아이들을 키운 것인가? 아이들이 나를 키운 것인가? 나는 내년에도 1학년을 한다. 내년에는 내가 더 크겠다.

이게 1학년이지

박정미

하얀
도화지

1학년 가람반. 2020년 9월 1일부터 내가 맡을 학급이다. 1학년 아이들을 맡는다는 건 큰 모험이었다. 일단 교사가 할 일이 너무 많다. 아가들 학교 적응시키기, 놀아 주기, 챙겨 주기, 쉽게 풀어서 설명하기, 끊임없이 잔소리하기. 그리고 학부모의 민원도 많은 학년이라고 한다.

TF팀 시절 4명의 교사로 업무지원팀을 꾸린 후 8명의 교사로 학년 배정을 했다. 학년을 정할 때 1학년을 선택하기가 쉽지 않았다. 그래도 누군가는 해야 했기에 도전해 보기로 했다. '2학기 6개월만 하면 되고, 1학기에 기초기본학습 훈련은 했을 테니 좀 수월하겠지?' 하는 생각도 있었다.

15년 전에 1학년 담임을 한 번 해 본 경험이 있다. 시작은 어려웠지만, 학년이 끝날 때쯤엔 가슴 벅찼던 기억이 있다. 그 기억에 지금도 벅차다.

2005년 전입한 학교에서 출산휴가 중 교내 인사가 진행되었다. 학교에서 1학년 담임을 제의했고, 5월 복귀라 학교에 미안한 마음도 있어 그렇게 하기로 했다. 2학년을 2번이나 맡은 경험이 있어 저학년 담임에 대한 걱정을 많이 하지 않았다.

1학년 아이들은 2학년과 많이 달랐다. 백지와 같았다. 아이들에게 의자에 바른 자세로 앉는 방법부터 가르쳐야 했다. 색종이를 자를 때는 종이를 잡는 방법, 가위 손잡이에 손가락을 끼우는 방법, 종이를 가위 사이에 끼우는 방법을 시범을 보이면서 가르쳐 줘야 했다. 학교에서 마땅히 지켜야 할 질서들도 하나하나 다 가르쳐 줘야 했다. 시간이 많이 걸리고, 에너지 소모가 많이 됐다.

"큰 바구니에 게를 가득 담아 운동장 한가운데에 놔 봐. 그러면 어떻게 되겠어? 게들이 바구니에서 나와 사방으로 뿔뿔뿔 기어 다니겠지? 한 놈 잡아 오면 다른 놈이 저기로 가고, 또 잡아 오면 다른 놈이 저기로 가고…. 1학년이 그래."

동학년 선배 교사들이 1학년 아이들을 이렇게 비유했다.

당시 나는 선생님이 말을 하면 잘 알아듣고, 모두가 동시에 그 방향으로 나아가기를 바라며 이 어린아이들을 들들 볶고 있었다. 그러나 내가 아무리 볶아 대도 1학년 아이들은 동시에 같은 방향으로는 되지 않았다. 그것도 모르고 혼자서 안달복달하였다.

그 후 나는 1학년 아이들을 대할 때의 마음가짐을 새롭게 했다. 아이들은 원래 그래. 바구니에서 사방으로 흩어지는 게들의 모습이 귀엽게 보이기 시작했다. 내 입가에는 미소가 찾아왔고, 우리 반에는 평화가 찾아왔다.

공개수업을 하는 날이었다. 팽이를 탐색하고, 만들어서 가지고 노는 수업이었다. 나는 다양한 종류의 팽이를 준비해 와 아이들에게 보여 주었다. 교탁 위에서 팽이 손잡이를 돌리며, 아이들에게 팽이가 돌아가는 것을 보여 주었다. 그런데 마지막으로 보여 줄 팽이는 민속 팽이였다. 팽이채로 팽이 몸통을 쳐야 뱅글뱅글 돌아간다. 교탁 위에서는 팽이를 돌릴 수가 없기에 교실 바닥에서 팽이를 돌렸다. 아이들은 팽이가 잘 안 보인다며 하나둘 책상 위로 올라가기 시작했다. 어느새 팽이 주변 아이들을 제외하고 대부분의 아이들이 책상 위에 서 있었다. 교실 뒤쪽에는 동료 교사들이 수업 참관을 하고 있었는데, 우리 1학년 아이들은 아랑곳하지 않았다. 그저 팽이가 돌아가는 것을 봐야 했다. 이게 1학년이지.

1학년을 마칠 때 우리 아이들은 지식이 쌓이고, 도리를 알고, 질서를 지키는 아이들이 되어 있었다. 아! 백지는 그냥 종이가 아니라 하얀 도화지였구나. 그걸 깨닫는 순간 가슴이 벅찼다. 하얀 도화지였던 아이들은 학년 말에는 내가 그리고 싶은 그림이 되어 있었다.

상대를 이해하면 전략을 세우기가 쉽다. 아이들을 이해하고 아이에 맞는 전략을 세우면 우리 아이들 흰 도화지도 멋진 그림으로 채워질 것이다. 선한 마음으로 주위에 관심을 기울이고 기꺼이 함께하는 친구가 되도록 전략을 잘 세워야겠다.

우리 아이가 낯을 가려요

해밀초는 9월 1일 개교했다. 개교 첫날 1학년은 세 명이었다. 그 후 드문드문 학생이 전입을 했다. 아파트 입주 시기인 10월이 되자, 전입생이 매일 한 반에 한두 명씩 왔다. 금세 스물한 명이 되었다.

전입 첫날 학부모와 아이가 함께 교실로 온다. 어른과 아이가 교실 복도를 지나 앞문 쪽으로 오면 아이들은 복도로 우르르 몰려나온다.

호기심 어린 눈으로 새 친구를 바라보며 반갑게 맞이해 준다. 새 친구는 낯선 아이들과 낯선 선생님 틈에서 어쩔 줄 몰라 한다.

"친구 이름이 뭐예요?"

"○○○."

"○○○예요. 이렇고 크게 해야지."

아이가 들릴락 말락 이름을 말해 주면 학부모가 다시 아이의 이름을 말한다. 그리고 나에게 말한다.

"우리 아이가 낯을 많이 가려요. 잘 부탁드립니다."

아이와 손잡고 온 학부모의 대부분이 나에게 이렇게 말했다. 8살 어린아이가 적응을 잘 못할까 봐 걱정하며 하는 말이다.

신발장 위치를 알려 주고, 문을 열고 닫는 방법을 시범을 보인다. 그리고 아이가 스스로 신발장의 문을 열고 실내화를 넣고 문을 닫게 한다. 손소독제로 손을 소독한 후 함께 교실로 들어온다. 사물함의 위치를 알려 주고 앉을 자리를 안내한다.

그동안 우리 반 아이들은 새 친구가 움직이는 방향에 따라 온몸이 움직인다.

"자기소개해요."

"좋아요. 자기소개를 하겠습니다. 1번 친구부터 번호 순서대로 할게요."

전입생이 올 때마다 우리는 1번부터 자기소개를 한다.

"안녕, 나는 1학년 가람반 1번 ○○○야. 만나서 반가워."

"안녕, 나는 1학년 가람반 2번 ○○○야. 친하게 지내자."

"안녕, 나는 1학년 가람반 3번 ○○○야. 나는 게임을 좋아해. 만나서 반가워."

이렇게 우리 반 친구들의 소개가 끝나면 마지막으로 새 친구가 자기소개를 한다.

"안녕, 나는 1학년 가람반 ○번 ○○○야. 친하게 지내자."

두 손을 꼭 잡고 친구들을 향해 서서 떨리는 목소리로 말하지만, 처음 나에게 이름을 말할 때보다 큰 목소리다. 울거나 자기소개를 하지 않은 친구는 없다.

기다렸다는 듯이 아이들이 소리친다.

"'궁금해요' 해요."

"네, 지금부터 '궁금해요'를 하겠습니다. ○○○ 친구에게 궁금한 것을 물어보세요."

"어디에서 왔어?"

"전에 다닌 학교는 어디야?"

"몇 반이었어?"

"나는 △반이었는데." 와글와글.

"몇 동 몇 호야?"

"어, ○○도 □동인데."

"나는 □동 □혼데." 와글와글.

"언제 이사 왔어?"

"엄마 아빠는 몇 살이야?"

"우리 엄마는 ◇◇살인데."

"우리 아빠는 ◇◇살인데." 와글와글.

자기소개가 끝나면 학교 탐방을 한다. 개교 초기에는 모두 같이 다녔지만 학생 수가 많아지면서 친구들에게 학교 안내를 부탁했다. 해밀초는 건물이 많은데, 1층 복도가 건물끼리 다 연결이 되어 있다. 마치 미로에서 길 찾기처럼 처음 몇 번은 길을 헤매기 일쑤다. 바닥에 붙여 놓은 1, 2학년 교실 가는 길 화살표를 잘 보며 와야 한다고 친구들이 잘 설명해 준다.

점심시간이 되면 손을 씻고 발열 체크를 한 후 줄을 선다. 그새 새 친구는 아이들과 웃으며 이야기를 나누고, 벌써 친해진 친구와 함께 줄을 서고 싶다고 말하기도 한다.

아이들은 적응을 잘한다. 물론 우리 아이들이 새 친구를 잘 맞아 주었기 때문에 빨리 적응한 것일지도 모른다. 우리 아이들도 모두 전입생이었으니 새 친구의 마음을 이미 알았을 것이다. 먼저 이해하고 손을 내밀어 주었으니 새 친구가 적응을 잘할 수 있었을 것이라 생각한다. 사정이 그렇다 하더라도 아이들은 나보다 더 적응을 잘한다. 나는 아직도 우리 학교에서 친한 선생님이 누구냐는 질문에 답을 잘 못하겠다.

8살 우리 아이들은 부모님들이 걱정하는 것보다 더 크다. 그리고 매일매일 큰다. 학교와 가정이 방향을 잘 잡아 주면 곧게 쑥쑥 자랄 것이다.

1학년이
자치활동을 할 수 있을까?

해밀초는 2주에 한 시간씩 학급 다모임을 한다. 학급 다모임은 학급자치활동의 다른 이름이다. 학생들이 다 모여서 의견을 주고받으니 다모임이다. 혁신학교 근무 시절과 전임 학교에서 학급(학생) 다모임이 아이들의 삶을 변화시킴을 경험했던 터라 해밀에서도 다모임을 꾸준히 해야겠다고 생각했다.

작년에 맡은 아이들은 4학년이었다. 다모임 장을 열어 주면 아이들이 의견을 주고받으며 문제를 해결하고, 규칙도 정하고, 하고 싶은 것을 기획하여 진행하기도 했다. 그런데 이제는 1학년이다. 1학년이 자치활동을 할 수 있을까? 선생님들의 우려를 잘 알고 있으나, 아이들의 특성에 맞게 수준을 조정해서 하면 할 수 있다고 선생님들을 설득했다.

1. 모든 아이가 말을 한다.
2. 주제는 두 가지이다. '할말있어요', '칭찬합니다'.

'할말있어요'에서는 우리 반 친구들이나 학교에 자신의 생각이나 건의 사항 등을 말한다. '칭찬합니다'는 '할말있어요'에서 말하기를 어려워하는 학생들을 위해 마련한 주제이다.

10월 8일. 우리가 임시 교실을 사용하다 봄마을(1, 2학년 건물)로 이사를 온 후 첫 번째 다모임을 시작했다. 1학년 학생 수가 10명이 되지 않아 학생, 담임선생님, 조이맘 선생님이 참여하여 학년 다모임을 했다. 모두 원으로 둘러앉은 다음, 다모임 진행 순서를 설명하고, 다른 사람의 의견에 경청할 것을 주문했다.

먼저 비교적 쉬운 주제인 '칭찬합니다'로 시작했다. 칭찬하는 대상을 해밀초등학교에 있는 사람들로 제한했고, 시범을 보여 줬다.

"저는 ○○○를 칭찬합니다. 왜냐하면 전학 왔을 때 친절하게 대해 줬기 때문입니다."

'칭찬합니다'를 선택한 아이들은 손을 들고 자신의 차례가 되면 칭찬하는 말을 했다. 친구를 칭찬하는 아이가 2명, 선생님을 칭찬하는 아이가 3명이었다.

다음에 '할말있어요'를 했다.

"수업 시간에 떠드는 친구는 뒤에 앉으라고 하면 좋겠습니다."

"○○이가 마스크를 벗지 않으면 좋겠습니다."

"왜 그렇게 생각했어요?"

"○○이가 코로나 걸릴까 봐입니다."

"아, 친구가 코로나 걸릴까 봐 걱정이 되었군요?"

"네."

"○○이가 때리지 않으면 좋겠습니다."

"어떻게 때렸어요?"

"○○이가 빙글빙글 돌다가 친구들을 때려요."

"네? ○○이가 빙글빙글 돌다가 친구들을 주먹으로 이렇게 픽픽 때렸어요?"

"아니요."

자신들의 이야기를 이해하지 못한 나를 답답해하며, 아이가 일어서서 그 상황을 시범 보여 주었다.

"아, 친구가 팔을 벌리고 빙글빙글 돌다가 옆에 있던 친구들이 ○○이 팔에 맞았군요?"

"네."

"친구가 팔을 벌리지 않고 빙글빙글 돌면 괜찮을까요?"

"네."

수업 시간에 떠드는 친구에 대한 벌칙은 학급에서 약속을 정하기로 했다. ○○이는 '친구들에게 미안하고, 마스크를 잘 쓰겠다. 그리고 친구들이 있는 곳에서 팔을 벌리고 빙글빙글 돌지 않겠다'고 약속했다.

첫 번째 학년 다모임을 하고 나니 1학년 아이들이 제법 할 말을 할 줄 아는 것에 놀랐다. 다모임 시간에 즉시 해결할 수 있는 것은 즉시 해결해 주고, 오해가 있다면 오해를 풀어 주는 것이 중요하다. 아이들은 친구를 걱정하는 마음을 알게 되었고, 때렸다는 오해를 풀게 되었고, 그렇게 하지 않겠다는 약속을 받게 되었다.

2회 다모임은 행복마루(1, 2학년 다목적실)에서 1학년 전체가 모여서 진행되었다. 그동안 전학생이 늘어 학생 수가 30여 명이 되었다. 코로나19로 인해 학생들에게 공동으로 사용하는 마이크를 줄 수 없었다. 그러자 아이들의 말소리가 잘 들리지 않았다. 학생들이 아무리 좋은 의견을 내놓아도 친구들이 잘 듣지를 못해 힘든 다모임이 되었다. 그래서 다음부터는 학급 다모임을 하기로 했다.

3회 다모임부터는 학급별로 실시했다.

아이들의 칭찬 영역이 넓어졌다.

"교장 선생님이 좋은 학교를 만들어서 칭찬합니다."

"선생님이 공부를 가르쳐 줘서 칭찬합니다."

"선생님이 똑똑하게 해 줘서 칭찬합니다."

"급식실 선생님이 밥을 맛있게 해 줘서 칭찬합니다."

아이들의 할 말도 아이들의 삶에 더 가까운 이야기들이다.

"옷걸이가 있으면 좋겠어요. 의자에 잠바를 걸어 놓으면 바닥에 떨어져요."

"운동장 주변에 놀이기구가 많으면 좋겠어요."

"물 먹는 곳이 있으면 좋겠어요."

"원래는 있었는데, 코로나19 때문에 없어졌어요. 불편하더라도 코로나19 없어질 때까지 개인 물을 가져옵시다."

"네."

"친구랑 같이 가다가 친구를 버리고 가지 않으면 좋겠어요."

한 아이는 하굣길에 세 명이 같이 가고 있었는데, 두 명이 먼저 가

다모임을 하는 아이들

버렸다고 했다.

"그때 마음이 어땠어요?"

"외톨이가 된 것 같아서 속상했어요."

이번에는 먼저 간 친구들의 사정을 들어 보았다. 앞에 가고 있는 친구에게 할 말이 있어서 먼저 뛰어간 것뿐이라고 했다. 우리 반 친구들에게 앞으로 이런 상황이 생기면 어떻게 하면 좋겠는지 물어보았다. 같이 가다가 다른 볼일이 생기면 한 명만 남겨 두지 말고 세 친구 모두 같이 가면 좋겠다고 했다. 이렇게 친구들은 좋은 해결책을 제시해 주었다.

교사 협의 시간에 옷걸이가 있으면 좋겠다는 학생의 의견을 선생님들께 이야기했는데, 1, 2학년 모든 학급에 행거를 구입하여 아이들의 외투를 걸어 놓기로 했다. 교실에 행거가 들어온 날 아이들은 무척 기뻐했다. 그러더니 의자에 걸어 두었던 외투를 옷걸이에 정성스럽게 입힌 후 행거에 걸었다.

4회 다모임에서는 칭찬하는 친구 4명, 할 말 하는 친구 13명이 되었다. 그리고 드디어 학급 규칙이 만들어졌다.

한 아이가 후문 신호등이 짧아서 불편하다는 의견을 말했다. 학교에서도 후문 쪽 신호등의 불편한 점을 논의하고 있었다. 심지어 학교에서 나가는 차량의 신호등도 설치되어 있지 않았다. 다음 주 기획회의에서 우리 반 아이들의 의견을 전했다. 학부모들도 이 점에 대해 심각하게 생각하고 있다고 했다.

벌써 5회째 다모임을 하게 되었다. 이번 '할말있어요'에는 재미있는 의견이 나왔다.

"학교에 벌레가 많아서 불편해요."

많은 학생들이 벌레를 죽여야 한다고 생각했다. 왜냐하면 징그러우

가람이들의 약속

1. 교실과 복도에서 걸어다녀요.
► 뛰었을 경우 그 자리에 앉아서 눈 감고 참선하기
   (마음속으로 30 세기)

2. 수업 시간에 할 일을 다 끝내면
   자기 자리에서 조용히 하고싶은 것을 해요.

가람이들의 약속

니까, 무서우니까. 그런 와중에 한 아이가 손을 들고 의견을 말했다.

"벌레를 죽이지 말고 쫓아내요."

우리는 벌레가 보이면 불편하지만 피해서 돌아가거나, 징그럽지만 죽이지 않고 밖으로 보내 주기로 했다.

아이들은 지난번보다 더 진지하게 다모임에 참여하고 있다. 작은 일인데도 심각하다. 아이들은 내가 생각했던 것보다 훨씬 많이 자랐다. 내년에는 '하고싶어요'도 넣어 볼까 생각하고 있다.

마지막 다모임이 끝난 후 아이들에게 다모임에 대한 소감을 물었다.

"자기 이야기를 털어놓을 수 있어서 좋았어요."

"친구들의 마음을 알 수 있어서 좋았어요."

"신호등이 짧았는데 이야기를 해서 길어졌어요."

"좋은 아이디어를 내서 학교가 더 좋아졌어요."

우리 아이들은 다모임을 통해 소통과 공감으로 친구 관계가 좋아졌음을 경험했다. 그리고 주변에 대한 관심과 적극적인 참여로 불편한 점을 개선할 수 있다는 경험을 하게 됐다. 1학년 아이들이 자치활동을 할 수 있을까? 충분히 잘할 수 있다.

소중한 것을
내어 주다

"선생님, …실내화… 엄마… 차… 전화…."

전학을 온 지 며칠 안 된 아이가 나에게 할 말이 있는지 서럽게 울면서 이야기를 했다. 그러나 안타깝게도 나는 아이에게 어떤 일이 있었는지 알 수가 없었다.

"실내화를 엄마 차에 두고 왔어?"

"아니요. 실내화… 전화… 엄마….'

"아, 실내화 가져다 달라고 엄마한테 전화한다고?"

"아니요."

세 번 정도의 대화 시도 끝에 아이의 마음을 알아채서 다독여 주는 것도 중요하지만 지금은 아이가 진정할 시간이 필요하다고 판단했다.

"많이 속상했나 보구나. 그런데 울면서 이야기하니까 선생님이 무슨 이야기를 하는지 하나도 모르겠어. 조금 이따 진정되면 그때 선생님한테 이야기해 줄래?"

"네."

한 시간 후 아이가 왔다.

"이제 선생님한테 아침에 어떤 일이 있었는지 이야기해 줄래?"

"집에서 실내화를 안 가져왔는데요, 저는 전화기가 없어서 엄마한테 전화 못 했어요."

"아이고, 그런 일이 있었구나? 그런데 교실에서는 실내화를 안 신으니까 괜찮겠다. 이따 급식실 갈 때 선생님이 실내화 하나 구해 줄게."

"그런데, 오빠가 실내화 줬어요."

"오빠가 오빠 실내화를 줬다고?"

"네."

"그럼 오빠는 실내화가 없겠네?"

"네."

5학년인 오빠는 1학년 여동생이 서럽게 울고 있으니 자기도 맨발은 불편할 텐데 동생에게 자신의 실내화를 건네주었다.

"오빠가 정말 착하구나. ○○이는 참 좋겠다. 이런 오빠가 있어서."

아이는 고개를 저었다.

점심시간이 되어 복도에서 줄을 서고 있는데 아이가 왔다.

"선생님, 실내화가 너무 커요."

아이는 오빠의 실내화를 신고 있었다. 실내화는 주먹 하나가 더 들어갈 만큼 아이에게 컸다.

"그래도 그냥 신어. 오빠는 지금 맨발인데…."

아이는 히죽 웃으며 갔다.

1학년은 매일 등굣길에 운동장 두 바퀴를 뛴다. 학교 공통과제인 원수산 둘레길 걷기를 할 체력을 기르기 위해서 하는 활동이다.

1학년 친구들은 선생님과의 약속을 잘 지키기 위해 매일 아침 열심히 운동장을 뛰고 교실로 들어왔다. 교실에서 아침 운동장 돌기를 한 친구는 손을 들어 보라고 하면 대부분 아이가 손을 들었다. 손을 들지 않은 친구들은 하굣길에 뛴다고 했다.

어느 날 출근길에 학교 운동장을 뛰는 삼 남매를 보았다. 실내화 사건의 그 아이였다. 1학년인 우리 반 아이, 4학년인 언니, 5학년인 오빠이다. 동생이 혼자서 못하겠다고 했을까? 울면서 투정을 부렸을지도 모르겠다. 언니와 오빠는 동생을 격려하며 함께 뛰었다. 아이는 언니, 오빠와 함께는 할 만했는지 열심히 운동장을 뛰었다. 그동안은 혼자서 뛰는 아이, 두세 명의 친구와 함께 뛰는 아이들이 대부분이었다. 가끔 엄마나 아빠가 같이 뛰어 주기도 했다. 그런데 형제자매와 함께 뛰는 아이는 처음 보았다.

언니와 오빠는 분명 친구들과 함께 시간을 보내고 싶었을 텐데 동생에게 자신의 시간을 내어 주었고, 4, 5학년 중 운동장을 뛰는 학생들은 자신들뿐이어서 이런 모습이 친구들에게 어떻게 비칠지 의식이 되었을 텐데 기꺼이 자신들의 부끄러움도 내어 주었다.

삼 남매의 모습에 가슴이 뭉클해졌다. 내가 꿈꾸는 우리 아이들의 모습이고, 내가 꿈꾸는 우리 사회의 모습이다. 우리 해밀 아이들이 친구가 혹은 누군가가 혼자 힘들어할 때 응원하며 함께 뛰어 주는 사람이 되기를 바란다. 나는 함께해 주는 일이 어렵지만 얼마나 멋진 일인지 우리 아이들이 잘 이해할 수 있도록 가르쳐야 한다. 주위에 관심을 기울이고, 함께하는 시민을 길러 내는 일이 나의 사명이다.

아이들이
나를 키운다

나는 자라요

김희경

나는 작아요. 엄마 품에 폭 안길 만큼 아주 작아요.
그렇지만 나는 자라요. 하루하루 아주 조금씩 조금씩.

동생을 꼭 껴안아 주는 순간에도 나는 자라요.

단추가 단춧구멍으로 들어가고, 내 발이 양말 속으로 들어갈 때에도 나는 자라요.

처음으로 무지개를 보고 심장이 두근거리는 순간에도 나는 자라요.

1학년 2학기 국어 교과서에 실린 글을 읽으며 우리는 언제 자라는

지 이야기를 했다.

"선생님과 공부할 때 자라요."

"밥을 먹을 때 자라요."

"줄넘기를 할 때 자라요."

"친구들과 놀 때 자라요."

"동생과 놀아 줄 때 자라요."

"다모임 시간에 '칭찬합니다', '할말있어요' 할 때 자라요."

12월이 되니 우리 반 아이들이 많이 큰 게 보였다. 규칙과 질서의 중요성도 알고, 친구와 관계도 잘 맺는다. 주위 사람들에게 도움을 줄 줄도 알고 상대방의 장점을 격려해 주기도 한다. 우리 아이들은 날마다 자랐다.

삼 남매의 그 아이는 수업 시간에 내가 '짝꿍이 잘하고 있는지 봐 주세요'라고 말하기 전에 짝꿍을 보고, 머뭇거리고 있으면 설명을 해 준다. 책상을 옮길 때 자신의 것뿐 아니라 친구들의 책상도 옮겨 준다. 소중한 것을 내어 주는 것을 경험한 아이는 다른 사람에게 관심 갖고 함께해 주는 사람으로 자라고 있다.

아이들과 헤어질 시간이 다가오니 아이들이 자란 모습이 더 잘 보였다. 우리 아이들과 함께한 시간이 길어야 4개월인데, 이렇게 많이 자랐다는 게 놀라웠다. 1학년 아이들은 다른 학년 아이들보다 한 해 동안 더 많이 자라는가 보다. 아이들이 시기가 되어서 저절로 자란 걸까? 해밀초가 아이들을 잘 자라게 했나? 잘 모르겠다. 올해 내가 아이들에게 한 일은 방향 제시와 활동의 장을 마련해 준 것이 전부이다.

다모임의 신호등 아이는 1학년의 자치활동 가능성을 증명해 주었다. 정말 고마운 아이다. 한 달이 지나서야 친구들에게 목소리를 들려주는 아이, 친구를 만든 아이, 바뀐 신발 가방을 찾아 이리저리 뛰어다니고 제 주인을 찾아 주는 아이들에게 감동받았다.

　내가 아이들을 키운 것인가? 아이들이 나를 키운 것인가? 나는 내년에도 1학년을 한다. 내년에는 내가 더 크겠다.

해밀. 비 온 뒤 맑게 갠 하늘이라는 예쁜 순우리말이
다. 내 교직생활에 비가 왔던 적이 있다. 그것도 아주
무서운 바람을 일으키며 오랫동안 비가 왔다. 그 빗속
에서 하염없이 울고 좌절했다. 그런데 해밀초에 오자
그 이름에 걸맞게 비가 그치고 하늘이 맑게 개었다.
앞으로의 교직생활에서 언젠가는 비가 또 올 것이다.
더 긴 장마일 수도, 강력한 태풍일 수도 있다. 하지만
그 시기를 잘 견디면 지금처럼 언젠가는 맑게 갠 하늘
을 볼 수 있을 것이다.

해밀, 비 온 뒤 맑게 갠 하늘

박다예

어쩌다
해밀

짧다면 짧은 7년의 교직생활을 하면서 정말 힘들었던 해가 있었다. 애정이(가명)라는 학생이 있는 학급 담임이 되었을 때의 일이다. 그해는 좌절하였고, 교직을 떠나고 싶게 만들었다. 학생을 대하는 게 무서웠고, 학부모와도 만나고 싶지 않았다.

애정이와의 첫 만남은 굉장히 강렬했다. 처음 만난 담임선생님을 쳐다보지도 않고, 가끔 애정이의 이름을 부르면 화가 잔뜩 난 눈으로 나를 흘겨봤다. 그러다가 애정이는 가방을 메고 아무 말 없이 교실을 탈출하여 나를 애먹였고, 나는 애정이를 찾으러 학교를 헤맸다. 애정이를 발견하지 못하고 교실에 돌아오면 교무실 선생님들이 애정이를 교실에 데려다주는 일이 하루 종일 반복됐다. 애정이가 첫날 친구들과 친해지는 활동에 집중하는 시간은 1분이 채 되지 않았고, 갑자기 소리를 지르거나 친구들에게 괜한 시비를 걸며 활동 분위기를 흩트렸다.

학기 초 진단검사를 실시하는 날에 애정이는 지각을 했다.

"애정아, 오늘은 조금 늦었네? 아직 20분이나 남았으니까 1교시 검사지 한번 해결해 볼까?"

'애정이가 참여하지 않으면 어쩌지.'

마음은 살짝 조급했지만, 최대한 상냥한 말투로 애정이에게 1교시 검사지를 나누어 주었다. 하지만 애정이는 화가 잔뜩 난 표정을 하고, 씩씩거리면서 시험지에 모두 같은 숫자를 써 놓았다.

'지각을 해서 화가 났나 보다'라고 생각했다. 어쩔 수 없다고 생각하며 1교시가 끝났고, 다음 교시 검사지를 학생들에게 배부했다. 하지만 애정이는 검사지에 아예 손을 대지도 않았다. 머리카락을 쥐어뜯으며 알 수 없는 소리를 낼 뿐이었다.

그 후에도 애정이의 학급 부적응은 심각했다. 애정이가 사물함에서 교과서를 꺼내고, 교과서를 펴게 하는 데까지 걸리는 시간은 나를 지치게 만들었다.

"애정아, 3교시는 수학 시간이야. 수학 교과서랑 수학 익힘책 아직도 준비 안 했구나? 얼른 가서 가져오세요."

언제나 그렇듯 애정이와 실랑이를 벌였으나, 돌아오는 것은 애정이의 째려보는 시선뿐이었다. 그런 모습을 바라본 몇몇 학생은 애정이의 사물함에서 교과서를 가져다가 애정이 책상 위에 올려놓았다. 그리고 애정이의 짝꿍은 교과서를 펴 주었다. 그러면 애정이는 "왜 내 물건에 손대는데!"라고 소리 지르며 교과서를 바닥에 세게 집어 던졌다. 멋쩍은 짝꿍은 애정이가 소리 지른다며 선생님께 이르는 것이 다였다. 그 모습을 본 나는 애정이에게 가서 이렇게 말했다.

"물건을 던지고 소리 지르는 행동은 바람직하지 않아. 다시 예쁘게 교과서 올려놓으세요."

애정이는 이번에도 마찬가지로 교과서를 던지듯 올려놓았고, 그 덕에 책상 위에 있는 색연필과 사인펜이 책상 밑으로 와르르 떨어졌다. 다시 애정이에게 예쁘게 올려놓으라고 말했으나, 애정이는 씩씩거리면서 교실을 나가려고 했다. 그런 애정이를 나가지 못하게 잡았으나, 애정이의 힘에 질질 끌려가는 나의 모습은 교사로서의 자존감을 위축시켰고, 나를 좌절하게 만들었다.

그 후로 며칠이 지난 후에는 더 심각한 문제가 생기기 시작했다. 종례를 하던 도중 한 학생이 이렇게 얘기한다.

"선생님, 옆으로 메는 제 작은 손가방이 없어졌어요. 여기 옆에 걸어 놨는데…."

"오늘 학교에 가져오긴 했어? 집에서 안 가져온 건 아니고?"

"아니에요. 강당 가기 전에 걸어 놨는데 없어졌어요."

그때 또 다른 학생이 얘기했다.

"선생님, 제 색종이 통이 없어졌어요. 통째로요."

순식간에 학급 분위기가 소란스러워졌다. 너도나도 혹시 자기 물건이 없어진 것은 아닌지 자기 가방과 책상 서랍을 살펴보았다.

"선생님, 제 필통도 없어요."

"선생님, 저는 축구공 모양 지우개가 없어졌어요."

"선생님, 저는 어제 새로 산 반짝이 스티커가 없어졌어요."

한두 명도 아니고, 동시에 다섯 명의 물건이 없어졌다는 이야기를 듣자 멘붕이 왔다. 교사 생활 7년 동안 이런 적은 처음이었다. 아이들이 당황하지 않게 얘기했다.

"얘들아, 선생님이 생각하기엔 바닥에 떨어져 있던 물건을 다른 친구들이 헷갈려서 남의 가방에 넣어 놨을 수도 있어. 모두 자기 가방 다시 살펴볼래?"

그러자 학생들은 자기의 가방을 살펴보기 시작했다. 딱 한 학생만 빼고 말이다. 학생들에게는 선생님이 더 찾아보겠다고 말하며 우선 하교를 시켰고, 애정이를 잠깐 남겨서 물어보았다.

"애정이는 가방을 확인하지 못했지? 확인해 보고 가자."

그러자 애정이가 이렇게 대답했다.

"제 물건이 아닌데, 제 가방에 많이 들어 있어요. 누가 헷갈려서 제 가방에 넣었나 봐요."

아이를 의심하고 싶지 않았고, 그럴 수도 있다며 애정이의 가방에 있던 물건을 다시 학생들의 사물함에 넣어 주었다. 하지만 그 후로도 학급 내 도벽 사건은 끊이지 않았고, 물건이 발견되는 장소는 화장실, 혹은 애정이의 사물함과 신발장이었다. 그러지 않겠다고 반성문도 써 보고, 손가락 걸고 약속했지만 그 순간뿐이었다. 시간이 지나면서 돌봄교실에서의 도벽 사건도 심각해져 돌봄 교사마저 나에게 애정이의 도벽 문제에 대해 조언을 구했다.

애정이의 학급 부적응이 큰 문제가 된다고 생각한 나는 애정이의 학부모를 불러 상담했다. 그동안 있었던 일을 설명하면서, 혹시라도 상담 권유에 거부감을 느낄까 싶어 나이 차가 많이 나는 내 늦둥이 동생 사례를 들기까지 했다. 하지만 돌아오는 것은 냉담한 반응이었고, 내 동생을 흉보기까지 했다. 한 시간이 넘는 상담을 했지만, 학부모의 변화 가능성을 보지 못했고, 문제 해결에 아무런 실마리를 찾지 못한 나는 너무 속상해서 동학년 선생님들과 소주를 마셨다. 집에 돌아와서는 친한 친구에게 전화를 해 오늘 하루 있었던 일을 얘기하며 소리 내어 울었다.

그 후로도 애정이의 행동은 나아지지 않았고, 애정이의 생활지도는 매우 힘들었다. 한 달 동안 음식을 거의 먹지 못해서 체중이 5킬로 줄었고, 탈모가 시작되었다. 정신과를 먼저 가야 하는지, 두피케어센터를 가야 하는지 혼란스러웠다. 학교에서 도망치고 싶었고, 학생을 쳐다보기도 싫었으며, 학부모에게 연락하고 싶지도 않았다. 담임교사가 행복하지 않으니, 학생들도 행복해하지 않았다. 나의 에너지는 제로였다.

애정이와 2년을 함께한 나는 교사라는 자부심을 잃었다. 자존감은 바닥을 향해 있었고, 학생들 앞에 설 수 있는 용기도 잃었다. 어느새 나는 차마 직장을 그만두지 못해 기계적으로 학생들 앞에 서는 부끄러운 교사가 되었다. 변화가 필요했다. 다시 도전하는 삶을 살고 싶었다. 부끄러운 교사가 아니라 당당한 교사가 되고 싶었고, 인정받는 교사가 되고 싶었다. 그래서 선택한 길이 혁신이었다.

올해 초에 혁신학교에 근무하시는 선생님을 통해서 새로운학교 2.0 연구회에 들어가게 되었다. 교직에 들어선 이후 처음으로 혁신학교에 대해 공부했다. 혁신이라는 체제 안에서 정확히 어떤 교육활동이 어떠한 방법들로 학교 안에서 구현되는지 공부하면서 신선함을 느꼈다. 도전정신이 제로에 가까웠던 나의 마음속에 작은 불꽃이 튀는 것을 살짝, 아주 살짝 느꼈다.

이 작은 불꽃은 얼마 후 나를 해밀초등학교 개교 TF팀에 들어가게 했다. 연구회 팀원들의 도움을 받아 가며 TF팀 공모 제안서를 썼다. 내가 선택한 길에서 예전처럼 길을 잃고 싶지 않았고, 이왕 도전하는 거 정말 잘 해내고 싶었다. 공모에서 떨어지고 싶지 않았다. 그런 절실한 마음으로 제안서를 쓰고, 떨어지면 어쩌지 조마조마하던 중 드디어 TF팀 발표가 났다. 연구회 팀원이었던 몇몇 선생님들과 함께하게 되어서 더욱 기쁘고 반가웠다. 가족의 응원과 주변 선생님들의 축하 메시지, 교장 선생님의 따뜻한 말씀 한마디에 정말 뿌듯했다.

TF팀과의 첫 만남은 어색함 그 자체였다. 비가 세차게 내렸고, 실내 분위기는 매우 차분했다. 연구회 팀원들이 있었지만, 처음 보는 선생

해밀초 개교 TF가 처음 만난 날

해밀초 TF 공사현장 방문

님들이 많았다. 자존감이 많이 떨어져 있던 터라 나 빼고 전부 뛰어나 보였다. 내가 이 무리에서 잘 해낼 수 있을지, 너무 뒤처지지 않을지, 민폐를 끼치지는 않을지 온갖 잡생각이 머릿속을 떠다녔던 첫 모임이었다.

TF팀이 꾸려지고 나서 6월 한 달 동안은 교육청 출장이 잦았다. 개교 사무실이 꾸려진 소담초등학교에서 매주 혁신교육과 관련된 연수를 들었다. 많은 연수를 들으면서 나를 가장 고민하게 했던 강사님의 질문이 있었다.

"선생님들은 어떤 학교를 만들고 싶습니까?"

나는 학생들이 행복해하고, 학부모가 만족하는 학교를 만들고 싶었다. 하지만 그러기 위해서는 가장 먼저 교사가 행복해져야 했다. 애정이를 2년 동안 맡으면서 나는 정말 행복하지 않았고, 그런 선생님과 함께 있는 우리 반 학생들은 더욱 불행했다. 학생들이 행복해하지 않으면 학부모의 만족도 역시 떨어지는 건 당연한 이치였다. 나는 교사가 행복하게 학생들과 숨 쉴 수 있는, 보람으로 가득 찬 해밀초를 만들고 싶었다. 학생도 교사도 '해밀인'이라는 자부심을 가질 수 있는 학교를 만들고 싶었다.

그런 목표를 안고 7월에는 TF팀과 함께 한창 공사 중인 학교를 방문했다. 공간 혁신이 반영된 학교 구조를 살펴보면서 세종에서, 아니 전국에서 유일한 학교가 될 수도 있겠다는 생각이 들었다. 학교에 애착이 생겼고, 웃음을 잃었던 내 입가에 미소가 지어졌다. 그렇게 나는 어쩌다 해밀인이 되고 있었다.

임시 교실의
삶

　두 학교를 겸임하면서 아주 바쁜 7월, 8월을 보내고 9월 1일 자로 해밀초가 개교를 했다. 나는 2학년 팀장을 맡게 되었고, 경력이 있으신 선생님 한 명과 발령 동기 친구 한 명, 신규 선생님 한 명과 동학년을 하게 되었다. 2학년 교실로 바로 들어가면 좋았겠지만, 베이크아웃 문제도 있었고, 1, 2학년 동인 봄마을[1]이 완공되지 않아서 3학년 교실을 임시로 사용했다. 우리 2학년은 3학년 나리반 교실을 사용했고, 1학년은 3학년 다솜반 교실을 사용했다. 9월 1일 첫날, 해밀초 2학년 학생은 총 세 명이었다. 가람반 한 명, 나리반 한 명, 다솜반 한 명. 그리고 라온반에는 아직 전입생이 들어오지 않았다. 해밀마을의 입주 시작일이 9월 28일부터라서 9월 말까지는 전입생이 많지 않았다. 어떻게 교육과정을 운영하면 좋을지 학교 선생님들과 상의를 했다. 임시 교실에 있는 동안에는 교실 수도 부족하고, 교육과정 운영에 어려움이 있으니 합반하기로 결정했다. 그 결과, 해밀초등학교 선생님들은 아주 신기하고 색다른 경험을 할 수 있었다. 한 학급에 학생은 세 명인데, 교사는 네 명인 상황. 거기에 2학년은 조이맘 선생님들까지 있어 총 일곱 명의 교사가 있는 셈이었다. 전교 학생 수보다 교직원 수가 더 많은 이 상황이 정말 재밌기도 하고, 낯설기도 했다. 7년 교직생활에서 처음 겪어 보는 상황이 너무 신기해서 다른 학교에서 근무하는 친구들을 만나면 "야, 우리 반 몇 명인 줄 알아?" "몇 명인데?" "한 명이

---

1. 해밀초는 봄마을(1~2학년), 여름마을(3~4학년), 가을마을(5학년), 겨울마을(6학년), 맑은마을(시청각실), 하늘마을(강당) 총 6개의 건물로 이루어져 있다. 6개 마을은 2층 데크로 모두 연결이 되어 있는데, 학생들에게 2층 데크 이름을 공모하여 해밀이 놀이터로 지정하였다.

야. 한 명. 교사는 네 명인데 2학년은 총 세 명이야. 너무 신기하지 않아?"라고 말하기 일쑤였다.

학생 수가 세 명이고, 합반을 하는 상황이라 2학년 교사들은 한 과목씩 맡아서 마치 전담 선생님처럼 수업을 진행했다. 나는 신규 선생님과 통합교과를 여섯 차시씩 나눠 수업했다. 시수만 생각하면 참 편했는데, 2학년 통합교과는 모둠활동이 많고, 여럿이서 만들어야만 완성되는 작품들이 많아 수업을 진행하는 데 어려움을 겪기도 했다. 한 예로 단원 도입에 제시되는 공부 게시판 하나를 만들기 위해서는 최소 열 명 이상의 학생이 필요하다. 하지만 우리 2학년 학생 세 명은 스물네 명이 만드는 공부 게시판을 만들어야만 했다.

"얘들아, 오늘은 마을 공부 게시판을 만들 거야. 그런데 많이 힘이 들 수도 있어. 보통 공부 게시판 만들 때, 스무 명 정도가 만들거든. 그런데 우리는 세 명이야. 힘들겠지만 선생님은 너희를 믿는다. 너흰 할 수 있어."

불가능한 일이라고 생각했는데, 내가 던진 격려의 한마디 때문이었을까. 세 명의 아이들은 빠른 속도로 뚝딱뚝딱 해밀초 2학년의 첫 공부 게시판을 완성했다.

또 한 번은 여러 가지 물건 이름이 적힌 쪽지를 동네에서 볼 수 있는 여러 장소 이름이 붙어 있는 바구니 안에 넣는 배달 놀이를 해야 했다. 그런데 세 명이 하는 것은 무리가 있었다. 재미도 없을뿐더러 활동이 너무 빨리 끝날 것이 분명했다. 신규 선생님과 나는 어떻게 하면 좋을지 고민을 하다가 1학년 동생들을 초대해 보자고 했다. 마침 1학년도 학생 수가 네 명이었기에 1학년 선생님들도 너무 좋은 생각이라고 했다. 그렇게 1, 2학년이 만나는 시간이 많아졌다.

9월 둘째 주 즈음, 드디어 라온반에 여학생이 전학을 왔다. 활발한 성격이어서 2학년 학생들과 빠르게 친해졌다. 마치 원래 있었던 학생인 것처럼. 신규 선생님은 이 네 명의 학생을 데리고 직업인과의 만남을 추진했다. 코로나 감염 우려도 있었고, 해밀마을에 상가가 없어서 동네 사람들이 하는 일을 알아보고 인터뷰하기가 쉽지 않았다. 그래서 생각한 것이 온라인 인터뷰였다.

"쌤, 몇 명 섭외해서 누구는 의사, 누구는 군인, 누구는 가게 사장님, 이렇게 부탁드려 봐요."

"혹시 아는 의사 선생님이나 군인 있으세요?"

"아니, 내가 다른 학교 선생님들한테 부탁할게요. 과학실에 있는 가운 입고, 청진기 두르고, 인터뷰해 달라고 하면 되지요. 남자 선생님들한테 군복 입고 인터뷰해 달라고 해도 되고요."

"아, 그렇게 해도 돼요?"

"아이들 수준에서 답변해 줄 수 있는 사람은 교사밖에 없어요. 내가 부탁해 볼게요."

나를 비롯한 2학년 선생님들은 이런 말들을 주고받았다. 나는 군인 역할을 맡아 줄 4학년 선생님을 신규 선생님에게 소개해 줬다. 아이들의 동심을 파괴하면 안 된다는 생각이었는지, 신규 선생님은 직접 경찰관과 가게 사장님을 섭외했다. 이렇게 해서 학교전담경찰관, 햄버거집을 운영하는 신규 선생님의 친구, 공군 역할을 맡은 해밀초 4학년 담임선생님의 온라인 인터뷰가 진행되었다.

진로교육 차원에서(사실은 네 명으로 인터뷰를 진행하기에는 교실이 너무 비어 보였다) 1학년 학생들도 수업에 초대했다. 초반에는 햄버거집 사장님과 학교전담경찰관을 인터뷰했는데, 학생들의 집중도가 많이 떨어졌다. 어려운 어휘를 사용해서인지 학생들이 답변의 내용을 이해하지 못했다. 그러다가 마지막 인터뷰 차례가 되어 공군이 등장하자

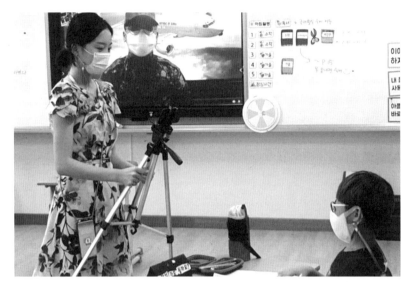

진로교육(직업인과의 만남)

학생들의 눈이 번쩍거리기 시작했다. 전자칠판에 커다란 공군 비행기 사진을 띄워 놓고, 군복을 입은 4학년 선생님의 모습을 보니 굉장히 그럴싸했다. 집중을 잘 못하던 1학년 학생들마저 너도나도 손을 들고 질문을 했다. 역시 초등 교사였다. 답변도 아이들 눈높이에 딱 맞았다.

직업인과의 만남이 끝나고 1, 2학년 선생님들은 빈 교실에 빙 둘러 앉아 수업 내용에 대해 이야기했다.[2]

"와, 저 감쪽같이 속았어요. 진짜 군인인 줄 알았어요."

"학생들 눈이 반짝거리는데, 너무 웃기기도 하고, 귀엽더라고요."

"감사의 표시로 뭐라도 해야겠어요."

---

2. 베이크아웃과 공사가 끝나지 않아 교사들이 있을 공간이 없어서 한 달 동안은 빈 교실을 연구실로 활용하였다. 빈 교실의 수가 많지 않아서 3학년 마루반 교실에 1, 2학년 선생님들이 같이 모여 수업 연구를 하였다. 본인이 맡은 교과 수업이 아닌 경우에는 항상 마루반에 모여 아이들에 대한 이야기, 교과 내용에 대한 대화를 나누었다.

그래서 우리는 백상예술대상을 만들어 4학년 선생님에게 전달했다. 돌이켜 생각해 보면, 학생 수가 많았다면 어려웠을 일이었다. 4학년 선생님이 교실에 들어가지 않는 시간이었고, 교사들이 전부 교실에 들어와 학생들을 일일이 살펴봤기 때문에 인터뷰가 원활히 진행될 수 있었다. 제대로 된 코티칭co-teaching이 이뤄진 것이다.

9월 중순 이후에는 또 한 명의 학생이 전입을 왔다. 드디어 다섯 명이 되었지만 그래도 직업 놀이를 재밌게 하기는 쉽지 않았다. 준비는 다 했으나, 손님이 없는 상황이 펼쳐졌다. 그렇다고 2학년을 반으로 나누어 활동하기에는 재미가 없었다. 이번에도 역시 손님의 역할로 초대된 1학년 학생들. 장난감 신용카드를 발급해 주고, 돌아다니면서 체험하라고 했지만, 낯선 탓인지 쭈뼛거리는 아이들이 많았다. 1학년 선생님들과 조이맘 선생님들이 발 벗고 나서자 그제야 분위기가 잡혔다. 다섯 명의 2학년 학생들은 1학년 학생들 다섯 명과 1, 2학년 선생님 및 조이맘 선생님, 총 열여섯 명을 상대로 직업 놀이를 할 수 있었다.

9월 말에는 추석을 맞이해서 다 같이 송편을 만들어 먹기로 했다. 1, 2학년과 같이 동시에 진행을 해서 송편 떡도 여유롭게 준비하고, 이것저것 필요한 재료들도 구입을 했다. 9월 28일 1교시에 1학년은 3학년 다솜반에서, 2학년은 3학년 나리반에서 활동을 했다. 코로나 위험성도 있으니 멀찍이 떨어져 앉아서 송편을 빚었다. 2015년에도 학생들을 데리고 송편 빚기를 해 봤다. 2학년 전체 학생들과 교사들이 모두 한 공간에서 송편을 빚는 것은 처음이었다. 송편을 다 빚고, 각자 가져온 그릇에 송편을 담아 도서관 앞에 있는 야외 테라스에 앉아 맛을 봤다.

"선생님들, 그리고 얘들아. 우리 곧 점심시간이니까 딱 두 개씩만 먹읍시다."

송편 맛이 좋아서였을까. 두 개씩만 먹자고 했던 교사들마저 송편을 자꾸 입 안에 넣었고, 눈이 마주친 네 명의 교사들은 깔깔거리며 웃었다. 아이들의 웃음소리와 선생님의 웃음소리가 섞여 해밀마을 공사장까지 들릴 것만 같았다.

전입, 전입, 또 전입

10월 5일. 드디어 봄마을 공사가 끝났다. 해밀마을의 입주가 시작되자 학생 수는 기하급수적으로 늘었다. 봄마을로 이사 오자마자 지난주까지 한 학급이었던 2학년은 순식간에 두 학급이 되었다. 그리고 정확히 5일이 지나고, 10월 12일에 2학년은 네 학급이 되었다. 완전 분반이 이루어진 후, 10월 말까지 각 반에 매일 한 명에서 두 명, 많을 때는 세 명의 학생들이 전입을 왔다.

"와. 오늘 세 명이 동시에 전학을 왔어요."

"우리 반도요."

"1교시 시작하기 전에 한 명 오더니, 1교시 끝나고 한 명 더 오고, 11시쯤에 한 명 더 왔어요. 진짜 정신없더라고요."

"이렇게 정신없을 바에는 얼른 스물다섯 명 채워지는 게 낫겠어요."

"그런데 채워져도 문제예요. 우리 교실에는 2층 다락이 있어서 교실이 너무 좁아요."

그렇게 시간이 흐르고 10월 28일, 우리 반은 열여덟 명이 되었다.

"오늘 열여덟 명인데, 교실이 진짜 꽉 찼어요."

"여차저차하면 스무 명까지는 수용할 수 있을 것 같긴 해요. 그런데 그 이후가 문제네요."

"증설이 안 되면 어떡하죠…."

"에이, 설마 그러겠어요?"

"학교에서 교육청에 물어보니 증설 계획이 없다고 하던데요."

"흠…. 우선 우리 교장실에 가 봐요."

교장 선생님에게 연락을 하고, 우리 동학년 네 명은 교장실에 내려 갔다.

"교장 선생님, 2학년 학생 수가 오늘 자로 칠십 명이 넘었는데, 교실 이 벌써 비좁아지고 있어요. 아직 입주 끝나려면 한 달이 넘게 남았는 데요. 증설이 시급합니다."

"우선 요청은 했는데, 교육청 인사과와 행정과에서 승인이 나지 않 네요. 조금 더 지켜봐야 될 것 같습니다."

증설에 대한 기대를 품고 교장실에 갔지만, 마음만 더 복잡해진 상 태로 교실로 돌아와야만 했다.

11월 6일. 개교식이 있었던 날이자, 우리 반이 스물두 명이 된 날이 다. 아침부터 선생님들은 개교식 준비로 정신이 없었고, 담임과 교무 행정사는 전입생에 허덕였다. 아이들을 하교시키고, 오후 두 시에 해 밀초 강당에서 해밀유·초·중학교의 합동 개교식이 진행됐다. 교육감 을 비롯해 각급 학교의 교사들이 모두 참석한 합동 개교식은 꽤 큰 행사였다. 모든 행사가 끝나고, 기념사진까지 촬영한 후에 교실로 돌 아가려고 했으나, 나의 시야에 들어온 한 사람이 있었다. 교육감이었 다. 머릿속이 '증설'로 가득 찬 나는 옆 반 선생님을 이끌고 교육감에 게 갔다.

"교육감님, 안녕하세요. 저희는 해밀초등학교 2학년 교사입니다."

"네네. 고생 많으시지요. 사진 찍어 드릴까요?"

"아, 사진이 아니라 드리고 싶은 말씀이 있어서요."

어떤 자신감이었는지 모르겠으나, 나중에 혹시라도 증설되지 못할 경우를 떠올린 것은 분명하다. 그때 가서 '아, 개교식 때 교육감 왔을 때 증설 얘기라도 꺼내어 볼걸'이라는 미련을 갖고 싶지 않았다. 어찌 보면 굉장히 무식한 방법. 그렇지만 우리 학년의 이야기를 할 수 있는 유일한 시간이었다.

"교육감님, 2학년 교실 와 보셨지요? 다락이 있는 것은 알고 계셔요?"

"다락이요? 네, 알고 있습니다."

"다락 때문에 교실에 책상 놓을 공간이 많이 부족합니다. 오늘 스물두 명이 되었는데, 교실이 너무 비좁아서 아이들이 가방에 걸려 넘어지고, 심지어 선생님들도 넘어지고 있어요. 증설이 시급합니다. 아직 입주 지정 기간도 한참 남았어요."

그때 교장 선생님이 우리 근처에 와서 다급하게 '여긴 아니야'라는 눈빛으로 바라보셨다.

"아, 그것은 학교에서 충분히 협의해 보시고, 학교의 의견을 최우선 순위로 두겠습니다."

그 말을 듣는 순간, 교장 선생님이 왜 여긴 아니라고 다급한 눈빛을 보냈는지 알 수 있었다. 우리의 이야기를 기억하기엔 너무나 바쁜 사람이라는 생각이 들었다.

그렇게 짧은 교육감과의 대화를 뒤로하고 2학년 선생님들과 봄마을로 돌아왔다.

"아, 딱 보니 증설 안 되겠네."

"스물여섯 명 넘으면 애들 뒤에 세워 놓아야 해요. 책상 놓을 공간도 없어요."

학부모 협조 요청 SNS 편지글

"무슨 방법 없을까요."

그래서 우리 학년이 선택한 방법은 학부모에게 도움을 요청하는 것
이었다.

불가능할 것이라 생각했다. 그런데 놀랍게도 11월 12일. 교감 선생
님에게 메시지가 왔다.

'불가능을 가능하게 하셨음. 2학년 샘들의 전략과 전술이 통했어요!
잘했다고 전해 주오.'

이로써 해밀초는 1~3학년까지 한 학급씩 증설되었다. 12월 22일.
2학년 다섯 개 반은 모두 스물세 명이 되었다. 증설이 되지 않았다면
어떻게 됐을까. 생각만 해도 아찔하다. 그렇게 증설을 위한 소리 없는
사투는 연말이 되어서야 마무리되었다. '우리 학년이 무언가를 해냈
다'라는 은근한 뿌듯함이 낯설지만 기분 좋았다.

팀장으로
살아남기

해밀초등학교에서 생활하면서 가장 신선했던 것은 '군장제'였다. 7년 동안 교직에 있으면서 군장이라는 말을 사용해 본 적도, 들어 본 적도 없었다. 해밀초등학교는 전국에서 유일하게 군장제로 운영되는 학교다. 기존의 학년제에서 벗어나 학교 안의 작은 학교를 꿈꾸는 해밀초는 1~2학년군, 3~4학년군, 5~6학년군으로 나뉘어 각 학년군마다 군장과 팀장이 있다. 팀장이 동학년 교사를 챙기고 학년 교육활동을 운영한다면, 군장은 같은 학년군에 있는 교사들을 챙겨야 하고, 학년군 단위로 운영되는 학년군 교육과정의 총책임자인 셈이다. 일선 학교에 있는 학년부장보다도 더 많은 책임을 져야 하는 군장이라는 타이틀은 참 부담스럽고 어려운 자리임에 확실하다.

개교를 앞둔 8월에 개교 TF팀 열두 명은 개교 사무실에 모여서 학교교육과정의 큰 틀을 잡았다. 그리고 교육과정에 따라 공통 교육활동이 정해졌다. 이제 우리는 이 교육활동들을 현장에서 어떻게 풀어나갈지에 대한 고민을 해야 했다. 어떤 지원이 필요하며, 어떤 방법으로 운영이 되어야 하는지에 대한 구체적 논의가 필요했다. 그러기 위해서는 하루빨리 업무분장이 나와야 했다. 그렇게 마음의 준비가 되지 않은 상태에서 학년과 업무를 정했다. 가장 먼저 업무지원팀이 정해졌고, 남은 선생님들끼리의 눈치작전이 시작됐다. 젊은 교사들이 많아서였을까. 고학년을 희망하는 교사들이 많았고, 그에 따라 누군가는 양보를 하여 덜 선호하는 학년을 맡게 된 선생님들도 있었다. 나는 2학년을 맡았고, 1학년에 경력이 많으신 선생님이 있었다. 학년이 정해지자, 같은 학년군 안에서 군장을 뽑았다.

"저는 부장을 한 번도 해 보지 않았어요. 그리고 군장은 적어도 많은 선생님을 이끌 수 있는 사람이 해야 된다고 생각해요. 그런 의미로 선생님이 해 주시면 좋을 것 같아요."

"나는 하면 하는데, 잘할 자신은 없어요."

"저희가 많이 도울게요."

1학년 선생님은 부담이 있음에도 불구하고 1~2학년 군장을 맡아 주었고, 나는 2학년 팀장이 되었다. 군장에 대한 어려움과 부담감을 알고 있었고, 내가 부탁을 했던 것도 있었기 때문에 힘이 되어 줘야겠다고 생각했다. 그게 도리였다.

군장제로 운영되는 해밀초에서 팀장으로 지내기는 생각보다 눈치가 많이 보였다. 부장 TO가 부족해서 3학년 팀장과 2학년 팀장인 나는 흔히들 이야기하는 물부장으로 한 학기를 살았다. 학년의 장이긴 하나, 보직교사들이 참석하는 기획회의에는 참여할 수 없었고, 인사위원회 등의 중요한 자리에도 참여할 수 없었다. 자연스레 우리 학년은 중요한 내용 전달이 늦어졌고, 그에 따라 학년 선생님들에게 미안함을 느꼈다. 미안한 마음을 스스로 위로하려고 학년의 일을 척척 해내고 싶었고, 다른 선생님에게 도움을 요청하고 싶지 않았다. 적어도 내가 할 수 있는 일은 내가 처리하고, 동학년 선생님들을 편하게 해 주고 싶었다. 초짜 팀장이 할 수 있는 최선이었다.

그뿐만 아니라 학년군장에게 미안함을 느끼는 상황이 생기기도 했다. 동학년이 생기고 보니 학년에서 지내는 시간이 많아지고, 학년 이야기에 귀 기울일 수밖에 없었다. 학년의 장이기 때문에 학년의 이야기를 대변해야 하는 상황이 생겼고, 그 과정에서 군장에게 힘을 실어주지 못한 적도 있었다. 학년의 장인 동시에 군장을 지원해야 하는 자리. 그게 팀장의 역할이었다.

눈치 보기는 학년의 장들로 구성되는 학교교육두레[3] 마실에서도 마찬가지였다. 너무나도 많은 일을 하는 군장들 사이에서 팀장인 나는 크게 도움이 되지 못하는 것 같아서 미안했다. 간혹 두레 마실에서 기획회의 이야기가 나오거나 부장 회식 이야기가 나오면 3학년 팀장과 어색한 미소를 지을 수밖에 없었다. 보직교사가 아니기 때문에 당연했지만, 가끔씩 찾아오는 불편함은 감추기 힘들었다. 티가 났던 것일까? 결국엔 2, 3학년 팀장들도 부장 회식에 참여하라고 이야기가 오갔다. 다 된 밥에 숟가락을 얹는 듯한 기분은 회식 자리에 참여해서까지 이어졌다.

"불러 주셔서 감사하긴 한데, 사실 이 자리가 부담스럽긴 합니다. 다른 분들에 비해서 일도 훨씬 덜 했고, 기획회의나 이런 협의체에도 참석하지 않아서 죄송하기도 하고요."

"쌤도 학년 장이잖아요. 학년의 일을 제일 많이 하는 사람이니까 당연히 참석하는 게 맞지요."

그 말에 위로가 되었던 것일까. 그날 회식이 끝나고 밤늦게 헤어질 때는 정말 행복하게 집으로 돌아갔던 기억이 난다. 마치 걱정이나 부담은 하나도 가지고 있지 않았던 사람처럼 말이다.

---

3. 해밀초등학교의 업무는 크게 네 가지로 구분된다(2020년 기준). 학교교육두레, 마을두레, 미래두레, 학력두레로 나뉘어 각 두레에는 두레장이 주축이 되어 학년의 선생님들이 골고루 참여한다. 매월 한 차례씩 두레 마실을 하면서 중요한 현안들을 협의하고, 결정한다. 기존에 업무지원팀이 있는 학교에서 부장이 맡았던 일들을 모든 교사들이 참여하며 함께 만들어 가는 교육과정을 실천하고 있다.

이렇게 예쁜 아이들을
본 적이 없어

"힘들지? 할 만해? 고생만 하다가 갔는데, 더 힘들면 어떡해."

해밀초에 온 이후로 밖에서 친구들을 만나면 항상 듣는 말이었다. 나와 친하게 지냈던 사람이면 다 알 정도로 순탄치 않았던 교직생활, 추락한 교사로서의 자존감, 애정이 이야기를 하면서 울던 나. 모든 이들이 걱정하고 위로해 줬던 적이 있었다. 하지만 지금은 다르다.

"난 교직생활 7년 동안 이렇게 예쁜 아이들을 본 적이 없어."

진심이었다.

우리 가람반 스물네 명의 학생들은 나를 '대장 선생님'이라고 불렀다.

"얘들아, 선생님은 2학년 대장 선생님이야. 선생님이 대장이니까 우리 반도 멋지게 생활해야겠지?"

"선생님, 그럼 우리는 대장반 학생들이네요?"

"당연하지! 우리는 할 때는 하고, 놀 때는 노는 거야! 선생님은 노는 것을 정말 좋아하거든."

'대장'이라는 수식어 때문이었을까. 가람반 학생들은 학교 안에서 누구보다도 큰 목소리로 인사하고, 작품 하나를 만들더라도 더욱 꼼꼼하게 만들었다. 학생들은 열심히 최선을 다한 친구들의 작품을 칭찬했고, 받아쓰기 시험을 보고 아쉬워하는 친구들에게 격려를 했다.

"아니야, 너는 최선을 다했어! 했다는 것 자체가 잘한 거야. 그리고 너는 우리보다 줄넘기를 훨씬 잘하잖아."

"맞아, 선생님이 그랬잖아. 열심히 하는 게 중요한 거야."

학생들 입에서 나오는 말 한마디 한마디가 나를 감동시켰다. 시키지 않아도 스스로 책상 줄을 맞추고, 너 나 할 것 없이 친구들의 청소를 도와줬다. 매주 금요일에는 청소기를 돌리기 위해 의자를 책상 위에 올려야 하는데, 밥을 늦게 먹고 오는 학생들의 의자까지 정리했다. 월요일에는 학교에 와서 그 의자를 내리려고 너도나도 빨리 오려는 모습이 참 기특했다.

한 학기를 열심히 살고, 아이들과 헤어지던 2020년 12월 31일. 그동안 준비했던 역할극을 하며 사진도 찍고 동영상도 찍었다. 시기적절하진 않았지만, 축제 분위기였다. 아이들도 즐겁게 참여하고, 다 함께 교가도 불러 보며 서로를 향해 박수도 쳐 줬다. 조이맘 선생님과 인사도 했다.

"얘들아, 한 학기 동안 조이맘 선생님이 보이지 않는 곳에서 우리를 정말 많이 도와주셨어요. 우리가 만든 공부 게시판, 작품들을 다 완성해 주시고, 칠판에 붙어 있는 것도 다 만들어 주셨어요. 고생하신 조이맘 선생님께 감사하다고 인사해 봅시다."

"선생님 감사합니다!"

학생들과 함께 만든 칭찬쪽지를 전달하면서 코끝이 찡해졌고, 목소리도 떨렸다. 어느새 조이맘 선생님의 눈가도 붉게 충혈이 되어 있었다.

"자, 그러면 이번에는 고생한 우리 반 모두에게 수고했다고 박수 한 번 쳐 볼까요?"

모두가 서로를 향해 몸을 이리저리 돌리며 박수를 쳤다. 그때 우리 반 똑똑이 여학생이 말했다.

"선생님, 그런데 눈물 날 것 같아요."

애써 무시하려고 했다. 물풍선처럼 한 번만 툭 건들면 눈물이 날 것 같았다. 위기를 넘기고 더 열심히 박수를 쳤는데, 그때 또 다른 아이

(받아쓰기를 항상 많이 틀리던 아이)가 이렇게 말했다.

"우리 선생님도 진짜 수고했어요!"

눈물을 참느라 애쓰던 나의 모습이 참 낯설었다. 아이들과 헤어지면서 울었던 적이 언제였을까. 첫 담임을 맡았을 때는 정말 힘들었던 한 해였지만, '첫 제자'가 주는 뭉클함 때문에 울었다. 그 이후에는 눈물보단 웃음이 나왔다. 드디어 끝났다는 해방감, 1년 잘 견뎌 냈다는 뿌듯함. 아무리 떠올려도 아이들과 헤어지면서 아쉬워서 울었던 적은 없었다. 그런데 해밀은 달랐다. 고작 반년 함께했는데(그마저도 11월에 전학 온 아이들이 있으니 몇 개월밖에 되지 않는다) 이렇게 빨리 정이 들고, 아쉬울 수 있는지 다시 생각해도 놀랍다.

우리 해밀초 2학년 가람반 학생들은 교사로서의 나의 자존감을 높여 주었다. 코로나19로 인해 원격수업을 하다가 선생님과 전화를 할 때마다 "선생님, 사랑해요"라고 말해 주는 아이들. 밴드에 글을 올리면,

'선생님, 감사해요. 아이가 학교에 매일 가고 싶다고 한 적은 한 번도 없었어요.'

'해밀초 2학년 가람반이 최고예요.'

'선생님, 너무 밝으시고 이쁘세요. 아이들에게 사랑 주셔서 감사해요.'

이렇게 댓글을 달아 주는 학부모들. 해밀초의 모두가 나를 행복하게 해 주었다.

해밀. 비 온 뒤 맑게 갠 하늘이라는 예쁜 순우리말이다. 내 교직생활에 비가 왔던 적이 있다. 그것도 아주 무서운 바람을 일으키며 오랫동안 비가 왔다. 그 빗속에서 하염없이 울고 좌절했다. 그런데 해밀초에 오자 그 이름에 걸맞게 비가 그치고 하늘이 맑게 개었다. 앞으로의

교직생활에서 언젠가는 비가 또 올 것이다. 더 긴 장마일 수도, 강력한 태풍일 수도 있다. 하지만 그 시기를 잘 견디면 지금처럼 언젠가는 맑게 갠 하늘을 볼 수 있을 것이다. 부디 이 맑은 하늘을 2021년에도 볼 수 있길 바란다.

이번 한 학기는 이처럼 해밀초의 큰 흐름에 몸을 맡기고 경험해 보는 기간이었다. 교사로서는 적응의 시기였다면, 연구자로서는 탐색의 시기였다. 이 학교가 정말 연구할 만한 사례인지, 앞으로 내가 어떤 위치에서 무엇을 주제로 연구를 진행할 것인지, 연구를 위한 구성원들의 동의를 받을 수 있을지 등에 대해서 말이다. 결론은 다시금 '해밀은 내 운명'이다.

어쩌다 해밀, 운명이 되다

서시연

어쩌다
해밀

'어쩌다'라는 말은 참 재미있다. 속마음을 숨기고 있기 때문이다. "어쩌다 해밀"에 갔는데 그게 좋다는 건지, 나쁘다는 건지, '어쩌다'가 들어간 한 문장만 보고는 도무지 판단이 안 된다. 그래서 이야기를 들어 보아야 한다. 그곳에 가기까지 어떤 일들이 있었는지, 그리고 그곳에서 무슨 일들이 있었는지, 이야기를 듣고도 좋다, 나쁘다 판단은 독자의 몫이다. 그래서 '어쩌다'는 참 재미있는 말이다.

생각해 보면 30여 년 짧은 인생이지만 '어쩌다'가 꽤 많았다. 한의사가 되겠노라 이과에 진학했건만 '어쩌다' 교대를 갔고, 대학을 다니며 정해진 루트를 따라가다 보니 '어쩌다' 교사가 되었다. '어쩌다' 결혼을 했고, '어쩌다' 자녀가 둘이나 생겼고, 그렇게 휴직과 복직을 몇 번 반복하다가 "어쩌다 해밀"에 이르렀다. 이쯤 되면 인생이 다 '어쩌다'인지도 모르겠다.

각각의 '어쩌다'는 저마다 이야기가 있다. 그리고 각각의 이야기들은 서로 연결되어 있다. 어쩌다 교대를 갔기에 어쩌다 교사가 될 수 있었던 것처럼, 어쩌다 교대를 갔기에 어쩌다 결혼을 하게 된 것처럼 말이다.[4] 그래서일까? 호기롭게 출판에 자원하였던 초심과는 달리 글을 시작하기까지 적지 않은 시간이 걸렸다. "어쩌다 해밀"이라니, 도대체 어디부터 시작해야 하지? 휴직 때부터? 아니면 교사가 된 때부터? 그것도 아니면 교대에 간 순간부터? 지극히 사적이고, 자전적인 나의 이야기를 공개하기가 부끄럽기도 하고, 두렵기도 하여 고민이 많았다. 딱히 결론은 내리지 못했다. 그저 기억이 허락하는 범위 안에서, 내가 나를 드러낼 수 있는 범위 안에서, 능력껏 적어 보리라 하는 마음가짐뿐이다.

어쩌다 교사가 되었다. 12월까지는 분명히 학생이었는데, 어느 순간 임용 2차 시험을 보고, 어느 순간 졸업을 하고, 임용 결과가 나오고, 신규 교사 연수를 받고, 3월 1일 자로 교사가 되었다. 불과 두 달 만의 일이었다. 아직 나는 '선생님'이라는 호칭이 어색한데, 모두가 나를 '선생님'이라고 불렀다. 학생들로부터 선생님 소리를 듣는 것도 어색하였지만, 다른 선생님이나 교감, 교장 선생님으로부터 선생님 소리를 듣는 일은 정말이지 익숙해지지 않았다. 어울리지 않는 옷을 입고 있는 느낌이었다.

한 해가 지나 내가 '선생님'이라는 사실에 아주 조금 익숙해지기 시작하였을 때, 어쩌다 결혼을 하게 되었다. 이번에는 가는 곳마다 나를 '신부님'이라고 불렀다. 웨딩플래너도, 가전 매장 직원도, 사진 기사도 그랬다. 이 또한 익숙해지기까지 꽤 오랜 시간이 걸렸다.

한 해가 또 가고, 어쩌다 아이가 생겼다. 이번에는 사람들이 나를 '엄마'라고 불렀다. 산부인과 간호사와 의사가, 임산부 요가 강사가, 육

---

4. 남편과는 흔히들 말하는 CC, 캠퍼스 커플이었다.

아용품 매장 직원이 그랬다. 첫아이를 낳고는 휴직을 하지 않았다. 따라서 나는 '선생님'이면서 '신부님'이었고, '엄마'이기도 했다. 아직 채 '선생님'이 되지도 못했는데, 또 다른 무언가가 되어야만 했다. 타이틀 (호칭)이라는 게 그저 한 단어에 불과한 것이 아니기에, 각각이 하나의 역할이고 의무이기에, 그저 버텨 내기만도 쉽지 않은 날들이었다. 무슨 운명의 장난인지 학교에서 돌봄이라는 막중한 업무를 맡게 되었고, 동학년과 동떨어진 교실을 받았으며[5], 힘든 학생과 학부모를 만났다. 가혹한 한 해였다. 그렇게 한 해를 버텨 낸 뒤에는 학교로부터 도망치듯 육아휴직을 했다. 학교가 싫었고, 더 이상 '선생님'이고 싶지 않았다.

휴직과 동시에 둘째 아이가 생겼다. 한 해를 노력해도 안 되더니, 학교를 떠나자마자 기다렸다는 듯 찾아왔다. 나는 정말 학교랑 안 맞나 보다, 학교를 떠나서 참 다행이다 생각했다. 그렇게 둘째 아이를 출산하고, 한 해하고도 반년을 더 '엄마'로서 보냈다. 간간이 들려오는 학교 이야기는 하나같이 우울했다. 어디 교장이 누구한테 소리를 질렀다더라, 누가 힘들어서 유산을 했다더라, 누가 아동학대로 고소를 당했다더라, 그런 것들이었다. 부정적인 일만이 가십이 되어 널리 퍼진다는 사실을 너무 잘 알고 있음에도, 학교에 대한 두려움은 커져만 갔다. 여전히 나는 '선생님'이고 싶지 않은데, 내 의지와 상관없이 복직일은 다가왔다.

그리고 결국, 어쩌다 해밀로 발령을 받았다. 어쩌다 해밀로 발령을 받는 과정에서 한 가지 분명한 점은 나는 알고 있었다는 점이다. 시기적으로 그러했다. 2020년 9월에 복직하는 교사와 2020년 9월 개교 학

---

5. 동학년 다른 교실은 2층 중앙에 있었고, 나는 1층 가장 구석진 곳에 위치한 교실을 썼다.

발령 공문

교, 그야말로 찰떡궁합이다. 쌓아 둔 이동점수가 아까워 원적교로 되돌아가는 것이 1순위 희망이었지만, 해밀초도 괜찮은 대안이라고 생각했다. 집과 가깝고, 대학원[6]과도 가깝고, 무엇보다도 함께하게 될 선생님 중 지인이 여럿 있다는 점에서 그랬다. 원적교에 내가 돌아갈 자리가 없다는 소식을 전해 듣고, 진작부터 해밀초 발령을 직감하고 있던 나로서는 발령 공문을 받고도 그저 올 것이 왔구나 했을 뿐이다.

 또 한 가지 정말 복직하고 싶지 않았다. 학교에 대한 두려움이 아직은 너무 컸다. 또한 만 1세, 만 3세, 아직은 어린 두 아이를 '엄마'로서 키우는 일도 쉽지 않은 일인데, '엄마'이자 '선생님'인 워킹맘으로 돌아가자니 너무도 막막했다. 코로나19로 인한 팬데믹 상황에 나는 더욱 주저했다. 복직을 코앞에 둔 8월 중순, 첫째 아이와 가장 친한 친구의

―――――――――――
6. 대학원에 관한 내용은 뒤에 이어진다.

아빠가 코로나19 검사를 받았다는 소식을 듣고는 진심으로 다시 휴직할까 했다. 다행히 음성이었고, 어찌저찌 시간이 흐르다 보니 어느덧 9월 1일이었다.

해밀초등학교는 신설 학교이기에 구성원이 크게 두 집단으로 구분된다. 해밀초를 선택해서 온 개교 TF팀 교사들이 한 집단이고, 선택권이 없어 해밀초로 보내진 복직 교사와 신규 교사들이 다른 한 집단이다. 각 집단이 해밀초 발령을 받아들이는 방식에는 분명 차이가 있을 것이다. 아무래도 개교 TF팀의 경우 상당한 기대와 설렘이 있었을 테고, 똑같이 선택권이 없었을지라도 신규 교사들은 기쁘게 발령을 받아들였을 듯하다. 복직 교사의 경우 예측이 어렵다. 저마다의 이유로 발령을 간절히 기다렸을 수도 있고, 덤덤했을 수도 있고, 원치 않았을 수도 있다. 감히 말하건대 나는 부정의 가장 극단에 위치해 있었다. 복직하는 그날까지도 휴직에 대한 미련이 있었고, 학교가 싫었다. 계속 도망치고 싶었다.

우습게도, 상황이 반전되기까지는 그리 오랜 시간이 걸리지 않았다. 누구보다도 1~2학년군 선생님들의 공이 컸다. 선배 워킹맘들로부터 위로와 포용을, 든든한 친구로부터 배려와 응원을, 열정 많은 후배들로부터 존중과 감명을 받았다. 나만 이런 게 아니구나, 나도 저런 때가 있었지 하는 생각들, 무엇보다도 나를 진심을 다해 도와주고 위해 주는 사람들이 있구나 하는 깨달음이 컸다.[7]

가족들의 공 역시 언급하지 않을 수 없다. 아침잠이 많은 나를 위해 남편은 투박한 손으로 아이들 머리를 묶어 주기 시작했고, 패션 테러(?)일지언정 손수 옷을 골라 아이들 옷을 입혀 주었다. 아침 8시, 이

---

7. 다시 언급하자면, 학교에 대한 나의 마지막 기억은 출산하고 5개월 만에 복귀하였더니 돌봄 업무와 동떨어진 교실이 나를 기다리고 있던, 가혹했던 그해의 기억이다.

른 시각부터 어린이집에 가게 된 아이들은 처음 몇 주 동안 울고불고 힘들어하다가 이내 적응하는 놀라운 능력을 보여 주었다. 그렇게 나는 조금씩 마음을 열어 갔다.

복직 후 첫 학기를 마친 지금, "그래서? 어쩌다 해밀에 가서 어떻다는 건데?"라고 묻는다면 주저 없이 "복직하길 잘했다"고 이야기할 것이다. 힘들기도 했지만, 그마저도 즐겁고 행복한 시간이었다. 어쩌다 온 해밀은 그런 곳이었다. 교사이기를 거부하던 한 사람을 다시 교단에 서게 해 준, 부정의 극단에서 마주한 빛이고, 운명이었다.

학기 초,
적응

8월 31일까지도 학교 건물 내외로는 공사가 한창이었다. 완성되지 않은 교문, 쌓여 있는 벽돌과 보도블록, 뚜껑 없이 곳곳에 열려 있는 오수구…. 내부 공사 상황도 크게 다르지 않았고, 그중에서도 가장 진도가 느린 곳이 봄마을[8]이었다. 미진한 공사로 인해 임시 교실 사용이 결정되었다. 아직 아파트 입주가 시작되지 않아 전학 오는 아이는 소수일 것이기에 한 학년에 한 반씩 임시 교실을 배정받았다. 그렇게 2학년은 3학년 나리반, 1학년은 바로 옆 반인 3학년 다솜반을 배정받았다.

9월 1일, "학생 셋에 선생님 일곱"[9], 해밀초 2학년의 해밀 생활이 시

---

8. 1~2학년군 교실이 있는 동, 해밀초등학교는 봄마을, 여름마을, 가을마을, 겨울마을, 맑은마을, 하늘마을의 여섯 개 동으로 구성되어 있다.
9. 담임교사가 네 명, 조이맘 선생님이 세 명이었다.

개교 전날 해밀초등학교 교문

개교 전날 쌓여 있는 벽돌과 열려 있는 오수구

작되었다. 학생들은 전학 오는 순서대로 가람, 나리, 다솜, 라온 순서로 학급을 배정받았다. 가람, 나리, 다솜 각 한 명으로 시작한 2학년은 곧 라온반에 한 명이 전학 와 네 명이 되었고, 이후로도 한 명씩, 한 명씩 규모를 키워 갔다.

수업은 통합 반으로 운영되었다. 담임교사 네 명이 국어 한 명, 수학 한 명, 통합교과 두 명으로 교과를 분담했다. 코로나19 상황으로 인해 30분씩 하루 5차시, 주 25차시 수업을 하기로 되어 있었기에 한 사람당 6차시씩 사이좋게 나누어 편성했다.[10] 담백한 척 써 내려가고 있지만 정리하자면 일주일에 수업은 고작 여섯 차시뿐이었고, 대상 학생도 고작 대여섯 명뿐이었던 것이다. 모든 교과를 2차시 또는 3차시씩 연차시로 편성했기에 출근해서 수업을 하지 않는 날도 있었다. 그런 때에는 교재 연구, 독서, 연수 수강 등 각자 시간을 보내기도 하고, 함께 교육과정, 학생지도 등 해밀살이에 대해 나누는 시간을 갖기도 했다.

유일한 단점은 연구실이 없었다는 점이다. 임시 교실처럼 임시 연구실이 있기는 하였으나, 일반 학급인 3-마루 교실이었다. 컴퓨터 한 대 없는 빈 교실을 1~2학년군 교사 여덟 명이 함께 사용했다. 학생 책걸상에 앉아 있는 일은 생각보다 고역이었다. 책상은 지도서만으로도 꽉 찼고, 의자는 작았다. 구부정하게 책걸상에 몸을 구겨 넣고 있노라면 온몸이 쑤셔 왔다.

재밌게도 이 같은 단점이 장점으로 승화되는 순간들이 있었다. 혼자 교재 연구를 하다가도 고개만 들면 여러 선생님이 눈에 들어오기에, 말 한마디라도 더 나누게 되고, 공통의 관심사인 학생 이야기, 수업 이야기를 하다 보면 어느새 협력 수업으로 이어졌다. 두 명의 2학

---

10. 남는 한 차시는 안전으로, 돌아가면서 했다.

년 통합교과 담당 선생님이 수업 협의를 할 때, 1학년 선생님의 "같이 하자." 한마디가 얹어지면 순식간에 협력 수업이 설계되었다. 준비도 뚝딱이었다. 학생 수만큼 선생님이 많기에 풍선 불기도 뚝딱, 뒷정리도 뚝딱, 어려움이 없었다.

물리적인 수업 및 생활지도 부담의 경감, 심리적인 소속감, 믿음 등은 복직 초기 부적응 극복에 큰 도움이 되었다. 업무가 없다는 점도 정말 감사했다. 해밀에서는 담임에게 수업과 생활지도를 제외한 업무를 전혀 부과하지 않는다. 휴직 전 마지막으로 했던 업무가 돌봄이었기에, 복직하면 다시 돌봄을 하리라 생각했었다. 여느 학교라면 담임이라도 업무를 하기 마련이고, 그중에서도 기피 업무인 돌봄은 유경험자, 복직자에게 돌아가곤 한다. 그저 돌봄 업무를 떼기만 해도 감사한 일인데, 해밀에서는 단 한 번 기안이나 품의 올릴 일조차 없었다. 교육활동과 관련해서 필요한 경우에는 학년군장이나 학년팀장이 해 주었다. 독립된 학급이 아니라 함께하는 학년, 학년군이기에 가능한 일이었다.

맞벌이 생활이 익숙해지면서 가정도 조금씩 안정되었고, 가정이 안정되자 비로소 나의 마음도 안정을 찾게 되었다. 그리고 빼놓을 수 없는 한 가지, 아주 오랜만에 통장에 찍힌 급여를 확인했을 때의 기분이란, 정말 말로 표현할 수 없다. 마음이 한결 편해졌고, 출근이 즐겁기 시작했다. 여전히 마음 한편에 학급 운영에 대한 두려움이 남아 있긴 하였으나 어떻게든 되겠지 했다. 더 이상 도망을 꿈꾸지 않았다. 복직하길 잘했다고 생각했다.

학교 공사도 정리가 되어 갔다. 임시 교실에서 한 달쯤 보냈을까, 드디어 봄마을 각자의 교실로 이동하게 되었다.

학기 중,
함께

"오늘 무슨 날이야? 왜 이렇게 차려입었어?"

"월요일이잖아요."

봄마을로 옮겨 간 뒤, 매주 월요일 나의 드레스 코드는 정장이었다. 아파트 입주가 시작됨에 따라 계속 전학생이 있었고, 월요일이면 특히 더 많은 학생이 전학 왔기 때문이다. 가장 많았던 날은 월요일 하루에만 세 명이 전학 오기도 했다. 우리 반에 세 명이 전학 왔다는 것은 가람, 나리, 다솜, 라온 순서로 세 바퀴를 돌았다는 것, 그러니까 하루 동안 2학년에 적어도 열두 명의 학생이 전학 왔음을 의미한다. 전학생들이 정해진 시간에 한꺼번에 오는 것이 아니라 수업 전에 오고, 수업 중에 또 오고 하는 식이다 보니 월요일은 늘 분주했다.

다락이 있는 특화설계 덕분인지 2학년이 가장 전학생이 많았다. 그러나 다락으로 인해 교실 공간이 가장 좁은 것도 2학년이었다. 불만은 학생들에게서 터져 나오기 시작했다. 네 줄이 다섯 줄이 되고, 얼마 지나지 않아 여섯 줄이 되자 교실 곳곳의 통로가 막히기 시작한 것이다. 코로나19로 인해 띄어 앉아야만 하는 상황에서 책상 양옆으로 가방과 신발주머니를 걸어 놓으니 교실이 정말 비좁았다. 순회 지도도 쉽지 않았다. 책상 사이를 순회할 때면 가방에 발이 걸리기 일쑤였다.

여섯 줄이 되면서 교실 양옆이 먼저 포화가 되고, 그다음은 교실 뒤쪽이었다. 다락으로 인해 2학년 교실에는 계단이 있다. 학생이 늘면서 계단 바로 앞까지 책상이 배치되었다. 의자를 뒤로 눕힌 채 장난을 치다가 넘어지기라도 하면…. 생각만으로도 끔찍했다. 아직 입주 기간은 많이 남아 있었고, 따라서 전학도 계속될 것이었다. 대책이 필요했다.

첫 달이 적응기였다면, 둘째 달은 학급 증설을 위한 분투기였다. 학교 안팎으로, 학급 증설을 위한 2학년 담임들의 조용한 투쟁이 시작되었다. 교감, 교장 선생님께 건의하고, 교육감님께 이야기도 해 보고, 이것저것 해 봐도 진척이 없던 때에 한 줄기 빛은 학부모였다. 어떻게 해 달라고 부추긴 것도 아니었다. '우리 반 학생은 오늘로 몇 명이 되었고, 교육청에서는 증설 계획이 없다고 한다' 등 사실만 나열해 전달했을 뿐인데, 며칠 뒤 학급 증설 소식이 들려왔다.

기분이 오묘했다. 지난 학교 경험에서 학부모는 나의 주적主敵이었다. 수업 시간에 그림을 그리는 학생을 공개적으로 나무란 일이 화근이었다. 학생은 나에게 맞섰고, 기 싸움을 하다가 이상 행동을 보이기 시작했다. 소리를 지르며 책상을 발로 차고 의자를 던졌다. 점심시간

다락이 있는 2학년 교실

이 가까워진 시간, 학생에게 식사보다는 안정이 필요할 듯하여 학부모에게 전화를 걸어 귀가시켰다. 잘 달래 주겠다며 돌아간 학부모는 며칠 뒤, 학생을 협박하고 공개적으로 망신 주었다며 나에게 공개 사과를 요구했고, 교육청 신고를 들먹였다. 그리고 학교의 뜻은 학부모와 같았다. 5월의 어느 날, 그들의 요구대로 공개 사과를 했다. 나는 여전히 돌봄 업무에 허덕이고 있었고, 육아시간을 쓰고 집에 가면 생후 200일을 맞은 아이가 있었다. 동학년은 층이 달라 하루에 한 번 간신히 얼굴이나 볼 수 있을 뿐이었다. 남은 날들은 말 그대로 지옥이었다. 다시 떠올려도 참 가혹한 시간이었다.

단지 그 학부모 탓이라기보다는 여러 가지가 복합되면서 '학부모'라는 존재에 대한 불신, 두려움이 잔뜩 쌓여 있었다. 불편한 학부모만 있는 것이 아님을 알지만 그래도 싫었다. 그런데 이렇게 도움을 받다니, 정말로 묘했다. 우선 증설이 되어 진심으로 감사했고, 기뻤다. 그다음으로는 교사가 말할 때는 들어주지 않더니 학부모 말은 들어주는구나 싶어 서운함이 들었다. 진짜 권력은 학부모에게 있구나, 저들을 적으로 배척하는 건 정말 바보짓이구나 싶었다. 학부모를 내 편으로 만들어야 한다는 말이 확 와닿았다.

그리고 진짜 내 편인 학년, 학년군 선생님들의 소중함을 새삼 깨달았다. 과거에 경험한 동학년은 학급 운영의 어려움을 공유하는 수준에서 함께했다. 해밀에서는 더 나아가 교육활동이나 학부모 대응 등 여러 측면에서 더 많은 공유가 이루어졌고, 덕분에 더욱 돈독했다. 학년을 넘어 학년군의 뒷받침도 있었다. 학년만큼 끈끈하지는 않았으나 중요한 의사결정을 함께함으로써 교사들이 함께한다는 것, 학교를 만들어 나간다는 것이 무엇인지 깨달을 수 있었다. 이렇게 좋은 것이었구나, 이렇게 중요하고 필요한 것이었구나, 혼자서는 절대 해내지 못했을 일들을 하나씩 하면서, 또 조금씩 마음을 열어 갔다.

학기 말,
고민과 선택

　남은 날들은 어떻게 지나갔는지도 모르게 빠르게 지나갔다. 어느덧 12월이었다. 12월에는 인사(학년 및 업무분장)가 예정되어 있었다. 담임을 할 것인지 말 것인지, 몇 학년을 할 것인지, 정답 없는 고민이 시작됐다.

　해밀은 학년군제로 운영되기에 정기 인사가 2년에 한 번뿐이다. 즉, 이번에 특정 학년군 또는 업무를 선택하면 2021년과 2022년, 2년 동안 유지된다. 신중할 수밖에 없었다. 몇 가지 질문을 스스로에게 던졌다.

　첫 번째 질문은 '담임선생님이고 싶은가?'였다. 해밀에서 지난 상처와 트라우마를 조금씩 극복하고 있기는 하지만, 사실 아직도 선생님, 특히 담임선생님이라는 타이틀은 버거웠다. 나만 못하는 것 같고, 나만 힘든 것 같은 순간들, 어떻게 풀어 가야 할지 도무지 모르겠는 크고 작은 학급의 문제들이 여전히 많기만 했다.

　두 번째 질문은 '엄마와 담임선생님, 두 역할이 양립 가능한가?'였다. 아직은 어렵겠다고 생각했다. 실제로 이번 학기를 보내 보니 아이들이 어린 탓에 담임 역할에 충실하기 어려운 순간들이 있었다. 가장 난감했던 것은 아이가 아팠던 날이다. 코로나19 상황이 아니었다면 양해를 구하고 어린이집에 보냈다가 조퇴를 하고 병원을 데려가든지 시어머니께 부탁을 하든지 했을 텐데, 상황이 상황인지라 연가를 쓰고 내가 데리고 있을 수밖에 없었다. 딱히 누가 아프지 않은 날도, 시간에 쫓기고 마음에 여유가 없기는 마찬가지였다.

마음은 한 방향을 향하고 있었고, 결국 새해에는 교과전담을 하기로 했다. 여전히 '담임'으로부터 도망치는 것이 아닌가 싶기도 했지만, 부딪히는 것만이 유일한 탈출구는 아니다. 멀리 돌아가더라도 한 발짝 떨어져서 여러 학급을 접하는 일이 휴직 3년의 공백을 채우고, 혁신학교 교육활동에 대한 이해를 도모하는 데 큰 도움이 되리라 생각했다. 그리고 가족을 생각했을 때도, 학생들을 생각했을 때도, 힘겹게 버티는 것보다는 천천히 준비해 가는 게 좋겠다고 생각했다.

문득 복직하고 얼마 지나지 않은 어느 날, 첫째 아이와 나눴던 대화가 떠오른다. 바쁜 아침이었다.

"엄마 학교 가야 해. 빨리 준비하자."

"공부하러 가?"

"아니, 가르치러 가. 엄마가 선생님이야."

"아빠처럼?"

피식 웃음이 나왔다. 2년여 휴직 기간 동안 나에게 학교는 대학원이었고, 공부하러 가는 곳이었다. 아이도 그게 익숙했나 보다. 아빠가 선생님인 줄은 알았으나, 엄마가 선생님인 줄은 몰랐을 것이다. 학교가 싫어서 도망쳤기에 굳이 엄마도 선생님이라고 말한 적이 없었다. 엄마가 선생님이라는 것을 알게 된 아이는 무척이나 기뻐했다. 무어라 이야기해 주지 않아 이유는 모르지만, 마음이 뭉클했다.

복직하고 아이들에게는 미안한 마음뿐이었다. 어린이집도 일찍 가서 더 오래 있게 되었고, 놀아 달라고 와도 저녁 준비를 핑계로 혼자 놀라고 하고, 학교에서 힘든 일이라도 있었던 날은 나도 모르게 신경질적으로 애들을 대하기도 했다. 그런데도 엄마가 선생님인 게 좋다니…. 부끄럽지 않은 엄마, 부끄럽지 않은 선생님이 되겠다고 다짐했다. 이번 선택은 이 다짐을 실천하기 위해 내딛는 한 걸음이다.

여러 선생님이 선택을 존중해 주었고, 응원해 주었다. 사실 그냥 교과전담이 아닌 업무전담팀 소속이기에 또 다른 어려움에 봉착할지도 모른다. 그럼에도 불구하고, 두려움보다 기대와 설렘이 크게 느껴지는 것은 아마도 이곳이 해밀이기 때문일 것이다. 그냥 학교 아니고 해밀이니까.

해밀은
내 운명

나의 '어쩌다'로 가득한 인생에서 어쩌다가 아닌 것이 하나 있다. 바로 대학원 진학이다. 석사 지도 교수님을 만난 것은 임용시험 공부가 한창이던 대학교 4학년, 교직과목 선택교과 중 하나였던 교육사회학 강의에서였다. 임용시험에서 교육학은 사라진 지 오래였고, 따라서 임용시험 준비에 급급한 4학년에게 교직과목은 그리 중요하지 않았다. 별반 다르지 않은 마음가짐으로 들어간 강의 첫 시간, 나는 교수님 강의에 완전히 빠져들었다.

다른 강의가 재미없었던 것은 아니다. 배우는 점도 많았고, 즐겁게 학교를 다녔는데, 이상하리만큼 이제까지와는 차원이 다른 느낌이었다. '사회학'이라는 과목의 특수성도 있었을 것이다. 무엇이든 다른 시각에서 바라보고, 현상의 이면을 들여다보는 일이 사회학의 역할이니 말이다. 그런데다 교수님의 깊고 넓은 지식, 날카로운 비판이 곁들여지니 매 강의마다 새로운, 그리고 엄청난 깨달음이 있었다. 정말로 공부가 즐거웠다.

　학기가 끝나 갈 즈음, 교수님께서 스치는 말로 공부를 더 해 보라고 하셨다. 너는 글을 쓸 줄 아는 것 같으니 공부를 하라고, 공부가 아니더라도 꼭 글 쓰는 교사가 되라고 말씀하셨다. 그때부터 대학원에 가겠노라고, 교수님 밑에서 공부를 더 하겠노라고 다짐했다. 그리고 졸업과 동시에 교육대학원에 진학했다. 발령을 받고부터 1급 정교사 자격을 취득하기까지, 3년여 기간 동안 대학원 공부를 병행했다. 육체적으로는 힘들었지만 배우는 기쁨이 더 컸다. 대학원 공부는 내가 나아가야 할 방향을 비춰 주는 등대와 같았다.

　석사학위를 받고 얼마 지나지 않아 박사과정에 지원했다. '어쩌다' 한 것이 아니라 정말 하고 싶은 간절한 마음으로 지원했다. 공부가 즐거웠고, 아직 채워야 할 부분이 많다고 생각했기 때문이다. 박사과정은 또 다른 차원이었다. 무엇을 배운다기보다는 연구의 비중이 컸다. 인사제도나 정책을 연구하고, 교사들이 겪는 특정 경험을 연구하는 일들이 주로 이루어졌다. 역시나 육체적으로는 매우 힘들었지만, 공부하는 즐거움, 연구가 잘되었을 때의 짜릿함에 푹 빠져 살았다.

　그리고 학위논문만을 남겨 놓은 시점에, 해밀초로 왔다. 내가 '선생님'인 관점에서는 '어쩌다 해밀'이라는 표현이 적절하겠지만, 내가 '학생' 또는 '연구자'라는 관점을 취한다면 가장 적절한 표현은 '해밀은 내 운명'이다. 세종특별자치시교육청 1호 내부형 공모 교장이 있다는 사실만으로도 이유는 충분했다

　특정 사례에 대한 연구는 평범하기 때문에 하는 연구와 특별하기 때문에 하는 연구로 나뉜다. 전자의 경우 전수조사가 어려운 경우 대표적인 사례를 선정하여 일반화를 목표로 연구를 실시한다. 후자의 경우에는 특수하고 단일한 사례 그 자체를 이해하는 것을 목표로 한

다. 해밀은 후자에 해당한다고 할 수 있으며, '학생'이자 '연구자'의 시각에서 상당히 매력적이었다.

말로만 '1호'라면 상당히 곤란할 테지만, 해밀은 실제적으로도 매우 특수하다. 앞서 밝힌 것처럼 개교 TF팀, 복직 교사, 신규 교사 세 집단으로 뚜렷이 구분된다는 점, '학년군제'를 실시하고 학년군 마실을 운영한다는 점, 학년이나 학년군이 횡적 모임이라면 '두레'라는 종적 모임 또한 존재한다는 점, 일반적인 부장 회의 구성원에 행정실장, 보건, 영양을 포함한 기획회의를 운영한다는 점, 소개한 것들 외에도 여러 협의체와 작은 공동체가 존재한다는 것 등이 그렇다. 다른 학교에 없는 많은 것들이 심심치 않게 발견된다.

솔직히 말하자면, 직접 경험하기 전까지는 그저 타이틀만 바꿔 부르는 것이라 생각했다. 회의를 '마실'이라고 부르면 뭐가 달라지나 하는 생각이었는데, 그것이 아니었다. 마치 나의 타이틀이 '선생님'에서 '엄마'로 바뀌면 각종 새로운 역할과 의무가 추가되었던 것처럼, 타이틀이 바뀌는 일은 철학이 바뀌고 운영 방식이 바뀌는 일이었다. 그렇기에 기존 타이틀을 대체할 새로운 타이틀을 일부러라도 만드는 일이 필요한 것이었다.

이번 한 학기는 이처럼 해밀의 큰 흐름에 몸을 맡기고 경험해 보는 기간이었다. 교사로서는 적응의 시기였다면, 연구자로서는 탐색의 시기였다. 이 학교가 정말 연구할 만한 사례인지, 앞으로 내가 어떤 위치에서 무엇을 주제로 연구를 진행할 것인지, 연구를 위한 구성원들의 동의를 받을 수 있을지 등에 대해서 말이다. 결론은 다시금 '해밀은 내 운명'이다.

학교와 교사를 바라보는 관점은 다양하다. 누군가는 학교를 기계로, 교사를 부품으로 보기도 하고, 누군가는 학교를 조직으로, 교사를 비정非情한 개인으로 보기도 했다. 이들 관점이 교육행정이라는 학문 발달 초기의 시각이었다면 점차 학교를 공동체로, 교사를 전문가로 보는 시각이 대두되기 시작하였고, 근래에는 더 나아가 생태학적 관점에서 학교를 유기체로, 교사의 행위주체성teacher agency을 살피는 시각이 제안되기도 한다.

'관점'이 중요한 까닭은 관점에 따라 취해지는 '행동양식'이 달라지기 때문이다. 예를 들어, 학교를 관료조직으로 보는 관점에서는 분업화, 권위의 위계, 규정과 규칙, 몰인정성 등이 강조된다. 반면, 인간관계적 측면에서 접근하는 경우 학교 내의 비공식 조직, 문화와 규범, 개인의 심리적·사회적 여건 등에 주목한다.

해밀초에 존재하는 다양한 협의체와 협의체에서의 결정을 존중하는 문화 등은 해밀초가 상당히 진보적인 관점으로 학교와 교사를 바라보고 있음을 보여 준다. 교사 외에도 학교 구성원은 다양한데, 해밀초에서는 이들 또한 크고 작은 협의체에 포함되어 존중받는다. 이와 같은 현상으로부터 학교에는 교사만 있는 것이 아니고, 따라서 교사만이 학생을 가르치고 성장시키는 것이 아니라는 철학을 읽을 수 있다.[11] 당연하고 사소해 보이지만 특정한 철학을 갖는 일부터가 쉽지 않고, 철학을 바탕으로 실제로 무엇인가를 실천하는 일은 훨씬 더 어렵다. 이런 점에서 해밀초는 충분히 연구 가치가 있는 사례라고 생각되었다.

그렇지만 학교가 아무리 진보적인 관점, 좋은 철학을 가지고 실천한다 한들 그것이 전체 학교 구성원과 공유되지 않으면 별 의미가 없다. 그런 측면에서 전체 구성원과 학교의 철학, 목표, 비전 등을 공유

---

11. 이는 나의 개인적인 판단이고, 해밀초가 가지고 있는 여러 철학 중 하나에 불과하다.

하는 일은 앞으로 해밀초가 해 나가야 할 숙제일 것이다. 비교적 공유가 이루어진 TF팀 교사 집단, 학교라고는 해밀만을 경험해 본 신규 교사 집단, 이제 학교에 적응을 마친 복직 교사 집단, 그리고 나머지 다양한 구성원들 각각에 알맞은 전략이 필요하리라 본다. 이것은 나의 연구 주제라고도 할 수 있는데, 제각기 다른 생각, 목표를 가진 학교 내 개인 또는 집단이 어떻게 해밀초라는 하나의 공동체가 되어 가는지를 중점적으로 살펴보려고 한다.

며칠 전, 대학원 생명윤리위원회에 연구 시작을 위한 심의 신청서를 제출했다. 신청을 위해서는 연구 참여자 동의서가 필요하다. 걱정을 잔뜩 안고 여러 선생님께 동의를 요청하였는데 단 한 분도 거절은 없었다. 오히려 응원과 따뜻한 격려를 보내 주셨는데, 감사하다는 말 말고는 딱히 표현할 방법이 없다는 게 속상했다. 연구자로서 보답할 수 있는 길은 연구를 잘 수행해서 선생님들의 숨은 공과 노력을 드러내는 일, 그리고 해밀의 유지·발전을 위한 좋은 방안을 모색하는 일 정도가 되지 않을까 생각해 본다. 어깨가 무겁지만 기분은 참 좋다. 해밀이라 감사하고, 해밀이라 행복하다.

그해 겨울, 눈이 예쁘게 내렸다. 하얗게 쌓인 눈을 보고 있으니 기분이 좋았다. 쉬는 시간에 한 아이가 친구들에게 열심히 자신의 휴대전화 화면을 보여 주고 있었다.

"뭐 보여 주는 거야?"

"선생님, 이것 좀 보세요."

화면에는 올라프가 있었다. 눈으로 만든 올라프였다. 코는 당근으로 만들어졌고 지푸라기로 만든 머리카락도 세 가닥 꽂혀 있었다. 사진을 보며 마지막으로 눈사람을 만든 게 언제였는지 떠올려 보았다. 잘 기억이 나지 않는다.

어린아이처럼 산다는 건, 무용한 것들을 할 줄 안다는 것 같다. 눈사람을 만드는 것처럼 말이다. 눈사람을 만드는 그 순간에 빠져들어 추위에 벌벌 떨며 즐거워한다. 나는 언젠가부터 있어 보이는 것, 돈이 되는 것, 유용한 것에만 노력을 쏟았다. '선택과 집중'이 엄청난 가치라도 되는 듯이 말이다. 그런데 그 수많은 선택이 나를 허무하게 만들었다. 그런 나에게 단순하고 무의미해 보이는 놀이가 숭고하게 느껴졌다.

나는 한 마리의 낙타다

김희수

주어진 짐을 지고 살아가는 나는
한 마리의 낙타다

나는 노는 게 좋다. 얼마만큼 좋은가 하면 혼자서도 방에 갇혀 족히 한 달을 행복하게 놀 수 있을 정도의 패기가 있다. 그런 나에게 매일 아침 일어나서 출근을 하는 교사라는 직업이 잘 맞는지 의문이 들 때가 있다. 시간은 한번 흐르면 다시는 돌아오지 않는다고 하지만 매일 아침 눈을 떠서 부랴부랴 준비해야 하는 출근 시간은 계속해서 되풀이되고 있다.

발령받고 처음에는 꿈을 이룬 것 같아 기분이 좋았다. 아이들도 예뻤고 운 좋게 좋은 학부모와 인연이 닿았다. 그러다 처음으로 마음을 준 아이들과 생이별을 하고 6개월 만에 학교를 옮겼다. 옮긴 학교에서는 업무에 치였다. 어쩌다 보니 방과후학교 업무를 혼자 떠안게 되었다. 1학년 담임도 처음, 학교 업무라는 것도 처음인 신규 교사에게 사회생활이라는 것의 첫인상은 참 차가웠다.

매일 머릿속은 해야 할 것들로 꽉 차 있었다. 사실 무엇을 해야 할지조차 모를 정도로 교사로서의 데이터가 부족했지만 그래도 항상 내 휴대전화 메모장의 '해야 할 일 목록'은 시간대별로 빼곡히 무언가 적혀 있었다.

인간의 뇌는 아주 강한 통증이나 심한 스트레스 상태에서 방어기제를 작동한다고 한다. 엔케팔린과 엔도르핀은 일종의 마약이다. 그 당시 내 뇌에서 무슨 일이 있었는지는 몰라도 그때의 시간들이 마냥 고통스럽지만은 않다. 비록 내가 교사가 되기 위해 공부했던 것이 무의미하게 느껴지기도 했지만 학교 업무는 생각보다 못하겠는 일은 아니었다. 악명 높은 학교 방과후업무로 몸은 힘들었지만 마음이 힘들지는 않았다. 마음이 힘든 일은 따로 있었다.

할아버지가 돌아가셨다. 그 소식을 들은 건 금요일 아침 출근길이었다. 담담한 아버지와의 통화를 마치고 교감에게 전화를 걸었다. 받지 않았다. 이번에는 교무부장에게 전화를 걸었다.

"부장님, 출근길에 할아버지가 돌아가셨다는 소식을 받았습니다."

"너 지금 어딘데?"

"세종이긴 합니다."

"그러면 일단 학교로 들어와. 직접 복무 달아야 해."

학교에 들어가서 교무실로 향했다. 마음이 복잡했다. 눈물이 날 것 같았지만 등교하던 학교 아이들이 나에게 인사를 했다. 웃으며 인사해 주었다.

"조부모상이 며칠이더라…."

교무부장은 책장을 뒤적거렸다. 무언가 죄송한 마음이 밀려들었다.

"1일인가? 2일인가? 모르겠다. 일단 가야 하니까 1일 특별휴가 달고 1일은 혹시 모르니까 연가를 달고 나가."

"네, 알겠습니다."

교실로 향하는 발걸음이 빨라졌다. 아이들이 아침 시간에 잘하고 있나 걱정이 되었다.

"야, 선생님 오셨다!"

교실에 도착해서 아이들과 짧게 인사를 하고 아침 독서 활동을 시켰다. 나는 책상에 앉아 컴퓨터를 켜고 결재를 올렸다. 정확하게 금요일 특별휴가 1일, 월요일 연가 1일.

"얘들아, 선생님이 할 말이 있어. 선생님 할아버지께서 오늘 돌아가셨는데 선생님이 장례식장에 지금 가 봐야 해. 그래서 오늘 하루는 다른 선생님들이 번갈아 가면서 우리 반에 들어와서 공부를 가르쳐 주시기로 했어. 선생님이 항상 말했듯이 선생님 없을 때 더 잘해야 한다? 알았지?"

"네!"

아이들에게 당부하고 교실을 나섰다. 너저분한 교탁이 마음에 걸렸지만 더 이상 시간을 지체할 수 없다고 생각하여 다시 집으로 돌아왔다. 가족들은 거실에 둘러앉아 내가 돌아오기만을 기다리고 있었다. 특별히 오빠가 운전했다. 조수석에는 내가 탔다. 부모님은 뒷자리에 앉으셨다. 우리 가족답지 않게 조용히 차창만 바라보며 장례식장으로 향했다.

전화벨이 긴 침묵을 깼다. 내 휴대전화였다.

"여보세요."

"김희수 선생. 할아버지가 돌아가셨다고?"

"네, 교장 선생님."

"그런데 내가 보니까 이틀을 썼더라고?"

"특별휴가 말씀이십니까?"

"그래, 특별휴가. 그리고 연가는 그렇게 마음대로 쓰는 거 아니야."

"아, 교무부장 선생님께서 알아보신다고 일단 연가 쓰라고 하셨는데, 그러면 특별휴가 이틀로 정정하겠습니다."

"아니, 특별휴가 하루밖에 못 써. 그리고 학교 바쁜데 굳이 월요일까지 안 나와야 하나? 오늘 돌아가셨으면 주말에 잘 보내 드리고 월요일에 출근하면 되잖아. 부모님도 아니고 할아버지면 다른 사람들이 있으면 되고."

"네? 아…. 주말 내내 장례식장에서 있다가 장지에 다녀오면 일요일 새벽이 될 것 같아서요. 그리고 제가 꼭 있어야 할 것 같습니다. 특별휴가는 찾아보니 이틀인 것 같습니다."

"특별휴가 하루라고 알고 있네. 그리고 남에게 피해 주면 안 되는 거 아닌가?"

교장 선생님의 목소리가 커지자 휴대전화 볼륨을 살짝 낮췄다.

"피해 주려는 건 아닙니다. 하지만 이 정도 권리는 있다고 생각합니다. 특별휴가 이틀이 맞는지 한번 확인해 주시면 좋겠습니다, 교장 선생님."

나는 권리라는 두 글자를 말할 때 살짝 힘을 주어 말했다.

"확인해 보겠네."

뚝. 전화가 끊겼다.

"교장 선생님이야?"

옆에서 운전 중이던 오빠가 물었다.

"왜? 특별휴가 때문에? 그거 우리 학교는 월요일까지 특별휴가니까 걱정하지 말고 다녀오라고 연락 왔는데?"

"그러게… 나도 찾아보니까 특별휴가 이틀 맞는데."

나는 한 통의 통화로 붉어진 얼굴을 손으로 감싸며 대답했다.

"너희 교장 선생님, 너무한 거 아니니?"

어머니가 말했다. 볼륨을 낮췄는데도 조용한 차 안에서 전화 내용이 들렸나 보다.

"전화해서 괜찮으냐는 말 한마디 없이 소리치고 전화를 뚝 끊어 버리네."

"됐어요. 기대도 안 했어."

대답과는 다르게 뜨거운 눈물이 뺨을 타고 흘렀다. 이제까지 학교에서 열심히 일했던 내 모습들이 머릿속을 스쳐 지나갔다. 오빠는 나를 위해 휴게소에 차를 대 주었다. 차에서 내려 잠시 생각해 보았다. 차분히 머릿속으로 방금 벌어진 상황을 되돌아보았다. 억울한 마음이 가시지 않았다.

장례식장에 도착하여 옷을 갈아입고 조문객을 맞이할 준비를 했다. 다시 한 통의 전화가 걸려왔다. 교무부장이었다.

"희수야, 도착했어?"

"네."

"할아버지 잘 보내 드리고, 아까 교장 선생님한테 연락 받았어. 특별휴가 이틀 맞고, 1학년 부장 선생님이 대신 수정해서 복무 올려 준다고 하더라고. 부장 선생님이랑 연락해 봐."

"네, 알겠습니다."

"그래, 화요일에 보자."

장례식을 마쳤다. 장례식 비용과 관련된 일은 내게 맡겨졌다. 꼼꼼히 따지면서 장례식장 직원과 정산을 했다. 그리고 임실에 있는 장지에 다녀왔다. 해야 할 일을 마치고 마침내 집으로 돌아왔다. 따뜻한 물로 목욕을 하고 쉼 없던 몸을 누였다. 눈을 감고 나서야 학교에 가서 해야 할 일들을 생각할 수 있었다. 교무부장의 전화를 끝으로 학교에서 온 연락은 없었다. 우리 반 아이들이 그래도 무탈하게 지냈나 보다고 마음대로 생각하고 잠이 들었다.

고작 이틀이었는데도 오랜만에 학교에 출근한 기분이었다. 아이들이 나를 보고 달려들었다.

"선생님, 보고 싶었어요."

"다른 선생님들이랑 잘 지냈어? 무슨 일은 없었고?"

"네. 마루반 잘한다고 칭찬 들었어요."

"정말? 다행이다."

아무 일도 없었다는 듯 수업을 마치고, 평범한 화요일 오후가 되었다. 교실 전화가 세차게 울렸다. 교무부장이었다. '교무실로 잠깐 올라왔으면 좋겠다'라는 평범한 말이었다. 난데없이 마음속에는 무거운 돌덩이가 들어찼다. 교무실에 힘없이 들어가 인사를 드리고 교무부장 옆자리에 앉았다.

"할아버지는, 잘 보내 드렸고?"

"네."

"그래. 갑자기 돌아가신 거야?"

"편찮으시긴 했지만…, 네."

"그랬구나… 근데 그날 교장 선생님이 희수랑 통화하고 교무실에 오셔서 너무 속이 상했다면서 말씀하셨는데, 희수가 통화를 하는데 예의 없이 '권리가 있다'라는 말을 했다면서?"

"아… 네, 공무원 규정 찾아보니까 나와 있더라고요."

"그런데, 교장 선생님이 그렇게 딱딱한 말에 마음이 안 좋으셨나 봐. 내가 생각해 봤는데, 희수가 여기 학교에서 지내면서 서로 불편하지 않으려면 교장 선생님께 사과하는 게 좋지 않을까?"

"사과요?"

"교장 선생님께 직접 찾아뵙고 사과드리면 좋을 것 같아."

"아, 생각해 보겠습니다."

교무실을 나서며 또다시 붉어진 얼굴을 손으로 감쌌다.

교사로 지내면서 계절에 참 민감해졌다. 사실 1학년 교과서 이름부터 봄, 여름, 가을, 겨울이기도 할 뿐만 아니라 계절마다 해야 하는 일이 꽤나 분명하기 때문이다. 봄에는 새로운 학기가 시작되어 교사와 학생은 학교에 적응하는 것에 집중한다. 친구사랑 주간이나 다문화교육 주간과 같은 각종 교육주간들이 있으며 체험학습을 가고 학교 텃밭에 토마토 모종을 심기도 한다. 토마토 열매가 붉게 익어 갈 때쯤 학교의 시간은 느려진다. 천천히 한 학기를 마무리한다. 가을이 오면 못 본 새 부쩍 자란 아이들과 재회하여 다시금 우리의 이야기를 만들어 간다. 이제는 말하지 않아도 눈빛으로 아이들과 소통한다. 그렇게 겨울이 오면 아이들을 보낼 때가 온다.

글로 쓰려니 짧은 시간이 더 짧게 느껴진다. 1년이라는 시간은 참 짧다. 3학년 한 남자아이가 나에게 와서 하는 말이, "선생님, 하루는 긴 것 같은데, 1년은 너무 짧아요"였다. 10년 인생에도 1년은 짧은 시간일 수 있나 보다. 그리고 나를 돌아보았다.

언젠가 서점에 걸려 있는 베스트셀러를 들춰 보다 마음에 박힌 구절이 있었다. "기계와 같이 하루하루를 살아온 사람은 팔순을 살았다 할지라도 단명한 것과 같다"라는 글이었다. 나는 하루하루를 더 빨리 죽어 가고 있었다. 주어진 짐에 허덕이다 나의 하루는 없고 남의 하루만 있는 듯했다. 낙타에게 미안하지만 비유하자면, 나는 낙타였다.

다시. 나는 노는 게 좋다. 정말이지 좋다. 근데 일은 해야 한다. 내가 일을 해야 하는 이유는 여러 가지가 있겠지만, 궁극적인 이유는 행복하려고 하는 것이다. 그런데 행복하지 않았다. 개선을 해야 했다.

어른이 되었어도
껍데기는 가라

봄이 되었다. 2018년 봄은 다행히 특별했다. 나는 행복하지 않은 나를 위해 시간적 여유가 필요했고, 영어 전담 교사에 지원했다. 영어 전담 교사에 지원한 사람은 둘뿐이었다. 나는 3, 5학년 영어 전담을 맡게 되었고, 함께 지원했던 이혜숙 선생님은 4, 6학년 영어 전담을 맡았다.

담임교사와 전담 교사의 삶은 매우 달랐다. 같은 내용의 수업을 네 개 반의 학생들과 연달아 하는 것은 장점이 많았다. 한 번의 수업 준비로 네 번의 수업을 할 수 있기 때문에 수업을 준비할 시간적 여유가 네 배로 늘었다. 또 같은 내용을 반복하다 보니, 수업을 하면 할수록 설명하는 방식이나 수업을 진행하는 방식이 더 나아지고 있음을 느꼈다.

단점도 분명했다. 아이들을 만나는 시간이 한정적이라 아이들과 관계를 형성하기까지 오랜 시간이 필요했다. 담임으로서는 힘들이지 않아도 되었던 것들이 힘들게 느껴지기도 했다. 200명 남짓한 아이들의 이름을 외우는 것도 쉬운 일이 아니었다.

다양한 반을 만나다 보니 그 반의 분위기가 어떻게 형성되는지 관찰할 수도 있었다. 각 담임선생님과 그 반의 분위기를 보면서 나는 어떻게 학급을 운영하고 있었는지, 어떻게 운영하고 싶은지를 생각해 볼 수 있어서 좋았다. 하지만 그해가 특별하게 느껴진 이유는 다른 것에 있다.

영어 수업이 진행되는 영어교실1과 영어교실2 사이에는 '영어 교사실'이라는 작은 공간이 있었다. 그 공간에는 수업에 필요한 준비물, 책상과 의자, 컴퓨터 세 대, 그리고 중앙에 긴 테이블이 있었다. 나를 포함한 영어 전담 교사 두 명과 미국에서 온 원어민 교사 한 명이 그곳에 머무르며 수업 준비를 했다.

우리는 학년별로 달라 애매한 점심시간과 건강상의 이유로 인해 수업을 모두 마치고 긴 테이블에서 함께 늦은 점심 식사를 하곤 했다. 삶은 달걀, 고구마, 샐러드 등을 나눠 먹었다. 그러다 음식뿐만 아니라 서로의 깊은 이야기도 나누게 되었다.

사람은 각자의 벽이 있다. 살면서 경험으로 쌓아 올린 벽이다. 어린 시절 경험한 상처와 그로부터 얻은 교훈과 그리고 각자의 남다른 사연이 만든 벽을 허무는 것은 여간 어려운 일이 아니다. 하지만 그 벽을 허물고 껍데기를 벗으면 성숙하지만 순수한 대화의 문이 열린다.

그 일은 어느 날의 점심시간에 벌어졌다. 나는 점심을 먹을 요량으로 긴 테이블 위에서 삶은 달걀 껍데기를 벗기고 있었다. 그때 옆에서 고구마 껍질을 벗기던 이혜숙 선생님이 이런 질문을 했다.

"김희수 선생님은 무슨 생각하면서 삽니까?"

전혀 이상한 질문이 아닌데도, 머릿속이 하얘졌다. 그렇지만 나로서는 가볍게 대답하고 싶은 질문은 아니었다.

"저는…, 그냥 살다가요. 연애도 하고 친구들이랑 놀고 혼자 여행도 다니고 책도 읽고 하다 보니까 이제는 그마저도 재미있는지 모르겠고, 조금 허무해서요. 이제는 내가 누군지, 뭘 좋아하는지, 뭘 하면서 살아가야 하는지 제대로 알아봐야겠다고… 드디어 자아정체성을 찾고 있다고 할까요. 말하자면 질풍노도의 시기예요."

횡설수설 말을 끝냈다. 준비가 안 된 채로 나도 몰랐던 내 속마음이 나와 버렸다.

"오구, 대단하네. 나는 그 나이 때 그렇게 못했는데… 무슨 일 있었어요?"

"학교에서 일을 하다 보니까 좀 지쳐서요. 부모님도 편찮으시고, 사람들과 만나고 헤어지는 걸 반복하기도 하다 보니까 그런 것 같아요. 선생님은 무슨 생각하면서 사세요?"

"나도 김희수 선생님이랑 비슷하지. 말도 안 되는 힘든 일도 겪고 허무한 일도 겪고…."

우리는 그렇게 한참 동안 대화를 이어 갔다. 어떤 날은 펑펑 눈물을 쏟아 내기도 하고 어떤 날은 배꼽을 부여잡고 껄껄대며 웃기도 했다. 친구에게도 가족에게도 꺼내기 힘든 이야기들을 마치 고해성사라도 하는 듯이 풀어 댔다. 함께했던 1년간 줄곧 서로의 말벗이 되었다.

17년 선배인 선생님과 삶을 나누던 경험은 나에게 잊을 수 없는 기억으로 남아 있다. 이혜숙 선생님은 그동안 학교에서 겪었던 부당한 일들과 그런 일이 닥쳤을 때 현명하게 대처하는 방법을 알려 주었다. 우리는 좋은 책을 읽고 서로 공유했으며, 떠오르는 생각들을 자유롭게 이야기했다.

"선생님과 대화를 나누던 시간들이 너무 즐거웠어요."

"나야말로. 이렇게 훌륭한 후배를 만나서 별의별 얘기를 터놓고 말할 수 있다는 건 정말 놀라운 일이야. 쉬운 일이 아니거든."

작은 바람에도 흔들리던 나는 어느새 강하고 단단한 뿌리를 내리고 있었다. 비로소 내가 가야 할 길을 찾았다.

어린아이처럼 살다

그야말로 나는 노는 게 좋다. 그런데 앞으로도 나는 하루 최소 8시간 일주일에 40시간, 한 달 800시간, 일 년이면 9,600시간 정도를 일

해야 한다. 겁이 나는 숫자다. 그래서 일하는 것을 놀이로 만들어 보면 어떨까 생각했다. 그러기 위해서는 같이 놀 사람이 필요했다. 어린 아이들이라고 해서 놀다 보면 무조건 친해지는 것은 아니다. 마음이 잘 맞는 놀이 친구가 필요하다. 마찬가지로, 일하면서 놀기 위해서는 마음이 맞는 동료 교사가 절실했다.

학교에 아쉬움이 많았다. 시간적 여유가 있어도 이혜숙 선생님을 제외한 다른 동료들과는 대화를 자주 하지 못했다. 시간이 더 많아져도 그럴 것 같았다. 학교의 분위기가 중요하다는 것을 깨달았다. 굳어 있는 학교 분위기를 바꿀 용기는 없어, 학교를 옮길 용기를 내 보았다. 고작 4년 차 교사가 TF팀을 지원한다는 게 우스운 일은 아닐까 고민하기도 했다. 그렇지만 학교를 처음부터 만들어 간다는 것이 매력적이었다. 심장이 요동쳤다.

해밀초등학교에서 가장 좋았던 것은, 역시 사람이다. 지난 학교가 자꾸 눈에 밟히던 것은 내가 만난 아이들과 이별을 해야 했기 때문인데, 이곳은 내 결정을 후회하지 않게 하는 많은 사람들이 있다.

먼저, 이곳에서 만난 아이들이다. 여러 지역에서 모인 아이들이 '우리 반'이 되는 멋진 경험을 했다. 그리고 단 한 명의 아이도 미운 마음 없이 일 년을 마무리할 수 있다는 것은 정말 큰 축복이다. 학부모들은 얼마 되지 않은 시간임에도 학교에서 하는 모든 활동들에 관심을 가지고 자녀들을 적극적으로 지원해 주었다. 무엇보다 나의 놀이 친구들이 정말 좋았다. 바로 동료 교사다. 마음이 맞는 동료 교사를 만난다는 것이 하늘의 별 따기인 줄 알았는데, 이곳은 별천지다.

이곳에서 나는 3학년 부장교사를 맡았다. 정확히는 '팀장'이다. 대부분의 학교에서는 팀장이라는 말을 쓰지 않는다. 다소 생소한 개념이다. 그래서 흥미롭게 느껴졌다. 첫 팀장이라니까 내가 하는 모든 게 곧 팀장의 역할일 것 같았다.

그로부터 3개월이라는 시간이 지났다. 그 시간 동안 나의 역량이 돋보였는지, 내가 얻은 별명이 있다. 바로 '김비효율'이다. 꽤 마음에 드는 별명이다. 굳이 하지 않아도 되는 것에 힘을 쏟았다. 첫 시작은 그림 안내장이었다. 안내장에 시간표와 프로젝트 내용, 함께 읽을 책, 소통 방법 등을 그림으로 간단히 소개하였다. 그리고 전학생들에게 그림 안내장을 주며 이렇게 말했다.

"이거 선생님이 한 시간 반 동안 손으로 그린 거야. 버리지 말고 꼭 간직해 줘."

3학년 학생들은 학기가 마무리될 때까지도 그림 안내장에 있던 내 캐릭터를 칠판에 그려 달라고 했다. 그리고 그림 안내장에 있던 활동 제목을 보고 어떤 활동일지 궁금해했다. 꽤 효과가 있었다.

교육적 효과를 제쳐 두고서라도 나에게 그림 안내장이 주는 의미는 컸다. 3학년 공통 활동이 들어간 그림 안내장에 각 학급의 담임교사 캐릭터를 그려 넣고 싶었다. 3학년 교사들과 연구실에 모여 앉았다. 각자 자신의 캐릭터를 열심히 그렸다. 개성이 넘치는 서로의 그림을 보며 한바탕 웃었다. 그러다 문득 우리가 어린아이들 같다는 생각을 했다.

그해 겨울, 눈이 예쁘게 내렸다. 하얗게 쌓인 눈을 보고 있으니 기분이 좋았다. 쉬는 시간에 한 아이가 친구들에게 열심히 자신의 휴대 전화 화면을 보여 주고 있었다.

"뭐 보여 주는 거야?"

"선생님, 이것 좀 보세요."

화면에는 올라프[12]가 있었다. 눈으로 만든 올라프였다. 코는 당근으

---

12. 월트 디즈니 영화 〈겨울왕국〉의 말하는 눈사람 캐릭터.

로 만들어졌고 지푸라기로 만든 머리카락도 세 가닥 꽂혀 있었다. 사진을 보며 마지막으로 눈사람을 만든 게 언제였는지 떠올려 보았다. 잘 기억이 나지 않는다.

차디찬 눈을 손으로 꾹꾹 눌러 작은 덩어리를 만들고, 덩어리에 눈을 더해 가며 다시 꾹꾹 눌러 주다가 어느 정도 눈덩이가 커지면 눈밭에서 굴린다. 거기에 눈, 코, 입으로 쓸 재료들을 구해서 애써 만든 눈덩이에 붙여 준다. 참 뿌듯하다. 그러고는 그 자리에 놓아두거나 도로 부순다. 결국 녹아 없어지거나 부수어질 눈사람이 완성된다.

어린아이처럼 산다는 건, 무용한 것들을 할 줄 안다는 것 같다. 눈사람을 만드는 것처럼 말이다. 눈사람을 만드는 그 순간에 빠져들어 추위에 벌벌 떨며 즐거워한다. 나는 언젠가부터 있어 보이는 것, 돈이 되는 것, 유용한 것에만 노력을 쏟았다. '선택과 집중'이 엄청난 가치라도 되는 듯이 말이다. 그런데 그 수많은 선택이 나를 허무하게 만들었다. 그런 나에게 단순하고 무의미해 보이는 놀이가 숭고하게 느껴졌다.

내가 꿈꾸는 학교는 놀며 배우는 학교다. 참 감사하게도 마치 이 순간을 기다려 온 듯, 해밀초등학교를 만들어 나가는 동료들, 그리고 아이들과 함께 놀고 싶은 마음이 든다. '천재는 노력하는 사람을 이길 수 없고, 노력하는 사람은 즐기는 사람을 이길 수 없다'라는 말이 있다. 고개가 절로 끄덕여진다. 재미있어서 일을 하는 사람이 되어야겠다고 오늘도 다짐해 본다.

어떤 날은 낙타로 살 때도 있을 것이다. 하지만 껍데기를 벗어 던지고 서로 마음을 나누면 학교 공동체 모두가 해맑게 웃으며 한바탕 놀수 있는 날들이 많을 것이라 기대한다.

해밀초등학교의 반년, 참 재미있었다.

어렸을 때 유난히 낙서를 좋아했다. 백지 위에 마음 가는 대로 그림을 그렸다. 지금은 사소한 말과 행동도 주저하는 어른이 되어 버렸다. 해밀초등학교는 나에게 백지 위에 놓인 크레파스 같다.

누구도 가 보지 않은 길을 걸으면서 설렘과 동시에 두려움을 느낀다. 눈이 소복이 쌓인 설원 위에 첫발자국을 새기는 기분은 말로 형용하기 어렵다. 우리가 가는 길도 처음엔 길이 아니었다. 누군가 우연히 걷고 그 뒤에 사람들이 걷다가 길이 되었을 것이다. 처음 길을 걸었던 사람들을 동경하며 해밀에서의 첫걸음을 걸어 보려 한다.

김家네식당

김지수

어떤 요리를
할까?

맛있는 요리를 하려면

집에서 TV로 먹방(먹는 방송)을 본다.

"와, 진짜 맛있겠다."

침을 꿀꺽 삼키며. 음식 먹는 소리, 만족스러운 표정에 감탄한다.

"질 수 없다. 과자라도 꺼내서 먹자."

사람이 어떤 행동을 하게 만드는 것은 대단한 일이다.

요리가 전공인 친구에게 전화를 건다.

"너는 무슨 요리를 잘해?"

"갑자기 그건 왜?"

"그냥 궁금해서. 네가 제일 자신 있는 요리가 뭐야?"

"닭볶음탕 잘해."

"닭볶음탕은 어떻게 만들어?"

"일단 재료를 잘 골라야 해. 신선한 재료를 사야지."

"요리를 잘하려면 뭐가 필요해? 유명 대학을 나온다고 요리를 잘하는 건 아니잖아. 80년 전통을 갖고 있는 집처럼 스스로 대가가 된 사람도 있잖아?"

"음식 맛은 한 끗 차이라고 생각해. 다른 것도 마찬가지야. 센스가 있는 사람과 그저 그런 사람들은 항상 한 끗 차이가 나. 그 한 끗을 어떻게 채우고 표현하느냐에 따라 음식 맛이 달라져. 한 분야를 꾸준히 한다고 음식 맛이 좋아지는 건 아니야. 경험이 도움은 되겠지만."

"그렇구나. 한 끗 차이라? 되게 추상적이네. 나는 요리 못하는데 연습하면 잘하게 될까?"

"하다 보면 잘하겠지?"

"학생을 가르치는 것도 하다 보면 잘하게 될까? 훌륭한 선생님이 되면 좋은 교육을 할 수 있을까?"

"… 술 마셨어?"

요리와 교육에 대한 고찰

요리와 교육은 어떤 행동을 기능적으로 반복한다는 점에서 비슷한 점이 많다. 맛있는 음식을 만들기 위해서는 신선한 재료를 고르고 레시피에 맞게 조리해야 한다. 레시피의 보급은 맛의 보편화, 대중화를 이끌었다.

교사들은 좋은 수업이란 무엇인지 고민했다. 교육에는 레시피가 따로 없지만 좋은 수업을 위한 노력으로 교사 전문성에 대한 관심이 많아졌다. 하지만 우리는 요리와 교육을 기능적으로 수행하는 사람들을 칭송하진 않는다.

요리와 교육을 행위의 측면에서 바라보면 숭고함을 찾을 수 있다. 요리와 교육에 관한 전문가의 조언은 이미 가득하다. 그런데 같은 재료와 레시피를 이용해도 요리하는 사람마다 맛이 다른 것처럼 훌륭한 교사가 되기 위한 재료들을 갖추고 있다고 해서 질 좋은 교육을 할 수 있는 것은 아니다.

요리사가 요리를 통해 맛을 뛰어넘는 감정을 전달할 때, 교사가 학생들에게 세상을 살아갈 힘, 세상을 바꿀 힘을 키워 줄 때 요리와 교육이라는 행위에 특별한 의미를 부여할 수 있다고 생각한다.

쉽게 범접할 수 없는 영역에 도달한 사람들을 일컬어 예술의 경지에 올랐다고 표현한다. 음악, 미술 작품, 건축물 등에 흔히 쓰이지만 의미를 부여한다면 요리와 교육에서도 예술의 경지를 말할 수 있겠다. 특히 가르치고 배우는 숭고한 행위는 지식을 전달하는 기능만으로는 설명할 수 없다.

내 안의 좋은 재료 고르기:
열정 1큰술, 책임감 1작은술, 도전 1/2컵, 사랑 2큰술

열정 1큰술

대학교를 갓 졸업하고 신규 교사로 첫 발령을 받았던 2014년. 떨리는 마음으로 학교에 첫 인사를 하러 갔다. 개교한 지 1년, 공업단지와 아파트로 둘러싸인 학교 주변은 삭막했지만, 건물은 정말 예뻤다. 새 둥지를 모티브로 해서 지은 학교 건물은 상까지 받았다. '이렇게 멋있는 건물에서 첫 교직생활을 하게 되다니!' 감회가 새로웠다. 교장, 교감 선생님께 인사를 하고 희망 학년과 업무를 쓰고 돌아왔다.

3학년 담임교사가 되었고, 첫날부터 참 어설펐다. 열심히 준비한 수업을 혼자 쭉 하고 나면 시간이 20분 남았다. 나머지 시간은 학생들이 놀자고 하면 놀았다. 가성비가 떨어진다는 말처럼 준비한 노력에 비해 성과가 좋지 않았다.

며칠 후, 교감 선생님은 우리들을 불러 이제부터 아침마다 교무실에서 선배 선생님들의 차와 커피를 준비하라고 했다. 그게 신규 교사로서 선배님들에게 존경의 마음을 표현하는 방법이라고 생각하셨던 것 같다.

신규 교사는 총 세 명이었다. 교감 선생님은 나를 콕 집어 다른 선생님들보다 하는 것이 적으니 매일 교무실로 오라고 했다. 하긴 6학년은 생활지도가 어렵고, 5학년 선생님은 아침에 육상 지도도 했으니, 내가 할 일이 적어 보이는 게 당연했다. 그래서 매일 아침 하라는 대로 교무실에서 커피를 탔다.

나는 성격이 활발한 사람은 아니다. 그래서 아침마다 교무실로 가서 커피나 차를 타는 게 썩 좋지 않았다. 가장 어려웠던 것은 물 조절이었다. 어떤 선생님은 믹스커피를 진하게 마셨고, 어떤 선생님은 연하게 커피를 마셨다. 또 어떤 선생님은 건강 때문에 커피가 아닌 차를 드셨다. 매일 아침 교무실에 오시는 선생님께 앵무새처럼 외쳤다.

"안녕하세요. 커피 한잔 드릴까요?"

책임감 1작은술

아침마다 물 조절과의 전쟁을 마치고 오면 하루가 다 끝난 것처럼 느껴졌다. 아이들은 참 예뻤고 매일 우왕좌왕하는 선생님을 안쓰럽게 여겼는지 큰 말썽을 일으키지 않았다.

매일 노트를 들고 옆 반으로 갔다. 옆 반 선생님은 다른 선생님 앞에서 요즘 신규는 일을 너무 잘한다고 매번 칭찬해 주셨다. 사실 딱히 잘하는 것도 없었고 해야 하는 것이 뭔지도 잘 몰랐다.

첫 업무는 방송이었다. 학교의 중요한 업무들을 하시는 선생님들을 보면서, 방송이라도 하게 된 것이 참 다행이라고 생각했다. 무엇보다 오는 공문이 거의 없었다. 하지만 방송 업무는 밑 빠진 독에 물 붓기처럼 아무리 열심히 해도 티가 나지 않았다. 방송 장비도 점검하고 열심히 준비했는데도, 꼭 아침조회 때마다 사고가 터졌다. 갑자기 앰프 소리가 나지 않거나, 애국가가 나오지 않았다. 교무부장님에게 불려가서 여러 번 꾸중을 들었다. 수업 시간에도 종종 교실로 전화가 걸려왔다.

"선생님, 강당에 마이크가 안 나와요."

"선생님, 프로젝터는 어디 있어요?"

나름 설명서도 써 붙여 놨지만, 설명서를 자세히 읽는 사람은 거의 없었다.

"네. 선생님 바로 갈게요!"

"얘들아, 선생님 잠깐 방송실 갔다 올 테니까 떠들지 말고 이거 하고 있어."

그렇게 매번 방송실로 부리나케 뛰어갔다.

어설픈 초짜 신규는 동동거리며 하루하루를 보냈다. 차가 없었기 때문에 새벽같이 일어나서 일찍 학교에 출근했고, 매일 아침 교무실에 들러 인사를 했고, 저녁 늦게 퇴근했다. 집에서 밤늦게까지 다음날 수업을 준비했고 다시 아침 일찍 학교로 출근했다. 그렇게 별다르게 하는 것도 없어 보였지만 오후에 코피를 자주 흘렸다. 몸은 피곤했고, 퇴근 시간은 항상 늦었다. 시간이 약이라는 말처럼 이런 생활은 점점 익숙해졌고, 코피가 터지는 날도 잦아들었다.

도전 1/2컵

2015년 2월 옆 반 선생님은 눈물을 흘렸다. 가족과 자녀가 있는 지역을 떠나 저 멀리 충주라는 곳으로 발령이 났기 때문이다. 새벽 기차를 타고 왔다 갔다 할 생각에 눈물을 멈추지 못했다. 충북이라는 곳은 생각보다 넓다. 어떤 교사들은 승진을 위해 시골 학교 근무를 원하지만 어떤 교사는 가족과 함께 지내는 걸 우선으로 생각한다. 옆 반 선생님은 모아 놓은 점수가 부족했는지 근처 가까운 지역에 가지 못했다. 눈물을 보며, 나는 어딘가로 떠밀려서 가지 않겠다고 다짐했다. 그렇게 신규 교사로서의 삶이 익숙해질 무렵 2015년 7월에 군대에 갔다.

군대가 새로운 도피처 같았다. 교직 사회 외부에서 시간을 보내면서 충북을 떠나기로 마음먹었다. 예전처럼 생활할 자신이 없었고, 인기 있는 지역에 머물기 위해 점수를 따고 싶지도 않았다. 저녁마다 참 열심히 공부했다. 첫 임용고시보다 딱 두 배로 더 힘들었다. 머리에는 새치가 났다. 인생에서 가장 열심히 공부했다고 자부한다. 지역은 대전과 세종을 목표로 했다. 지역 이동을 먼 곳으로 하지 않아도 되기 때문이었다. 세종이 선발 인원이 많았다. 그래서 세종으로 도전하기로 마음먹었다. 그렇게 2017년 2월 나는 세종 임용시험에 거의 꼴찌로 합격했다.

2017년 7월. 발령 대기로 인해 원래 있던 지역의 학교로 복직을 했다. 딱 2년 만에 돌아온 학교의 겉모습은 그대로였지만, 내부는 딴판이었다. 예쁜 건물도 그대로, 선생님들도 그대로였다. 교장, 교감 선생님이 바뀌었다. 몇 명이 바뀌었는데 모든 것이 변해 있었다. 더 이상 교무실에서 커피를 타는 사람도 없었다.

사랑 2큰술

복직하고 맡게 된 3학년 4반에는 말썽꾸러기가 한 명 있었다. 1학기 동안 담임교사였던 기간제 선생님은 내게 그 남학생을 항상 조심하라고 했다. 그래서 유심히 지켜보고 경계했다. 그렇게 경계하다 보니 어느 순간 마음을 빼앗겼다. "자세히 보면 예쁘다. 오래 보아야 사랑스럽다. 너도 그렇다"라는 시 한 구절처럼 자세히 보았더니 더 좋아졌다. 물론 때로는 말썽을 일으켰지만, 나를 보러 아침 일찍 등교했던 그 학생의 모습은 지금도 잊지 못한다. 짧은 2학기가 끝나고 학생들에게 마지막 인사를 했다.

"선생님은 이제 학교를 떠나 세종이라는 지역으로 가게 되었어."

한 명씩 불러서 그동안 행복했다고 말해 줬다. 그 남학생은 엎드려 있었다. 불러도 나오지 않았다. 엎드려서 울고 있었기 때문이다. 가장 속 썩였던 아이가 우는 모습을 보며 나도 뭉클했다. 여러 가지 감정이 복합적으로 밀려왔다. 세종으로 떠나는 내 모습이 예전에 겪었던 힘든 일들을 또 겪고 싶지 않아서, 학교문화를 바꿀 자신이 없어서 도망치는 것 같았다. 동료들과 학생들에게 말하고 싶었다.

"도망가는 게 아니고 도전하는 거야. 그러니 응원해 줘!"

위안하며 마음을 다잡았다. 그렇게 세종에서의 새로운 출발을 시작했다.

재료 다듬기

껍질 벗기기

세종에서의 삶은 말 그대로 평탄했다. 학생들과 동료 교사들은 좋았고, 금방 적응했다. 하지만 무언가 빠진 것처럼 허전했다. 너무 무탈할 정도로 평화로웠기 때문이다. 세종에 처음 올 때의 각오는 서랍 속 오래된 기억이 되었다.

그러던 어느 날 해밀초등학교 TF팀 모집 공고를 보고 고민이 시작되었다. 하루에도 수십 번씩 마음이 바뀌었다. 새로운 학교에 도전하고 싶은 마음이 들다가도 금세 사그라졌다.

"혹시 내가 TF팀이 되면 남겨진 우리 반은 어쩌지?"

아이들의 해맑은 얼굴이 떠오르면 이내 생각을 멈춰야만 했다.

끝나지 않을 것 같던 고민은 생각보다 쉽게 해결되었다. 어느 날, 인터넷에서 우연히 책 한 권을 발견하고 읽게 되었다. 사막에서 오아시스를 발견한 것처럼 반가운 구절이 있었다.

하고 싶은 일을 한다는 건 진짜 용기가 충만해서가 아니다. 나중에 후회하지 않기 위해서다. "아, 그때 해 볼걸…" 하고 후회하는 것보다 하고 나서 "이게 아니었네." 혹은 실패했어도 "그래도 재밌었지"라고 돌아보거나 "운이 없었어"라고 핑계를 대 보는 게 나으니까…. 그리고 어쩌면 생각보다 멋지게 해낼 수도 있으니까. "모든 일을 잘하려고 하지 말자. 남에게 잘 보이려고 하지 말자. 대신 내가 선택한 일, 하고 싶은 일은 완벽하게 할 정도로 몰입하자."

선택의 순간마다 우유부단했던 내 모습이 떠올랐다. 결과에 책임을 져야 한다는 부담에 선택을 주저했었다. 무언가 잘 안되면 누구를 탓하고 싶었지만 그게 내가 되고 싶지 않았다.

결과를 책임진다는 말은 날카롭고 차갑게 느껴진다. 대신에 "해 보고 후회하자"라는 말이 마음을 움직였다. 해밀초등학교 TF팀에 도전하지 않으면 후회할 것 같았기 때문이다.

"일단 해 보자. 어쩌면 생각보다 잘할 수도 있어."

긴 고민을 끝내고 지원서를 작성했다. 세종 교육 비전을 찾아 읽으며 고개를 끄덕였다. 열심히 공부하는 모습이 낯설게 느껴졌다. 다음 날 출근해서 교장, 교감 선생님, 주변의 선생님들께 해밀초등학교 TF팀에 지원해 보고 싶다고 말했다. 지금 돌이켜 봐도 그 과정은 힘들고 어렵다. 개인적인 도전으로 인해 학교에 피해가 생기고, 우리 반 아이들에게는 담임선생님이 바뀌는 상처를 줘야 했기 때문이다.

손을 베이다

교사는 매년 이별을 한다. 정든 아이들과 교실 그리고 동료들. 어쩌면 이별과 만남을 가장 많이 하는 직업이 교사일 수도 있겠다는 생각이 든다. 아이들과의 이별은 익숙하면서도 낯설다. 1년을 내 품에 온전히 품고 세상 속으로 내어 줄 때 보람보다는 아쉬움이 더 크다.

이별이 있으면 만남도 있지만, 1년을 온전히 품지 못한 아이들을 먼저 떠난다는 것은 미안하고 속상한 일이었다. 코로나19 확산으로 인해 학생들과 제대로 된 첫인사도 못 하고 학기를 시작했다. 처음엔 모든 게 낯설었지만, 전화로, 문자로, 인터넷 쪽지로 마음을 나눴다. 코로나19가 신체적 거리 두기라는 환경을 만들었지만, 제한적인 환경 속에서도 우리는 서로 소통했고 각자의 역할을 충실히 하려고 노력했다.

그렇게 어느덧 6개월이 지나고 TF팀에 선정되어 학교를 떠나야 했다. 6개월이라는 시간 동안 더 재미있는 수업을 해 주지 못해서, 더 잘해 주지 못해서 아쉬웠다. 1년 동안 함께한다는 아이들과의 약속과 기대를 저버려서 미안했다. 무더운 여름날 학생들과 마지막 시간을 보내며 약속했다.

"새로운 학교에 가서 후회하지 않도록 멋진 모습을 보여 줄게."

동료들과의 이별은 새로운 학교에서의 나의 역할에 대해 생각하게 했다. 우리는 시도 때도 없이 만나서 삶을 공유했다. 학년 부장님은 때로는 부장님이었고, 때로는 누나였고, 때로는 친구였다. 학년 부장의 역할은 무엇인지, 동료 교사들과는 어떻게 소통해야 하는지, 그럼 나는 어떤 역할을 할 수 있는지 생각했다.

"나는 참 인복이 많아."

충북에서도, 세종에서도 좋은 사람들과 함께했다. 특히 올해 함께했던 학년 부장님과 동료 교사들과의 시간은 교직생활에서 잊지 못할 추억이 되었다. 행복했던 시간을 떠올리며 지금도 나는 스스로 질문한다.

"새로운 학교에서 나의 역할은 무엇일까?"

적당한 크기로

해밀초등학교 TF팀이 한자리에 모이는 날. 하늘에서 비가 세차게 내렸다. 어떤 분들이 계실지 궁금하고 떨리는 마음으로 약속 장소에 갔다. 한 사람씩 소개했고 이야기를 나누었다. 해밀초등학교는 예비 혁신학교이다. 주변에서 '혁신학교는 힘들다'라는 평가를 종종 들었기 때문에 혁신학교가 무엇인지, 또 그 속에서의 내 모습은 어떠할지 궁금해졌다. 쏟아지는 빗속에서 짧은 생각에 빠졌다.

짧은 교직 경력을 스스로 돌이켜 보면 '안정적으로 머물러 있었다'고 평가할 수 있겠다. 새로운 것을 배우고 도전하지 않고 안주하며 살았다. 그러다 주변을 둘러보니 신규라고 하기엔 어정쩡한 경력을 가진 교사가 되었다. 부끄럽지만 아직 어떤 교사가 되고 싶은지, 어떤 공부를 더 하고 싶은지 교사로서의 정체성을 갖지 못했다.

"선생님은 왜 해밀초 TF에 지원했어요?"

생각도 잠시 근본적인 질문을 받고 생각이 꼬리에 꼬리를 문다.

"음…. 혁신학교가 어떤 모습인지 궁금했어요."

'혁신이란 무엇일까?' 혁신이라는 단어는 묵은 풍속, 관습, 조직, 방법 따위를 완전히 바꾸어서 새롭게 한다는 의미가 있다. '교육에서의 혁신도 있던 것을 없애고 새로운 것을 만드는 것일까?'

다른 선생님들의 이야기를 들으면서 생각은 더 명확해졌다.

"교사가 온전히 아이들을 바라보며 삶을 살아갈 수 있게 학교를 바꾸려는 시도. 그것이 혁신이 아닐까?"

나름대로 혁신이라는 단어에 대해 정의를 내리고 보니 해밀초 TF팀이 바라보는 방향이 같다는 생각이 들었다. 비가 세차게 내렸던 날 경력, 관심사 모든 것이 달라 보였던 12명의 해밀초 TF팀이 한곳을 바라보고 갈 수 있겠다는 믿음이 생겼다.

요리
하기

보글보글

개교일은 다가오는데 학교의 공사는 끝날 기미가 보이지 않았다. 엎친 데 덮친 격으로 장마로 인해 도로포장 공사가 늦어졌다. 도로포장이 늦어지면서 교실에 들어와야 할 가구들과 교구들이 제때 들어오지 못했다. 준공일이 미뤄졌지만 우리는 꾸역꾸역 개교 준비를 했다. 책상과 의자를 옮기고 아쉬운 대로 부족한 부분을 채워 나갔다. 늦어진 공사로 각 학년 교실을 사용할 수 없게 되었지만, 각자 주어진 환경에서 최선을 다했다. 학기 초에는 시간이 많았다. 그러다 곧 학생들이 폭발적으로 전학을 왔고, 서로 얼굴을 보기 힘들 정도로 바빠졌다. 해야 하는 일, 결정해야 하는 일들이 폭발적으로 쌓였다.

경력도 많지 않고 부장교사도 해 본 적이 없는 나는 학년군장이라는 생소한 역할까지 맡게 되어 책임감이 무거웠다. 리더의 역할은 무엇일까? 학년군장으로서 무엇을 해야 할까? 고민을 했다. 처음엔 일단 무턱대고 살았다. 웬만한 모든 일을 혼자 짊어졌다. 그게 더 편하다고 생각했었다. 그러나 얼마 가지 않아 과부하가 걸렸다. 머리가 팡 하고 터질 것만 같았고 스트레스가 끓어 넘쳤다.

배 안에서의 리더는 노 젓는 방법을 알려 주는 사람이 아니라 도달해야 하는 목표와 방향을 제시하는 사람이라고 한다. 나는 당장 코앞의 일을 해결하기 위해 쉽게 노 젓는 방법을 알려 줬지, 우리가 어디로 가야 하는지에 대한 목표에 대해 생각하지 않았다. 갈팡질팡 길을 잃었고 때로는 스스로 자책했다. 그때 누군가 노크를 한다. 옆 반 선생님이다.

"힘든 일 있으면 같이 해요."

어떤 말보다 힘이 되고 고마웠다. 처음 가는 길이 외롭지만은 않았다. 동료 선생님들은 각자 역할을 충실히 하며 묵묵히 나를 지지했다.

학년군장이 되기 전에 꿈꾸던 부장교사의 모습이 있었다. 학년을 이끌어 가는 총괄자로서 때로는 카리스마 있게 냉정해야 하고, 때로는 사람을 보듬어 줄 수 있는 넓은 마음도 가져야 한다. 그러나 이런 기대가 나의 능력과 역할을 더 한정 지었다. 내 장점을 바탕으로 새로운 리더의 역할을 해 보겠다고 다짐한다.

'친절하고 편안한 분위기 만들기. 말하기 전에 먼저 실천하기. 사람과 사람을 연결하는 조력자가 되기. 개인의 리더십보다 공동의 리더십 발휘하기.' 이렇게 내가 할 수 있는 것들을 하며 살아보려 한다.

학년군장은 학년군제를 바탕으로 학년군의 교육과정을 총괄, 기획하는 사람이다. 얼핏 보면 학년부장과 크게 다를 게 없어 보이지만 두 개의 학년이 함께 할 수 있는 교육활동을 기획한다는 점에서 획기적이다. 무모한 시도도 있겠지만 재미있는 일들이 많이 일어날 것 같다.

뜸들이기

새로운 게 다 좋은 것은 아니다. 새로운 집, 새로운 학교, 새로운 마을에 온 아이들은 갑자기 바뀐 환경에 바로 적응해야 했다. 적응을 힘들어하는 아이도 있었지만, 각자의 속도로 해밀에 적응했다.

그런 아이들을 바라보면서 함께 하고 싶은 게 많아졌다. 늦은 시간까지 일하면서 준비해도 고달프지만은 않았다. 코로나19로 인해 가벼운 대화조차 하지 못하고, 시험대형으로 앉아 수업만 듣는 아이들의 모습이 안타까웠기 때문이다. 아이들은 접촉과 관계에 대한 결핍을 느꼈고, 그것은 상처가 된 것처럼 보였다.

학기 초부터 학생과 접촉의 기회를 넓힐 수 있는 방법을 고민했다. 신체적 접촉은 할 수 없었기에 다른 방식의 접촉을 하려고 노력했다.

먼저 매주 금요일마다 편지를 썼다. 편지의 주인공은 학생들이다. 그 주에 있었던 일들, 내가 관찰한 학생들의 모습과 사진을 모아 편지를 보냈다. 별명도 불러 주고 사랑한다는 말도 했다. 1년을 맡은 담임은 아니었지만 온 정성을 쏟았다.

아침마다 2~3문장 정도의 짧은 글로 아침의 기분을 물어보고, 하고 싶은 대화도 나누었다. 칭찬 샤워도 매일 했다. 친구에 대한 칭찬을 종이에 적고 집에 가기 전에 한 줄로 서서 적은 칭찬을 말했다. 친구들의 칭찬을 들으면서 아이들은 미소를 지었다. 마지막 날, 나에게 적어 준 칭찬 샤워를 읽으며 학생들의 사랑이 과분하다고 느꼈다.

집에 가기 전에는 주먹 인사를 했다. 유일하게 허락된 접촉이었다. 해밀이 놀이터까지 하교도 같이 했다. 주변 공사로 인해 시작한 일이

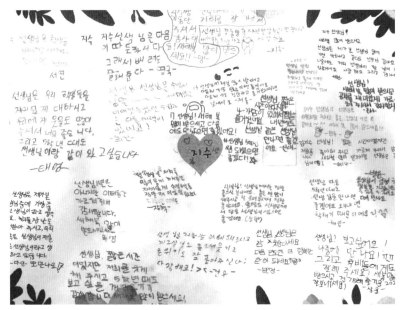

칭찬 샤워

<2020년도 해밀초 4학년 가람반 첫번째 가정통신문>

안녕하세요! 해밀초등학교 4학년 가람반 학생 그리고 학부모님! 글로 다시 한 번 인사드립니다. 2020학년도 4학년 가람반을 맡은 담임교사 김지수입니다. 우리 4학년 가람반은 9월 1일 학교 첫 날을 함께 했던 학생부터 오늘 새로 전학을 온 학생까지 다양한 학생들과 함께 생활하고 있습니다. 4학년 가람반은 앞으로 매주 금요일 학급 가정통신문을 보내려고 합니다. 가정통신문을 통해 한 주 생활을 기록하고 공유하며, 학생들과 학부모님과의 소통하기 위해 노력하겠습니다. 특별한 일이 없다면 매주 금요일 가정통신문이 배부될 것입니다. 관심 있게 지켜봐주세요!

오늘 새로운 학교에 와서 긴장했을 태영이. 그리고 멀리 와서 새로운 친구들을 반갑게 맞이해주고 이것저것 알려주었던 건우, 서울, 장혁, 민주, 해인이 모두 고맙고, 칭찬합니다. (혹은 축구대회 잘하고 왔니?) 수업 시간과 쉬는 시간에 친구들과 거리 유지하며 생활하기, 마스크 항상 착용하고 손 씻기, 급식실 이용하기 등 새로운 학교생활에 씩씩하게 잘 적응하리라 믿습니다. 이번 주 마무리하며 궁금하셨을 4학년 가람반 학생들의 생활 이야기 전하려고 합니다.

1) 가람반 첫 생활목표는?! : 감염병 예방 수칙 지키기

처음 가람반에게 이번 주 주는 특별한 한 주였습니다. 이번 주는 4학년 어린이 각자의 반으로 분반하여 생활했기 때문입니다. 나란히 친구들과 때로는 같이 또 따로 수업하며 열심히 생활하고 있습니다. 학생들과 함께 국어 시간에 학급 목표 만들기를 했습니다. 각자 중요하다고 생각하는 것을 발표하고 투표를 통해 '감염병 예방 수칙 지키기'가 10월의 생활목표로 정해졌습니다. 앞으로 학급 회의, 다모임, 어깨동무

학생들이 의견을 내고, 자주적으로 행동하는 경험을 많이 시켜주려고 합니다.

2) 하교미션

4학년 가람반은 집에 가기 전에 '하교미션'이라는 간단한 미션을 하고 있습니다. 오늘 학교에서 생활하면서 가장 기억에 남은 것 말하기, 사회 시간에 배웠던 핵심 내용에 대한 질문, 자기 주변 정리하기 등 수업 및 생활의 결과를 하교까지 이어가고자 합니다.

3) 글똥누기

4학년 가람반은 매일 아침 글똥누기를 합니다. 글똥누기란 감정을 글로 배출하는 것으로 학생이 생활 속에서 겪은 다양한 경험을 그저 '했다'만으로 끝내기 위한 후속 활동입니다. 활동 후 느낀 점과 배운 점을 글로 쓸 때 경험을 차근차근 되짚을 수 있고 글로 표현하면서 학생의 사고력을 신장시킬 수 있기

때문입니다. 글똥누기를 통해서 생활 속에서 조금씩 자기의 생각과 감정을 글로 풀어내는 연습을 합니다.

다음 부부터는 정문 공사로 인해 바뀐 등하교로 등하교 합니다. 공사 차량 등 주변 환경 때문에 걱정이 됩니다. 학교에서 학생들과 동학로를 살펴보고 안전하게 등하교 할 수 있도록 지도하겠습니다. 주말 동안 가정에서 안전하게 등하교 할 수 있도록 관심 있게 지도해주시기 바랍니다. 그리고 생활에 다소 불편하더라도 집단 시설 이용 자제(노래방,PC방 등), 마스크 착용 등 감염병 예방 수칙을 지켜 학생들이 주말에 건강하게 시간을 보내고 학교로 올 수 있도록 해주시기 바랍니다. 2학기 동안 잘 부탁드리며, 곧 있을 전화 상담에서 다시 인사드리겠습니다. 감사합니다!

2020. 10. 16. 4학년 가람반 담임 김지수 드림

가람반 편지

지만, 아이들과 함께 가면서 서로 말 한마디라도 더 하게 되었다. 아이들은 교실 앞 복도에서 나를 기다렸다.

"선생님 집에 언제 가요?"

꾸준히 하다 보니 삶이 되었다. '내년에도 꾸준히 할 수 있는 것을 찾아 삶을 살아야지.'

한 상
차리기

한 끗 차이의 비결

코로나19라는 특수한 상황이 우리의 삶을 송두리째 바꿨다. 여럿이서 함께 밥을 먹을 수 없다는 것은 불편을 넘어 때론 슬프다. 그럼에도 맛있는 음식과 요리에 대한 사람들의 관심은 여전히 뜨겁다. 요리 프로그램, 맛집 소개, 먹방으로 가득한 매체들이 그 증거이다.

〈백종원의 골목식당〉은 내가 즐겨 보는 프로그램이다. 백종원은 골목식당을 돌며 재료 손질, 조리 과정, 위생 등 전반에 걸쳐 멘토 역할을 한다. 프로그램을 유심히 지켜보면 백종원이 만족한 미소를 지을 때가 음식을 먹을 때만이 아님을 알 수 있다.

백종원과 패널들은 오랜만에 덮죽집을 다시 방문했다. 덮죽집 상표와 관련하여 사장님과 무거운 이야기를 나눈다. 대화를 나누던 중 백종원은 사장님의 고민의 흔적이 담긴 노트를 보여 달라고 한다. 사장님은 깔끔하게 정리하지 못했다고 머쓱해하며 노트를 들고 온다. 이때 백종원은 흐뭇한 미소를 짓는다. 사장님은 덮죽 메뉴를 개발하기 위해 여러 가지 시도를 하며 그것을 노트에 기록했다. 9권의 노트를 열핏 봐도 열정이 얼마나 대단한지 알 수 있었다.

백종원은 재료 손질, 조리 과정, 소스, 주방의 청결, 메뉴의 가격 등을 중점적으로 점검한다. 하지만 그가 알려 주려고 하는 것은 따로 있다. 처음 요리를 할 때 가졌던 열정, 요리사로서의 노력하는 모습을 다시금 일깨워 주는 것이 그의 역할인 것이다.

우리들은 백종원과 노력을 통해 변화하는 식당의 모습을 보며 열광한다. 그런 의미로 그저 그런 음식점과 맛집의 차이는 한 끗 차이이며, 하늘과 땅의 차이만큼 어마어마하다. 방으로 들어오니 문득 이런 생각이 든다. '맛집은 음식에 대한 꾸준한 노력을 바탕으로 나만의 정체성을 설명할 수 있는 식당이어야 하지 않을까?' '교육에서의 맛집은 무엇일까?' '교육에서의 한 끗 차이는 어떤 의미일까?'

유명 강사의 강의를 듣다 보면 '어! 저거 우리 옆 반 선생님도 하고 계신데'라고 느낄 때가 있다. 여러 사람에게 소개되지 않았을 뿐 교실에서 의미 있는 교육활동들을 펼치고 있는 교사들이 많다는 것이다. 교사들은 특유의 성실함을 바탕으로 교육활동을 펼친다. 지금 이 순간에도 교실에서 아이들과 삶을 살며 대한민국의 교육을 이끌어 가고 있다.

우리에게도 그저 그런 식당과 맛집처럼 한 끗 차이가 존재한다면 다음 세 가지를 나만의 비법으로 제시하고 싶다. 첫째, 지식 전달 수업에서 탈피하려는 노력 두 방울. 둘째, 말로만 그치지 않고 진짜 학생들의 흥미를 수업에 반영하려는 관심 한 스푼. 마지막으로 새로운 것을 시도하려는 열정 가루 조금.

나누는 기쁨

사람은 자신의 경험에서 벗어난 생각을 하기 힘들다.

"선생님, 그건 제가 해 봤는데 별로 좋지 않았어요."

같은 일을 경험해도 시기, 기분, 성격 등으로 각자가 느끼는 감정은 다르다. 경험은 인간에게 위험한 일을 반복하지 않을 수 있는 지혜를 주었지만, 때로는 이런 경험이 새로운 시도를 방해한다.

한때 안정적인 교직생활이 꿈이었던 때가 있었다. 특별한 일 없이 무탈하게 교직생활을 한다는 것과 교사로서 치열하게 살았다고 하는 것의 차이에 대해 고민하게 된다. 대부분의 교사는 공부를 잘하고 성실하다. 나도 성실했다. 지금은 교대에 들어가기 더 힘들다고 하니 신규 교사들은 나보다도 더 착실한 사람들일 것이다.

'놀아 본 사람이 노는 법을 안다'는 말처럼 교사에게는 다양한 경험이 필요하다. 부지런하고 성실하게 학창 시절을 보낸 교사가 그렇지 못한 학생들의 삶을 이해하는 데는 분명 한계가 있다. 학생들이 하는 게임도 해 보고, 유튜브도 보면서 눈높이를 맞추려는 노력을 하고 있다.

어렸을 때 유난히 낙서를 좋아했다. 백지 위에 마음 가는 대로 그림을 그렸다. 지금은 사소한 말과 행동도 주저하는 어른이 되어 버렸다. 해밀초등학교는 나에게 백지 위에 놓인 크레파스 같다.

누구도 가 보지 않은 길을 걸으면서 설렘과 동시에 두려움을 느낀다. 눈이 소복이 쌓인 설원 위에 첫발자국을 새기는 기분은 말로 형용하기 어렵다. 우리가 가는 길도 처음엔 길이 아니었다. 누군가 우연히 걷고 그 뒤에 사람들이 걷다가 길이 되었을 것이다. 처음 길을 걸었던 사람들을 동경하며 해밀에서의 첫걸음을 걸어 보려 한다.

늦은 저녁 학교를 나오면서 스스로에게 질문하고 답한다.

"잘하고 있는 걸까?"

"나는 생각보다 잘하고 있어. 그리고 해밀초등학교에 오길 잘한 것 같아."

"선생님은 혁신학교 가면 진짜 더 열심히 하겠다."

"소담은 다들 초과 근무하면서 교재 연구하고 그래."

혁신학교에서 전입해 온 선생님이 혼자 열정을 불태우는 나를 보며 한마디 건넸다.

"안 그래도 이번에 연수를 소담초에서 하는데, 혁신학교 재미있어 보이더라."

"나도 이 한 몸 불살라서 열심히 해 보고 싶어."

작은 학교에 있으면서 아쉬운 점이 딱 하나 있다면, 동학년 선생님이 없다는 것이었다. 교육과정 재구성을 하려고 해도 이게 맞는 것인지 고민될 때 의논할 사람이 없었다. 학년 운영을 하는 데 함께 할 손들이 그리웠다. 나 같은 열정 종자 다섯이면 못할 것이 없을 텐데. 혁신학교에 가면 나 같은 열심 종자 여럿이 있겠지? 폭주 기관차 한 량이 여러 량과 함께 붙으면 칙칙폭폭 못 갈 곳이 없지 않을까? 그렇게 각개전투하던 열심 종자는 동지를 찾으러 해밀초에 발을 들였다.

열심 종자의 해밀 도전기

강유민

나는
열심 종자다

"엄마 아빠가 제일 좋아하는 숫자가 뭔지 알아?"

"일이야 일."

"왜요?"

"너희 어렸을 때 엄마는 매일 11시까지 약국 문을 열었거든. 약국 문 닫고 차에 타면 보이는 시간이 열한 시 십일 분이었어. 숫자 1은 열심히 살았다는 증표 같은 거지."

이런 말을 귀에 딱지가 들도록 들었다. 부모님은 성실과 부지런의 대명사다. 어머니는 토요일에도 쉬지 않으신다. 명절도 당일만 닫고 앞뒤로는 일하신다. 아버지도 버금가는 부지런쟁이다. 교사지만 방학 때도 학교에 나가 보충수업과 진학지도를 꾸준히 하신다.

콩 심은 데 콩 나고 팥 심은 데 팥 난다. 나는 콩밭에 난 팥인 줄 알았지만. 그저 콩밭에 난 콩일 뿐이었다. 뒤늦게 사회생활을 하면서부터 부모님의 초능력적인 열심 종자가 내 안에 숨겨져 있었다는 것을 깨달았다.

뭐든지 열심히 하는 것이 미덕이라 생각했다. 신규 교사 때 방송 업무를 맡았다. 학교에서 방송 업무는 아무리 잘해도 티가 안 난다. 평소에 아무리 잘해도 방송사고 한 번이면 끝장나는 업무다. 교무실 옆에 딸린 방송실에서 바스락거리며 열심히 하는 모습을 교무부장님은 안다. 교무부장은 날 기특하게 생각했다. 항상 마이크 줄을 정리하고, 방송 조회를 준비하는 모습들을 지켜볼 때면 미소를 지었다. 방송신은 나를 도와주지 않았고, 수시로 방송사고를 냈지만, 교무부장은 나의 열정 하나를 보고 끝까지 미소 지어 줬다. 열심히 하는 내가 마음에 들었다. 내 열정이 다른 이에게 모종의 긍정적인 감정을 불러일으킨다는 것이 내심 좋았다. 이때까지만 해도 내 안의 열심 종자가 있다는 것을 감지하지 못했다.

세종 첫 발령 나던 그해 여름방학에 나는 1급 정교사가 됐다. 1정 연수에서부터 나의 열심 종자가 발현되기 시작했다. 새로 배운 것들을 당장 아이들이랑 해 보고 싶은 마음에 안달이 났다. 또, 더 배우고 싶었다. 6학급에서 학년 경영을 혼자 하면서도 폭주 기관차처럼 하고 싶은 대로 다 해 봤다. 혼자서 교육과정 재구성해서 프로젝트 수업도 해 봤다. 월마다 현장체험학습도 갔다. 교장 선생님이 시키지 않아도 스스로 찾아서 했다. 학생 개별 성장 지원 사업, 수학 나눔 동아리 등 하고 싶은 것은 다 했다. 열정 유지를 위한 충전도 필요했다. 평일 저녁 시간을 내어 연수를 다니며 나의 교육 열정을 충전했다.

"선생님은 혁신학교 가면 진짜 더 열심히 하겠다."

"소담은 다들 초과 근무하면서 교재 연구하고 그래."

혁신학교에서 전입해 온 선생님이 혼자 열정을 불태우는 나를 보며 한마디 건넸다.

"안 그래도 이번에 연수를 소담초에서 하는데, 혁신학교 재미있어 보이더라."

"나도 이 한 몸 불살라서 열심히 해 보고 싶어."

작은 학교에 있으면서 아쉬운 점이 딱 하나 있다면, 동학년 선생님이 없다는 것이었다. 교육과정 재구성을 하려고 해도 이게 맞는 것인지 고민될 때 의논할 사람이 없었다. 학년 운영을 하는 데 함께 할 손들이 그리웠다. 나 같은 열정 종자 다섯이면 못할 것이 없을 텐데. 혁신학교에 가면 나 같은 열심 종자 여럿이 있겠지? 폭주 기관차 한 량이 여러 량과 함께 붙으면 칙칙폭폭 못 갈 곳이 없지 않을까? 그렇게 각개전투하던 열심 종자는 동지를 찾으러 해밀초에 발을 들였다.

군단장 아니고
군장

공문에 내 이름이 이렇게 나온 적이 있던가. 공문에 뜬 내 이름을 보고 오래간만에 연락한 친구들이 한마디 한다.

"너 해밀 TF 썼어? 대박."

5년 남짓한 내 경력에 개교 학교 TF팀 지원을 한 것은 충분한 가십거리였다. 혁신학교와 마을 특화된 학교 설계로 해밀초는 개교 전부터 주목을 많이 받았다. 다른 학교 선생님들이 묻는다. 해밀초에서 뭘 하느냐고. 매번 같은 레퍼토리로 대답한다.

"5~6학년 군장 됐어."

서로 짠 듯이 하나같이 물어본다.

"학년 군장이 뭐야?"

"부장이야, 뭐야?"

"군단장 아니고? 군장?"

"군장 말고 군단장이 너한테 딱이다. 잘 어울려."

보통 학교에서 보직교사는 '부장'이라는 이름을 붙인다. 학년 군장은 아마 대한민국에서 해밀초 빼고는 없을 거다. 학년 군장이라는 이름이 생소해서 항상 무얼 하느냐고 되묻는다. 군장 아니고 군단장이라고 우스갯소리로 놀리는 사람들도 내심 무얼 하는지 궁금해한다.

"학년 군장이야. 학년 부장 아니고 5~6학년 군장."

"그래서 군장은 뭐 하는데?"

"5~6학년군 교육과정을 짜고 운영하는 거지."

그렇게 대답하는 내 목소리에는 자신이 없다. 나도 잘 모르니까.

5~6학년 살이 (1):
가자, 원수산

학년군 교육과정은 아직 많이 부족하다. 두 학년이 섞여 한 게 많이 없다. 그래도 5학년 학생과 6학년 학생이 서로 어우러져 함께한 순간이 딱 한 번 있었다. 해밀마을에는 원수산이 있다. 원수산 정상을 찍는 것은 5~6학년 학생들의 건강을 기르기 위한 교육활동 중 하나다. 일명 '가자, 원수산'이다. 학생 수가 각각 다섯 명, 두 명이었던 9월, 이때다 싶어 첫 번개 모임을 잡았다.

물병 하나씩 들고 교장 선생님, 5~6학년 담임선생님, 5~6학년 학생까지 총 열네 명이 줄지어 원수산으로 향했다.

"선생님 저 원수산 많이 와 봤어요."

"그래? 누구랑?"

"엄마랑요. 엄마가 산림 자격증 같은 게 있어서 산에 많이 가요."

"그럼 선생님보다 길을 더 잘 알겠다."

산에 오르면서 아이들은 아직 서로 어색한 듯 자기네 학년 선생님들한테 말을 걸었다. 5학년은 5학년대로, 6학년은 6학년대로. 원수산은 만만치 않은 산이었다. 아이들은 날다람쥐처럼 이리 뛰고 저리 뛰었다. 오히려 선생님들이 더 헉헉댔다. 숨이 턱까지 찬다. 애들은 폐가 3개 정도는 되는 것 같다. 자존심에 힘든 기색을 감추고 이 악물고 빠르게 정상에 올랐다.

해밀동과 도담동까지 한눈에 들어온다. 이제 막 이사 온 아이들은 자기 집을 찾아본다. 세종의 아파트 숲이 한눈에 보이는 정상에서 우리는 흘린 땀을 시원한 바람에 날려 보냈다. 내려오는 아이들은 이제 더 이상 선생님한테 들러붙지 않고 자기들끼리 똘똘 뭉친다. 우리 반 남자아이는 선생님은 제쳐 두고 6학년 형이랑 홀랑 뛰어 내려가 버린다. 6학년 여학생도 5학년 여학생이랑 두런두런 이야기한다.

의젓한 6학년 여학생에게 다가가 말을 걸었다.

"민지야. 너 영국에서 왔다며? 신기하다. 어느 지역이야?"

"아마 말해도 모르실 거예요."

"어딘데? 너무 궁금해. 알려줘."

"본머스라는 데예요. 항구도시고, 한국인은 별로 없어요."

"그래? 학교에 다닐 때는 어땠어? 영국 학교 어떨지 궁금하다."

"그냥 학교죠. 인종 차별이 심해요."

"정말? 동양인 인종 차별? 힘들었겠다. 그럼 친구는 없었어?"

"그냥 무시가 기본이고, 제스처나 말로도 모욕감을 주죠. 원래는 동양인 친구가 한 명 있었는데, 걔가 한국으로 가 버리는 바람에."

"진짜? 친구도 없이 힘들었겠다. 부모님한테는 말씀드려 봤어?"

원수산 정상 단체 사진

원수산 정상에 선 아이들

"말씀드리면 마음만 쓰이죠. 그냥 넘어가는 수밖에 없어요."

6학년 민지는 무뚝뚝한 말투에 시크하게 말했다. 무덤덤한 듯 이야기하는 민지는 힘든 내색을 별로 하지 않았다. 오히려 힘든 것을 감추는 데 익숙해 보였다. 우리 학년 아이가 아닌데도 6학년 학생에게 마음이 갔다. 아이의 이야기를 더 들어주고, 복도에서 눈이라도 마주치면 반갑게 인사하고 싶은 마음이 샘솟았다.

5학년과 6학년이 함께 원수산에 오르며 얻은 것은 땀과 축축하게 젖은 옷, 후들거리는 다리뿐만이 아니었다. 5, 6학년 학생들이 함께했을 때 서로 쉽게 어울리는 모습, 비록 5학년 선생님이지만 6학년 학생의 마음과 이야기에 관심을 기울일 기회가 됐다. 아쉬운 건 그 뒤로 학생 수가 급증하면서 서로 만날 수 없었다는 것이다.

5~6학년 살이 (2): 해밀초 100일 축제

8월, 개교를 앞두고 6학년 팀장과 학생들의 적응 활동 계획을 짰다. 6학년 팀장의 학급 살이를 들었다. 톡톡 튀는 아이디어에 매료됐다.

"원래 나는 애들을 만나면 100일마다 100일 파티, 200일 파티, 300일 파티를 해. 300일 파티를 하면 딱 크리스마스 시즌이 다가오거든. 300일 파티 겸 크리스마스 파티를 하는 거지. 처음에는 내가 주도적으로 준비하고, 점점 애들끼리 준비할 수 있게 해 줘. 애들끼리 행사 기획 보는 거 엄청 좋아해. 그러면서 친해지기도 하고."

"그래? 그럼 해밀초 100일 파티는 어때? 개교한 지 100일째 되는 날, 해밀초 탄생 100일을 축하해 주는 거지."

5가람 학급 다모임

코로나19 바이러스가 확산되면서, 학년군 단위는 물론 학년이 함께 하는 시간을 갖기 어려웠다. 각자 교실에서의 삶에 집중했다. 매월 두 번씩 학급 다모임 시간을 갖는다. 11월 무렵, 다모임 시간에 해밀초 백일잔치 이야기를 슬쩍 꺼냈다.

"얘들아, 아기가 태어나면 백 일째 되는 날 백일잔치, 일 년 되는 날 돌잔치를 하잖아. 해밀초가 9월 1일에 태어났고, 12월 9일이 해밀초가 태어난 지 백 일째 되는 날이야. 그때 해밀초 백일잔치를 하려고 해. 너희는 어떤 활동을 하고 싶니?"

"영화 봐요."

"과자 파티해요."

"라면 파티해요."

해밀초 100일 축제

100일 파티라니까, 그냥 파티인 줄 아나 보다. 하고 싶은 것을 무작정 내뱉고 본다.

"그건 100일 파티가 아니어도 할 수 있는 거잖아. 해밀초 탄생 100일에만 할 수 있는 것. 조금 더 의미 있는 것은 없을까?"

"100일 잔치니까, 장기자랑을 하는 건 어때요?"

"학교를 청소해 줘요. 학교 곳곳이 지저분한 곳이 많아요."

은후가 말했다. 은후는 매일 아침 일찍 등교해 우리 반을 혼자 청소한다. 청소가 취미라는데 나는 이해가 안 된다.

"어휴!"

"싫어!"

청소하자는 은후의 말에 아이들이 질색한다.

해밀초 100일 축제

"학교 청소는 재미없으니, 학교 씻겨 주기로 이름을 바꿔 보는 건
어때?"

"선생님, 학교 씻겨 주기도 좋은 것 같아요. 우리가 학교를 깨끗하게
닦아 주는 거잖아요."

학교 청소가 아닌 학교 씻겨 주기라고 이름 지었더니 학교를 마치
돌봐 주고 싶은 대상쯤으로 여겨지나 보다.

"그럼 장기자랑이랑 학교 씻겨 주기가 나왔는데. 여기에 선생님이
제안하고 싶은 게 있어. 학교를 세우고, 너희들이 여기서 공부할 수 있
도록 도움을 주신 분들께 감사한 마음을 전달하는 건 어떨까? 편지
나 카드 말고, 귤에다가 귀여운 얼굴과 메시지를 써서 말이야. 이름은
귤과 감사합니다를 합쳐서 귤사합니다."

"좋아요! 선생님."

12월 9일, 해밀초 개교 백 일째다. 결전의 날에 눈이 번쩍 뜨여 그날따라 학교에 일찍 갔다.

"귤을 하나씩 줄게요. 한쪽에는 귀여운 표정을 그리고 다른 한쪽에는 감사한 마음을 담은 문장을 적으면 됩니다. 담임선생님 말고, 우리가 평소에 감사한 마음을 전하지 못했던 학교의 숨은 선생님들께 이번 기회에 감사함을 표현해 보세요."

"얘들아, 너희는 어디로 갈 거니? 선생님이 사진 찍어 줄 테니 같이 가자."

"청소 선생님요."

"소독 선생님요."

"발열 점검해 주시는 선생님요."

"급식실 선생님요."

"행정실 선생님요."

"선생님 저는 교통봉사 해 주시는 선생님께 드릴 건데 어떻게 전해 드려요?"

"그럼, 내일 등교하는 길에 드리면 되겠다. 청소 선생님부터 가 보자. 선생님을 따르라!"

가을마을의 화장실부터 겨울마을의 화장실까지 청소 선생님을 찾아 헤맸다. 겨울마을 1층에서 화장실을 청소하시던 청소 선생님은 화들짝 놀라셨다.

"무슨?"

"저희가 해밀초 100일을 기념해서 귤에 감사한 마음을 담아 전달하고 있어요. 아이들이 선생님께 감사하다고 귤을 전달하고 싶대요."

"청소 선생님, 감사합니다."

청소 선생님 손에 귤 서너 개가 모였다. 청소 선생님은 환하게 웃으셨다. 행복한 표정과 따뜻한 마음이 주변 사람들까지 퍼진다.

"아이고, 나까지 기억해 줘서 정말 고맙네. 애들아 정말 고마워. 귤 맛있게 잘 먹을게."

청소 선생님, 행정실 선생님, 방역 도우미 선생님, 교통봉사 선생님 등 학교 곳곳에서 아이들은 따뜻한 귤을 퍼뜨리고 다녔다.

각자 손걸레 하나씩 들고 실과실로 갔다. 아직 아무도 쓴 적 없는 공사 먼지가 가득한 곳에 들어섰다. 학교 씻겨 주기라니까 누구 하나 채찍질하지 않아도 다 같이 팔 걷어붙인다. 손걸레에 물을 적셔 고사리 같은 손으로 모래와 책상 위 두껍게 쌓인 먼지를 닦아 낸다. 빗자루와 쓰레받기로 쓸고 또 쓸어도 모래와 먼지가 계속 나온다.

"선생님! 이거 봐요. 엄청 더러워요. 한 번 닦았는데 이만큼 묻어 나와요."

"선생님! 이거 봐요. 싱크대 밑에 모래가 엄청 많아요. 여기 쌓인 것

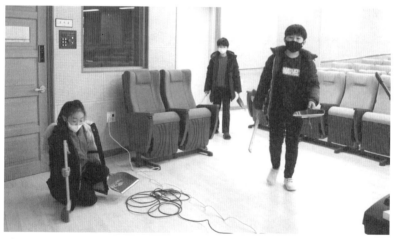

학교 씻겨 주기

좀 보세요."

"선생님! 왜 닦아도 닦아도 계속 나와요? 한 번 닦았는데 먼지가 또 있어요."

여기저기서 나를 부른다. 알아 얘들아. 나도 우리 반 교실 입주할 때 그랬어. 수레가 요란했지만 여러 손을 보태어 실과실 공기가 조금 상쾌해졌다. 청소를 좋아하는 아이들은 극히 드물다. 청소가 좋지는 않지만 다들 열심히 한다. 더럽고 냄새나는 것들이라도 우리 학교를 위해 기꺼이 한 팔 걷어붙일 수 있는 힘. 그것은 학교를 사랑하는 마음에서 나온다.

군마실, 학년을 뛰어넘는 선생님들의 모임

군마실, 해밀에만 있는 것

봄마을, 여름마을, 가을마을, 겨울마을, 맑은마을, 하늘마을. 해밀초에는 각양각색 7개의 마을이 있다. 다른 마을에 산책 가는 것을 충청도 사투리로 '마실'이라고 한다. 해밀초 선생님들은 매주 목요일 다른 마을로 산책을 간다. 그것이 군마실이다. 5학년 교실은 가을마을에 있고 6학년 교실은 겨울마을에 있다. 5~6학년군 선생님들은 매주 번갈아 가며 서로의 마을에 마실을 간다. 군마실은 학년을 뛰어넘고자 하는 선생님들의 모임이다.

그 시작

학년군 마실의 비공식적인 첫 출발은 학교가 지어지지 않았던 7월

즈음이다.

- 전입생 안내 자료 만들기
- 학년군 학습 준비물 구입하기
- 전입생 초기 적응 활동 준비하기

첫 군마실의 안건이다. 군마실의 시작은 조촐했다. 6학년 팀장과 단둘이 시작했다. 시켜 둔 아이스커피 한 잔이 미지근해질 때까지 재잘재잘 학년군의 처음을 준비했다.

"아마 애들이 계속 오니까 학교 건물이나 길에 대해서 주기적으로 안내해 줘야 할 것 같다. 매월 한 번씩 학교 산책하고, 같은 장소에서 사진을 찍는 거야. 반에 아이들이 점점 늘어나는 게 기록에 남도록. 나중에 한꺼번에 쫙 모아서 보여 주면 우리 반의 변천사가 한눈에 드러나는 거지."

아직 오지도 않은 아이들이지만, 하고 싶은 활동이 넘쳐났다. 우리 반, 우리 아이들과 함께 할 생각에 각양각색 아이디어를 쏟아 냈다.

"나는 항상 6학년 애들이랑 100일 파티, 200일 파티, 300일 파티를 했거든. 처음에는 파티 기획부터 시작해서 스스로 만들어 가는 졸업식 논의까지 확장해 가면 좋을 것 같아. 100일 파티 아니면 학년 30명, 60명 90명 결성 파티처럼 전입 시기에만 할 수 있는 행사 말이야."

톡톡 튀는 아이디어다. 낯선 곳에 이사, 전학을 경험한 아이들이 학교에 적응하는 것이 우리의 첫 번째 목표였다. 아이들끼리 똘똘 뭉칠 수 있는 판을 내어 주기 위한 다양한 시도들이었다.

"좋다. 우리 학교 구조가 독특하고, 특별한 공간도 많으니까 해밀 핫스팟 콘테스트 같은 건 어때? 내 마음에 드는 해밀의 아름다운 장소를 찾는 거지. 서로 사진 찍어서 공유도 하고."

아이들의 수준이 비슷하다 보니, 우리는 동학년이 된 것처럼 적응 활동 아이디어를 짰다. 아이들이 오기 전부터 학년을 넘어 머리를 맞대고 고민하고 생각을 나눴다.

함께 세우기 1

한 주는 6학년 연구실에서, 다음 주에는 5학년 연구실에서 서로를 만났다. 우리는 깊은 것부터 사소한 것까지 함께 나눴다.

"학년군 교육과정을 짜려고 하는데, 가장 먼저 해야 할 일은 학년군 교육 목표를 세우는 일입니다. 세종형 학력과 해밀초 학력을 참고해서 지성, 심성, 시민성, 건강 영역별로 아이들에게 필요한 덕목을 생각해 보고 어떤 아이로 성장해야 하는지 한 문장으로 정리해 볼까요?"

흔히 학년 교육과정을 짤 때 많이 하는 작업이다. 우리는 독특하게 학년군이 모였다. 5학년과 6학년 선생님이 함께 했다.

브레인스토밍과 포스트잇 작업이 이루어졌다. 포스트잇에 아이들에게 필요한 덕목을 썼다. 6학년 연구실의 투명한 유리창에 포스트잇이 덕지덕지 붙었다. 덕목은 두루뭉술하다. 그리고 많다. 도전. 끈기. 자기주도. 문제해결력. 공동체의식. 수많은 덕목들이 벽에 붙었다. 붙일수록 목표가 수렴되는 것이 아니라 확장되었다.

'아이들이 이걸 다 갖출 수 있을까?'

포스트잇을 하나하나 읽었다.

"자기주도, 자기이해, 자주적 의사결정능력, 자기관리, 지적 호감, 번쩍 손을 들어 궁금한 것을 물어볼 수 있는 능력?"

마지막 포스트잇이 눈길을 사로잡았다.

"이거 누가 쓴 거예요?"

"제가 썼습니다."

신규 선생님이 손을 번쩍 들었다.

"그 장면을 어떤 덕목으로 표현하기 어려워서 그냥 그대로 썼습니다."

신규 선생님의 표현은 신박했다. 새로운 관점이었다.

"이렇게 구체적으로 쓰니까 한 번에 확 와닿지 않아요?"

"장면으로 표현하니까 확 와닿는데요?"

나만 그런 생각을 한 게 아니었다. 다른 선생님들도 한번에 확 와닿는 장면 설명에 혹했다.

"우리 장면을 먼저 그려 봅시다. 아이들에게 바라는 모습을 장면으로 표현해 봐요."

우리는 아이들에게 어떤 모습을 바라는가? 구체적으로 장면을 떠올려 보니, 우리 학년의 공동 목표가 생겼다. 장면에서 덕목 하나씩 추려 내 5~6학년군의 교육 목표가 됐다. 우리는 5~6학년 아이들이 졸업할 때 이런 모습이기를 꿈꾼다. 교실에서 이런 말들이 메아리치기를

5~6학년 교육 목표

바라며, 우리는 아이들의 성장을 지켜보기로 했다.

"선생님, 제가 한번 풀어 볼게요."

"선생님, 우리가 한번 갈등을 풀어 볼게요."

함께 세우기 2

"기획회의 나온 내용인데요. 애들이 급식 먹고 잔반을 버릴 때 모아서 버려야 하는데 식판에 남아 있는 잔반 때문에 어려운 모양이에요. 학급에서 한 번씩 더 지도 부탁드려요."

군마실은 기획회의 내용을 전달하는 것부터 시작했다.

"저는 급식실에서 애들이 점점 떠드는 게 느껴져요. 잘 되는 부분도 있지만 코로나 상황이니 더욱 떠들면 안 된다고 생각하는데, 학년군 차원에서 함께 지도하는 게 더 효과적일 것 같아요."

코로나19 바이러스 확산으로 우리는 점심시간에 거리 두기와 대화 자제를 강조했다. 하지만 때로는 아이들은 저들끼리 함께 있음에 행복하여 그 사실을 잊을 때가 있다. 급식시간은 다른 학년과 함께하는 시간이라 선생님, 영양선생님, 조리사, 조리원 모두는 아이들의 안전한 급식을 위해 힘썼다.

"그래서 저는 학년군 생활지도 규약을 딱 몇 개만 정해서 함께 지도하는 것을 제안해 봅니다. 6학년 지도할 때는 선생님들끼리 협의해서 공동 생활지도 규약을 만드니까 아이들의 생활지도가 더 잘되더라고요."

6학년 경험이 많아 생활지도에 잔뼈가 굵은 팀장이 한마디 건넸다. 처음에 학년군 생활지도 규약을 만들 생각은 없었다. 학년군에서 이야기하다 보니 자연스레 우리의 공동 생활지도 규약을 만들게 됐다.

- 5~6학년군의 생활지도 규약

1. 어른께 예의 바르게 인사하기
2. 휴대전화 전원은 끄고, 가방에 넣기
3. 복도에서는 천천히 걸어 다니기
4. 급식실에서는 말 아끼기, 모아 버리기

우리 반 알림장에 매일 5~6학년 공동 생활지도 규약을 적는다. 그리고 항상 강조한다.

"이건 우리 반만 지키는 게 아니야. 5~6학년이 다 함께 지키는 거야. 5~6학년 선생님들이 약속했어. 이것만은 꼭 지키기로. 그러니까 우리이 네 가지는 명심하고 잘 지키자."

TMI(투머치인포메이션)이지만, 굳이 아이들에게 덧붙여 강조한다. 우리는 한 학년군이라는 것을 으스대고 뽐내고 싶어 하는 알량한 마음이 담겼다. 5~6학년이 함께한다는 사실은 든든한 친구 같은 거다. 우리는 함께 지도한다. 우리는 하나라는 모종의 자부심과 끈끈함이 있다.

함께 나누기 1

10월. 해밀마을의 입주가 시작되면서 각 반에는 이틀에 한 명꼴로 전학생이 왔다. 전학생이 올 때마다 전입생 꾸러미와 학생 사진 촬영, 교과서 배부, 학부모 연락 등 반복되는 루틴 속에 심신이 지쳐 갔다. 아이들 하교 후에 연구실에는 풀 죽은 파김치가 여럿이었다.

"여러분 힘들죠? 오늘은 교실 이야기를 들어 보고 싶어요. 전입이 점점 늘기도 하고, 그 속에서 각 반은 어떻게 사는지 궁금해요."

"합반 수업하다가, 애들이 많아지면서 분반하니까 가르치는 과목도

늘고 수업 준비하는 시간이 배로 필요해요. 매번 전학 올 때마다 교과서 주고, 기초조사서 주고, 자가진단 등록하고, 학교종이랑 밴드 가입하고 등등 해야 하는 일들이 많아서 처음에는 멘붕이었어요. 이제는 할 만합니다. 동학년 선생님들이 도와주셔서 수월했어요. 반에는 아이 같은 학생도 있고, 쿨한 학생도 있고, 말이 없는 학생, 학습 결손 학생 등 아이들이 정말 다양해요. 그래서 고민들도 많아집니다."

갑작스러운 변화에 나만 어려움을 겪고 있는 것은 아니었다. 전보다 눈에 띄게 바빠진 것은 모두가 경험하고 있었다. 함께 해결책을 모색했다.

"1인 1역을 활용해 보세요. 은근 애들이 서로 잘 챙겨 줘요. 전학생 도우미처럼 역할을 만들면 서로 친해질 수 있는 기회도 되고 좋겠어요."

학급 경영을 하다 보면 자신만의 노하우가 생긴다. 그 노하우를 함께 나누는 장. 군마실에서 들으면 들을수록 피가 되고 살이 되는 노하우가 쌓인다.

서로 다른 진도로 몸살을 앓는 선생님.

"서로 다른 학교에서 전학 오다 보니 교과 진도가 각각 달라서 고민이에요. 처음부터 다시 나가자니 진도의 압박이 생겨요. 조급한 마음이 생기네요."

"저도 진도 걱정이에요. 더불어 전학생이 오니까 금방 어수선해져서 질서 유지 측면에 힘써야겠다는 생각이 드네요. 단체 활동을 할 때 자기가 하고 싶은 대로 하려는 경향이 있는 애가 있어요."

졸업을 준비하는 6학년 선생님.

"6학년은 다른 학년에 비해 전학생이 많지 않아서 아직 분반이 되지는 않았어요. 그런데 애들 한 명 한 명 개성이 강하네요. 6학년 특유의 행사를 준비하기 위해서 토의를 시작했습니다."

전학생에게 눈길이라도 한 번 더 주려는 선생님.

"오늘 청소를 하다가 자리 배치에 대해 고민했어요. 전학생이 올 때마다 뒷자리에 앉아서 못 챙기는 느낌이 드네요. 자리를 바꿔서 친해질 수 있는 기회를 주려고 해요."

통통 튀는 아이들을 걱정하는 선생님.

"반 아이가 활발해서 다칠까 봐 걱정이에요. 너무 활발해서 항상예의 주시하고 있습니다."

"6학년 애들은 선생님을 꼭 닮나 봐요. 활발한 선생님과 활발한 제자네요. 하하."

서로 다른 지역, 학교, 가정환경에서 자란 아이들이 한곳에 모였다. 쉬울 리가 없다. 아이들마다 성향이 다르고, 경험했던 것이 달랐다. 아이들은 무난하지 않았다. 아이들은 통통 튀는 탱탱볼 같다. 교실마다 나름의 이야기가 있다. 어려운 이야기, 뿌듯한 이야기, 행복한 이야기.

학년군 마실에서는 학년군 교실의 이야기를 담는다. 나만 힘든 줄 알았는데 같은 고민을 하는 동료를 만난다. 희로애락을 함께 나눈다. 공감과 위로 그리고 고민과 해결이 이루어지는 곳이다.

함께 나누기 2

스스로 더불어 사는 어린이. 해밀초에서 꿈꾸는 아이들의 모습이다. 스스로 배우고 더불어 나누는 경험은 수업부터 일상생활까지 이루어져야 한다. 그 경험을 수학 수업에 담았다. 일명 스스로 배우고 나누는 스/배/나 수업이다. 쉽게 말하면 수학 동료 교수 수업이다.

해밀초의 수학 수업 시간 오디오의 대부분은 선생님이 아닌 아이들이 채운다. 스스로 공부해 보고 자신이 아는 내용을 다른 친구들에게 설명해 준다. 선생님은 활동을 면밀하게 지켜보며 동료 교수가 잘 일어나는지 확인한다. 또, 부족한 부분에 대한 보충 설명 및 오개념을 바로잡는다.

처음 적용하는 수업 방식이라 초기에는 고민이 많았다. 처음 스/배/나 수업을 했다.

"선생님 시간 좀 더 주시면 안 돼요?"

"선생님 얘가 설명을 못 알아들어요."

첫 수업은 절망적이었다. 아이들은 서로 설명해 주는 것에 익숙하지 못했다. 시간도 부족했다. 시간에 대한 아쉬움이 매우 컸다.

'우리 반은 안 되겠어. 이 방법이 맞는 걸까?'

좌절에서 한동안 헤어 나오지 못했다. 수업을 망친다는 것은 교사의 자존감에 큰 상처를 준다.

'수업을 보완할 수 있는 방법은 없을까? 옆 반, 옆 학년은 어떻게 했을까?'

해결의 실마리를 찾기 위해 학년군 마실에서 함께 나눴다.

"우리 온작품 읽기, 수학또래학습, 해밀박사, 학급자치 등등 학년군 공통 교육활동들을 어떻게 하고 있는지 궁금해요. 특히나 수학또래학습을 해 보니 경험을 나누고 보완해야 할 점들이 있는 것 같아서요."

교실의 고민을 털어놓으며 운을 띄웠다.

스/배/나 수업에 대한 고민은 곳곳에서 이루어지고 있었다.

"모든 차시를 수학또래학습으로 지도해야 할지 고민입니다. 초반에 아이들이 또래학습을 할 때는 혼란스러워했는데, 서로 가르쳐 주는 활동에 익숙해지니, 어느 정도 자리를 잡아 가는 면도 있네요."

항상 모든 단원과 차시에 스/배/나를 적용할 수는 없었다. 어떤 단원은 활동 중심으로 해도 되고, 교사 주도의 설명이 필요할 때도 있다.

"애들마다 내 약점을 보여 주기 싫어하는 학생들이 있잖아요. 그런 애들에게도 효과적일까 하는 의문이 있어요."

서로 나누는 것이 익숙해지지 않은 아이들에 대한 고민을 함께 나눴다.

"내가 못하는 것을 보여 주기 싫어한다는 건 협력하는 교실문화가 아직 자리 잡지 않았기 때문인 것 같아요. 아이들이 배움을 혼자 갖지 않고 나누는 것에 익숙해질 때 협력적인 교실 문화가 자리를 잡을 수 있어요."

내 약점을 내어 주기 싫다는 것은 친구들에게 마음을 온전히 열지 못한다는 것이다. 친구들이 나를 도와줄 수 있는 존재라면, 쉽게 도움을 요청할 수 있다. 협력적 교실문화를 만드는 것이 우리의 첫 번째 관문이었다.

교직 경험이 많은 6학년 선생님은 항상 우리에게 새로운 노하우를 전달해 준다.

"애들한테는 잘하는 레벨의 끝에는 어나더 레벨이 있다고 이야기해요. 배움 나눔의 경지에 이르는 것. 내가 아는 것을 다른 친구들에게 설명할 수 있어야 배움의 경지에 오른 어나더 레벨이라고 할 수 있다고요."

"어나더 레벨, 재미있네요. 저도 애들한테 써먹어야겠어요."

문제를 잘 푼다고 해서 나의 앎의 수준이 최고라고 착각하는 아이들이 있다. 앎의 최고 수준은 나의 앎을 다른 이에게 전이시켜 줄 수 있는 것이다. 5~6학년 아이들에게 앎의 경지에 이르려면 어나더 레벨에 도달해야 한다고 강조한다.

"학력두레에서 나눈 것을 교실에 적용했더니 효과가 있었어요. 아침 시간에 수학 교과서를 볼 시간을 넉넉하게 줘요. 그래서 수업 시작 전에 배움과 나눔 역할을 결정하니, 수업 시간이 부족한 문제를 해결할 수 있었어요."

옆 반 선생님이 준 노하우다.

"오, 좋은데요! 당장 내일부터 적용해 봐야겠어요. 수업 시간이 부족해서 고민이었거든요. 수학 든 날 아침에는 수학 교과서 살펴보면 좋겠네요."

실제로 아침 활동 시간에 수학 교과서를 보니, 아이들은 좀 더 여유롭게 배울 내용을 살펴보고, 이해할 수 있는 시간이 충분했다. 어떤 부분에 친구들의 설명이 필요한지도 알게 됐다. 좌절했던 내 첫 수업에 비해 지금은 꽤나 괜찮아졌다. 해밀초에 수학또래학습이 자리 잡아 갔다. 우리 반 아이들은 모르는 것이 있으면 서로 알려 준다. 스스로 더불어 사는 어린이가 되어 가고 있다.

서로 관심 갖기

학년 살이를 하다 보면, 급식, 진도, 프로젝트 수업, 졸업 등 공유하기에는 작고 소소하지만 뭉치면 커지는 것들이 있다. 동떨어져 살면서 학년 살이를 공유하는 것은 쉽지 않았다. 5~6학년이 함께 진행하는 교육활동이 비교적 적었다. 서로의 삶에 관심 갖지 않을수록, 서로를 모르게 된다. 학년군 마실은 서로의 학년을 알아 가기 위한 자리, 서로의 학년에 관심을 기울이는 그런 자리다.

"5학년 살이와 6학년 살이를 나눠 보면 좋겠어요. 내년의 5~6학년군 교육과정 운영을 위해서라도 서로의 학년의 이야기도 들어 볼 필요가 있습니다. 올해 5학년이더라도 내년에 6학년이 될 수 있으니까요."

각각의 학년에서 살아가는 이야기를 학년군 마실에 담는다.

"5학년은 12월부터 프로젝트 수업으로 기획했던 순우리말 지킴이라는 수업을 하려고 해요. 국어의 우리말 사랑 단원과 미술의 서예 단원의 성취기준을 섞어 새로운 단원을 만들었어요. 수업은 애들이 최대한 많이 전학 왔을 때 시작하려고요."

학년에서 이루어지는 프로젝트 수업.

"12월 9일이 학교 개교 백일이에요. 5학년에서는 3~4교시에는 귤에 감사한 마음을 담아 전달하는 '귤사합니다' 활동을 해요. 5~6교시에는 장기자랑과 학교 산책을 하려고 합니다. 코로나 상황 때문에 다 함께 할지, 각 반에서 할지 미정이에요."

학기 초에 계획했던 학교 백일잔치다.

"6학년은 곧 졸업캠프예요. 오전에는 도서관 앞 뜰에 교목과 교화를 심기로 했고요. 반별 대항 피구를 해요. 오후에는 부스 운영을 해요. 아이들이 직접 기획한 부스를 운영하기로 했어요. 총괄팀, 디자인팀, 홍보팀, 음향팀 등으로 나눠서 6학년 전체 학생들이 참여했어요. 부스 운영하는 데 아이들이 몰릴까 걱정이에요. 혹시나 참여 못한 학생들을 위한 이벤트 부스도 운영합니다. 졸업생에게 축하 메시지를 써 주고 뽑기를 하면 작은 선물을 줘요. 학생 자율적으로 참여할 수 있도록 해 주세요."

6학년의 꽃은 졸업이다. 6학년에서 하는 일에 우리도 관심을 갖는다.

5학년 나름의, 6학년 나름의 삶이 있다. 떨어진 마을의 이야기를 듣고 관심 갖는 곳이 학년군 마실이다. 함께할 순 없어도 함께 나누고 관심을 기울이는 일이 학년군제의 시작이었다.

집단지성의 힘 1

감탄했던 순간이 있다. 마실이라는 말은 친숙하고 편하다. 단지 마실이라는 말로 표현하기에는 부족한 숭고하고 성스러운 느낌이 들었던 순간들이었다. 어느 연수를 가도 이렇게 심도 깊은 이야기를 나눌 수 없다. 한 순간 한 순간이 값진 경험들이었다.

"내년도 사업선택제 중에 연임제와 중임제를 시범 운영해 보는 사업이 있어요. 학년군 교육과정을 운영하는 우리 학교에 딱 어울리는 사업이라, 사업에 대한 생각과 장단점을 함께 이야기해 봅시다."

연못에 작은 돛단배를 띄우듯, 가볍게 초등 연중임제 사업에 대한 개요와 필요성을 이야기했다. 작은 돛단배는 바람을 타고 순항했다.

"연임제는 애들과 쭉 함께 가는 거죠. 애들이 심리적으로 안정되고, 학부모와도 깊은 관계를 형성할 수 있어요. 아이들에 대한 정보가 쌓이니까 아이들 깊은 곳까지 알게 되죠. 다만, 우리 학교 급에서 유지하기에 어려운 면도 있어요. 1학년부터 6학년까지 쭉 함께 가야 하니까요."

"중임제는 한 학년을 쭉 하는 거죠. 같은 내용을 여러 번 가르치니 교육과정 전문가가 될 수 있어요. 학년 교육과정이 안정되기도 하고. 다만, 교사의 시야가 좁아질 수 있죠."

6학년의 교직 경력이 가장 많으신 선생님은 학년군 마실의 사골국 같은 존재다. 사골국을 넣으면 모든 국이 맛있어지는 마법이 일어난다. 선생님의 말 한마디에 5~6학년군 마실의 격이 높아진다. 덕분에 우리는 연중임제에 대한 장단점 너머의 다음 차원을 내다봤다.

"연임제 중임제를 구분해서 생각하지 말고, 하나로 생각해 보는 거 어때요?"

"우리 학년군 체제를 유지하기 위해서 2년에 한 번씩 인사이동을 하기로 했잖아요. 어차피 한번 5~6학년군에 들어오면 2년 동안 군에 속해 있는 거죠. 그 안에서 중임제와 연임제를 모두 실현해 보는 거예요."

2년에 한 번씩 인사이동은 해밀초 선생님들이 모두 합의한 사항이다. 2년에 한 번씩 학년군을 지원하는 것. 그리고 학년군 선생님들의 협의와 군장의 권한으로 학년이 배정된다. 학년군 체제에 연임제와 중임제를 곁들인다? 꽤나 매력적인 대안이었다.

"어떤 선생님은 2021년에 5학년, 2022년에 6학년 담임을 맡으면 연임제가 되고, 다른 선생님은 2021년에 5학년, 2022년에 5학년을 맡으면 중임제가 돼요."

"오, 좋은데요. 한 학년에 끌고 올라오는 선생님이 있으면 애들에 대해서 더 파악이 잘되고, 남아 있는 선생님이 있으면 전년도 교육과정을 말로 설명해 줄 사람이 있는 거니까요."

"부분적 연임제와 중임제, 우리가 생각해 냈네요."

여기저기서 고개를 내저었다. 놀라움이 담긴 고갯짓이다. 짧은 군마실 시간 안에 심도 깊은 이야기를 하다니. 뜻밖의 수확에 5~6학년 선생님들이 더욱 대단해 보였다.

"여기까지 생각할 거라고 예상하지 못했는데. 자랑스럽습니다. 여러분, 5~6학년 클래스 대단하네요."

그날 기획회의에서 의기양양하게 5~6학년 의견을 이야기했다. 처음에는 연임제, 중임제에 대한 교원의 의견 수렴 정도로 시작했다. 예상을 뛰어넘어 우리는 앞으로 해밀의 2년 뒤를 그려 봤다. 제안한 대로, 앞으로 해밀초는 부분적 연·중임제를 학년군제에 녹여 내서 실행하기로 했다. 5~6학년의 집단지성에 감탄스러웠다.

집단지성의 힘 2

11월 말, 평가와 학년 말 생활기록부 정리, 그리고 교육과정 평가회라는 거대한 파도가 몰려오는 시기다. 눈코 뜰 새 없이 바쁜 정신없는 달이다. 목요일, 어김없이 군마실을 했다. 신규 선생님의 고민이었다.

"수행평가를 하다 보니 모두 상이 나오는데요. 어떡하죠? 이러면 도달/미도달로 하는 것이 낫지 않을까요? 삼단척도로 평가하는 의미가 없는 것 같아요. 평가 기준이 너무 낮으면 아이들이 적극적으로 하려고 할지 고민도 들고요."

교육과정 수립, 수업보다 어려운 것이 평가다. 누가 상이고, 누가 중이고, 누가 하냐. 평가할 때마다 항상 고민에 빠진다. 신규 선생님의 한마디에 우리는 평가의 본질적인 문제부터 고민하기 시작했다. 평가를 어떻게 해야 할까?

"선별적 평가관에 근거하여 본다면 상, 중, 하로 평가하는 것이 맞아요. 하지만 국가 수준 교육과정에서는 성장평가관에 근거하고 있어요. 뒤떨어지는 학생이 없도록 만드는 것이 요즘 교육의 추세예요."

6학년 최고참 선생님이 평가의 본질부터 건드린다. 선별적 평가관. 교대 시절의 교육학 책에서나 보던 그런 단어다. 이런 단어를 군마실 때 들을 줄이야. 놀라움에 나도 모르게 선생님의 말에 귀를 쫑긋 귀 기울였다.

"저는 개별화 교육과정과 성장지원중심 평가가 맥이 안 맞는다고 생각해요. 개별화 교육과정에서는 뛰어난 아이는 더 뛰어나도록, 뒤처지는 아이는 그 아이대로 성장하도록 해야 하잖아요. 성장지원중심 평가를 하면 뒤처지는 애들 없이 모두 도달해야 하잖아요. 그걸 위해서 기준을 낮추니까 하향평준화되는 느낌이에요. 개별적으로 도달 수준이 달라야 하는 거 아닐까요?"

5학년의 기둥 같은 선생님이 있다. 평소 말을 많이 하지 않지만, 한 번 하면 핵심을 찌르는 그런 사람이다. 이번에도 핵심을 찌른다. 매번 상이 나오는 이유는 모든 아이들이 뒤처지지 않도록 도달해야 하기 때문에 어느 정도 기준을 낮추는 것 때문이기도 하다.

평가 기준은 단일화되어 있었다. 상의 기준, 중의 기준, 하의 기준은 하나다. 아이들마다 출발점이 다르다면, 목표점이 다른 것이 맞다. 그것은 하향평준화를 막기 위함이요. 나아가 모든 아이들이 제 속도대로 성장하기 위함이다. 앞으로 해결해야 할 과제가 또 생겼다.

"내년에 학년군에서 평가의 방식을 논의해 볼 필요가 있겠네요. 개별화 교육과정 실현을 위한 평가로 변화가 필요해 보여요. 두세 개의 그룹으로 나눠서 그룹마다 성취 도달 기준을 다르게 하면 보완이 될 것 같아요."

"갈 길이 머네요…."

평가에 대한 작은 고민에서 시작해 선별적 평가관, 성장중심 평가관, 개별화 교육과정까지 나왔다. 단순한 교실 이야기 나눔부터 숭고한 평가에 대한 교육적 철학 고민까지. 학년군에서 보고 듣고 배울 수 있는 것이 많았다. 한 번 더 5~6학년의 집단지성에 감탄스러웠다.

군장
마실

기획회의가 끝나면 교장 선생님과 학년 군장 3명이 모여 군장 마실을 한다. 군장 마실은 당장 눈앞의 것을 결정하기 위한 것이 아니다. 보통 멀리 내다보는 회의다. 내년의 학년군 교육과정 운영, 예산의 종류와 방법, 햇살 교육 프로젝트의 목적과 구조 그리고 장단점 등을 다룬다.

"그…. 학년 군장이 정확히 무엇을 해야 할까요?"

1~2학년 군장이 말했다. 내 마음에서 나온 말인 듯 공감 간다. 내가 고민했던 것을 다른 이들도 하고 있었다.

"학년 팀장과 학년 군장 사이의 역할이 명확히 구분될 필요가 있어요."

질문에 대한 답은 찾기 어려웠다. 역할을 구분해야겠다는 필요성을 절실히 느끼게 될 뿐이었다.

"올해는 과도기적인 면이 있지요. 장기적으로 햇살 교육 프로젝트가 시작되면, 학년 군장은 햇살 교육 프로젝트를 맡게 되겠지요."

각자 학년군에서 고민해 왔던, 애매하다고 생각했던 부분에 대한 공감이 터져 나왔다. 각자의 삶 속에서 자신의 존재와 역할에 대해 쉽게 결정짓지 못한 것은 세 군장 모두 마찬가지였다.

잘 부탁해요
해밀

학교에는 업무분장표가 있다. 학교의 모든 업무를 분담하는 것이다. 그래서 초임 교사 때 나의 업무는 방송과 스마트 기기 관리였다. 4년차 때는 과학 전반 업무와 두드림 학교 운영을 맡았다. 명확하게 구분되는 업무 분장 속에서 살아왔다. 6개월짜리 군장인 내가 맡았던 업무 분담은 5~6학년군 교육과정 운영이었다. 물음표가 가능한 애매모호한 업무 분장이다.

2021년 1월, 한 학년을 마무리하는 시기다. 폭설이 왔다. 창밖을 내다보면 이것이 겨울왕국이구나 느낄 정도로 많이 왔다. 학교에 출근해 주차장에서 내리면, 제설작업을 해 놓은 길을 따라 걷는다. 종업하는 마지막 날, 발자국 하나 없는 하얀 눈 위에 발자국을 남기고 싶었다. 뽀드득하며, 내 신발 자국이 선명하게 남는다. 처음 군장을 지원해 볼 때는 그런 마음이었다. 어떤 소리가 날까? 어떤 촉감일까? 내 발자국 모양은 어떨까? 깊은 고뇌와 굳은 의지보다는 '한번 해 볼까?' 하는 호기심 어린 마음이었다.

발자국 없는 하얀 설원에 발을 들이기 시작했다. 신발에 눈이 덕지덕지 달라붙는다. 신발이 젖는다. 발가락은 시리고 점점 감각이 없어진다. 그럼 이내 발들인 나를 원망하기도 한다. 섣부른 호기심에 눈밭에 발 들인 것을 후회하기도 하고, 남들이 잘 터놓은 길로 되돌아간다.

수능을 대비하려면 기출문제를 풀어 보고, 대학 면접을 볼 때면 예상문제와 기출문제로 연습해 보고, 임용고시를 볼 때도 수많은 문제와 기출문제를 풀었다. 과거의 발자국대로 따라가면 중간이라도 가기 때문이다. 그동안 남들이 해 보지 않은 미지의 영역을 도전한 경험은 전무했다. 내가 알고 있던 것보다 훨씬 안정된 삶을 좋아하는 사람이었다. 실패는 두렵고 받아들이기 힘들다. 5~6학년 교육과정 운영이라는 업무는 따라갈 만한 과거의 발자국이 없었다. 그래서 작은 한 걸음도 망설였고, 확신이 없었다.

앞으로 기대한다. 멋진 길을 터 줄 수 있는 다음 사람에게 키를 넘겨주고 응원해 줄 거다. 뒤이어 올 학년 군장에게 부탁하고 싶다. 아무도 발 들이지 않은 하얀 설원에 멋진 발자국을 남기는 것을 응원한다. 해밀에서 학년군 교육과정이 정착되기를, 해밀이 꿈꾸는 햇살 멋진 로드맵을 실현해 내기를. 그리고 학년 군장이 무엇을 해야 하는지를.

해밀에서
앞으로

초임 발령은 충남 천안의 30학급 규모의 초등학교였다. 매주 월요일은 직원회의를 한다. 교무실의 긴 테이블에 학년끼리 앉고 상석에는 교장, 교감, 교무부장이 앉는다. 업무부장이 이야기하면, 다른 사람들은 가만히 듣거나 교무 수첩에 기록한다. 가장 흔한 전달식 회의다. 신규 교사인 나는 열심히 회의를 들었다. 교무 수첩을 빼곡하게 채워 쓰며.

세종으로 지역을 옮기면서 의도치 않게 6학급 규모의 작은 학교에 발령이 났다. 2층짜리 작은 건물에 모든 학년 교실이 모여 있다. 직원회의도 테이블 한둘이면 된다. 그때도 교장 선생님이 상석이긴 했지만. 여기서는 말을 안 할 수 없었다. 오디오를 누군가는 채워야 하니까. 40명이 참여하는 회의에 참석할 때와 달리 8명이 참여하는 회의에서는 적극적으로 의견을 내야만 회의가 진행됐다. 나의 잠재력을 그때 깨달았다. 이렇게 회의에서 내 생각을 이야기하는 사람이었구나. 나는 잘 듣기보다 말하는 것을 좋아하는 사람이었다.

학년 군장의 말 한마디 행동 하나는 가볍지 않았다. 물먹은 솜처럼 말 하나 행동 하나가 무거웠다. 아무도 시도해 보지 못한 영역을 쉽사리 도전하는 것은 어려운 일이었다. 다음 해를 고민하는 인사 시즌 12월. 학년 군장처럼 무겁고 중한 자리는 사양이었다. 그렇다고 초임 발령 때의 나처럼 학교에서 수동적인 존재가 되고 싶지는 않았다. 누군가를 이끌어 주고 도와주고 능동적으로 톡톡 튀는 학교생활을 하고 싶었다. 2021년 열심 종자는 3학년 팀장에 도전한다.

해밀초가 특별한 이유는 무엇일까. 처음에는 해밀초의 근사한 건물만이 생각나서 특별함이 공간에서 오는 것인 줄 알았다. 나를 외부에 두고 판단한 특별함이었기에 해밀초는 특별하고 난 그렇지 않았다. 그래서 감히 손댈 수 없었다. 하지만, 공간은 비어 있지 않고 사람으로 가득 차 있다. 어쩌면 특별함은 공간이 아니라 그 안의 사람들로부터 생기는 게 아닐까. 그러고 보면 해밀초에 와서 내가 찾은 특별한 순간에는 늘 학교 사람들이 있었다.

교사 수련기

태동민

신규 교사,
책임감

자리가 사람을 만든다. 사람이 어떤 직위에 있게 되면 그에 어울리는 모습으로 변하기 마련이다. 나는 선생님이라고 부르기에는 어설프고 부족한 사람이었다. 그러나 일 년간 교사로 근무하며 지금은 꽤나 선생님 같아 보이게 되었다. 그 과정을 떠올려 보면 정말 교사라는 자리가 지금의 나를 만들었다.

대학을 졸업하고 갑작스럽게 교사가 되었다. 교사가 되는 어떤 의식이라도 있을 것이라고 생각했는데, 정말 동전을 뒤집듯이 학생에서 교사로 역할이 뒤집혔다. 십수 년을 책상에 앉아 수업을 들어 왔는데 이제부터 칠판 앞에서 수업을 해야 하다니. 너무 큰 반전이었다.

마음의 준비를 하기도 전에 3월에 덜컥 교단에 서게 되었다. 처음 교실에 들어간 날, 겉모습만 선생님인 애송이는 서른 명의 아이들 앞에서 안절부절 어찌할 바를 몰랐다. 발령 나기 전 대학 선배들에게서 학교에 대한 조언을 잔뜩 듣고 몇 가지 작전을 짜 놓았지만, 막상 아이들을 만나 보니 머릿속이 백지가 되었다. 그러거나 말거나 육십 개의 눈동자는 깜빡깜빡 내가 말할 때까지 가만히 나를 바라만 보고 있었다. 마치 내가 말하는 걸 한 개도 놓치지 않으려는 것처럼.

"반갑습니다. 여러분의 담임교사를 맡게 된⋯."

소개 이후 아무 기억이 없다.

임명장을 받고 아이들을 맞이한 3월, 가장 먼저 느낀 감정은 책임 감이었다. 아이들과 그날 처음 만났지만, 담임교사라는 이유만으로 이 미 아이들에게 강한 영향력을 끼치는 사람이 되어 있었다. 내가 이 서 른 명의 아이들을 1년간 책임지게 되었음을 실감했다. 책임이라니.

그동안 나는 나를 제외한 누구도 책임져 본 적이 없었다. 그래서 그 때 느꼈던 책임감이 낯설었다. 그럼에도 불구하고 그 책임감을 동력 삼아 선생님에 어울리는 모습으로 바뀌고자 했다. 아이들이 당연하다 는 듯 나를 믿으며 기다리고 있었기 때문이다.

역량
부족

"딩동댕동."

수업을 마치는 종이 울렸다. 아직 하고 싶은 말이 많았지만, 아이들 의 야유에 어쩔 수 없이 수업을 끝냈다. 책상 위에 펼쳐진 교과서를 둘 러보니 30권 중 5권에는 배운 내용 대신 낙서가 가득했다. 5명은 수업 에서 제대로 배우지 못했다는 뜻이다. 오늘 가르친 것은 6학년이 되기 전에 꼭 배워야 하는 것이다. 수업 진도가 잔뜩 밀려 있기 때문에, 5명 을 위해 똑같은 수업을 다시 할 수는 없다. 그래서 하교 시간에 5명을 불러 모아 개별로 지도했다. 3학년, 4학년 때부터 모르는 것이 너무 많아서 어디서부터 가르쳐야 할지 알 수 없었다. 아마 내가 제대로 가르치기를 포기한다면 이 아이들은 공부에 흥미를 완전히 잃어버리겠지. 어쩌면 오늘 수업 내용을 평생 모르고 살아갈 수도 있다. 그러다 보니 그 당시에는 내 수업에 아이의 인생이 걸려 있다는 엉뚱한 생각을 하게 되었다.

날마다 반복되는 6교시의 수업은 누군가에게는 지루하지만 다른 누군가에게는 인생에 한 번뿐인 귀중한 배움이 될 수 있다. 그래서 아무렇게나 준비하고 싶지 않았다. 내가 할 수 있는 가장 완벽한 수업으로 아이들을 가르치고 싶었다. 퇴근 후에도 시간을 내어 수업을 꼼꼼히 준비하고, 작은 실수도 하지 않으려고 잔뜩 긴장했다. 그렇게 준비했는데도 하품하거나 고개를 갸우뚱하는 학생이 보였고 그럴 때마다 당황하여 등에 식은땀이 흘렀다. 노력한다고 항상 그에 맞는 결과를 얻을 수는 없었다. 수업이 만족스럽게 성공할 때도 있었지만, 실패할 때가 더 많았다.

수업했던 교과를 평가한 날, 많은 학생이 평가 기준에 도달하지 못했다는 걸 깨달았다. '모른다', '모름'이라고 쓰고, 심지어 백지도 있었다. 처음에는 당황스럽고 화가 났지만, 곧 수업을 잘못한 내 탓이라는 걸 깨달았다. 내가 아이들 인생을 망치고 있다는 생각에 머리가 아팠다.

서른 명의 아이들을 처음 만난 날, 아이들을 책임지겠다고 결심했고, 내가 돌보는 동안 조금이라도 성장시키려 했다. 하지만 교사의 기본기인 수업조차 제대로 못하고 있었다. 내가 되고 싶었던 선생님의 모습은 이런 게 아니었다. 아이들을 가르치기에 내 역량이 부족하다고 느꼈다. 노력한다고 부족한 부분을 채울 수 있을지 알 수 없었지만, 책임감을 느끼며 어떻게든 해내야 했다. 그날부터 학교에 남아 수업을 준비하는 시간이 점점 길어졌다.

학교에 오래 남아 있다고 문제가 해결되는 게 아니란 걸 알았지만, 그래도 학교에 남았다. 해결되지 않는 문제를 붙잡고 있기만 해도 안심이 되었기 때문이다. 최소한 노력은 했다는 나만의 자기만족이었다. 시간 낭비였지만 마음속에 커져 있는 불안감과 걱정을 줄이는 데는 도움이 됐다. 아이들을 잘 가르치기 위해서 학교에 남았던 처음과 달리, 교사로서 제 역할을 못할까 봐 초조하고 불안해서 학교에 남아 있었다. 어느새 날 이끄는 감정은 책임감이 아닌 불안감이 되어 있었다. 그 감정은 책임감보다 더 강하게 등을 떠밀었다. 덕분에 뛸 수 있었지만, 금방이라도 넘어질 듯 아슬아슬했다.

언터처블
해밀초

'걔는 일복도 많다.' 지인이 혁신학교에 발령받았을 때, 친구들은 이렇게 이야기하고는 했다. 그때 혁신학교가 무엇인지는 자세히 몰랐지만, 소문으로 짐작하자면, 일도 많고 고생스러운 곳일 것 같았다. 그래서 일머리가 없는 나와는 맞지 않는 곳이라고 어렴풋이 생각하고 있었다. 그리고 2020년, 예비 혁신학교 해밀초로 발령을 받았다. 주변에서는 혁신학교도 모자라서 막 개교한 학교라니 큰일 났다고 장난스럽게 겁을 주었다. 평범한 학교에서도 교사로서 1인분을 간신히 하고 있었던 나는 해밀초 발령에 걱정이 태산처럼 쌓였다. '내가 잘할 수 있을까?'

해밀초는 특별한 학교였다. 스머프 학교라는 별명대로 낮은 건물.

모든 건물이 합쳐져 미로처럼 넓은 1층. 언제든 뛰어나와 놀 수 있는 2층의 해밀이 놀이터.

맨발로 들어가는 교실. 교실 안의 다락. 정원과 학교를 연결하는 폴딩 도어. 뾰족하고 높은 교실의 천장. 투명한 벽. 책 놀이터.

'이 학교 뭐지?' '왜 이렇게 지어진 걸까?' '여기서 어떤 사건이 벌어질까?' 흥미로운 모습에 재미난 상상들이 머릿속을 가득 채웠다. 남다르게 특별한 건물 덕분에 이 학교가 새롭고 특별한 학교가 될 것 같은 강한 직감을 느꼈다. 새로운 학교! 무엇이든 될 수 있을 것 같은 그 가능성이 사람들에게 설렘을 주었다. 교사, 학생, 학부모뿐 아니라 학교 안팎의 많은 이들이 학교에 '도전', '시작', '전환점'이라는 의미를 부여하며 기대를 걸고 있었다.

개교를 준비하며 모든 게 바쁘게 움직였다. 교문이 서고, 등굣길이 들어오고, 교실에는 책걸상이 채워졌다. 공사장 같던 공간이 이제 학교처럼 모양새를 갖추었다. 많은 이들이 노력을 쏟은 덕분에 9월 1일 무사히 개교할 수 있었다. 앞으로 학교에서 생활하는 데 도움이 될 것 같아서 온라인 공유 드라이브에 업로드된 회의록을 찾아 읽어 보았다. 내가 학교에 오기 전부터 개교를 준비한 선생님들이 쓴 회의록이었다. 유용한 정보와 함께 여러 선생님의 노력과 고민의 흔적이 남아 있었다. 학교를 개교하는 데 이렇게 생각하고, 준비할 게 많았다니.

근사한 건물, 책상, 사무용품, 사람들까지 학교에서 만난 모든 것이 새것이라서 아이처럼 기분이 들떴지만, 해밀초에 담긴 사람들의 기대와 노력을 생각하면 해밀초를 대하기가 어려웠다. 평범한 내가 손대기에는 너무 특별한 학교였다.

곁에서 바라만 보고 싶은 마음이었지만, 혁신학교가 제대로 기능하려면 나 역시 학교의 구성원으로서 학교 회의에 적극적으로 참여해야 했다. 평범한 학교라면 회의 시간에 주로 지시받고 전달받으니, 이제 막 신규 교사인 내가 학교에 어떠한 영향을 줄 것이라고 생각하지도 않았을 것이다. 그러나 해밀초는 신규 교사에게 의견을 말할 기회를 주고 경청했다. 내 생각을 말해야 하는 걸 알면서도 말문이 떨어지지 않았다. 나보다 경력이 많은 교사 앞에서 의견을 말하는 게 익숙하지 않고, 허무맹랑한 의견을 낼까 봐 부끄러운 마음도 있었지만, 만에하나 내 의견이 받아들여져서 특별한 해밀초를 망치게 될까 봐 걱정스러웠다. 누군가는 해밀초에서 많은 기회를 얻을 수 있을 거라며 나를 격려했지만, 주어진 기회가 부담스러웠다. 학교에 도움이 되는 의견을 내려면 실력을 기를 시간이 필요했다. 회의에서 목소리를 내는 건 그다음 순서로 미루고 싶었다.

어린 시절, 붓을 든 채 도화지를 가만히 보고만 있었던 기억이 있다. 난 색칠하는 것을 두려워했다. 여태 잘 그려 놓은 밑그림을 항상 망쳐 버렸기 때문이다.

"색칠을 잘못하면 어쩌지…."

해밀초라는 하얗고 커다란 도화지 앞에서 나는 우물쭈물하며 딱딱하게 굳어 있었다.

스스로 배우는 어린이

학생자치가 중요한 것은 알고 있었다. 학생은 교육의 3주체 중 하나이기 때문이다. 하지만 아직 미성숙한 아이들에게 중요한 의사결정을 맡겨도 될지 고민이 되었다. 비슷한 고민을 하는 선생님들이 뭉쳐 학생자치 연구 전학공을 만들었다. 학생자치의 다양한 사례를 조사하고 생각을 나누었다. 성공 사례들을 살펴보며 해 볼 만하겠다고 생각하던 때에 학생자치를 경험할 기회가 찾아왔다. 5학년 선생님들과 함께 5학년 학생이 다 모이는 회의, 5학년 다모임을 열게 되었다. 학년의 교육활동에 관해 아이들의 의견을 조사했는데 제법 훌륭한 아이디어들이 나왔다. 교사가 준비를 잘해 놓으니 아이들도 잘 따라왔다.

"어떤 활동을 할까요?"

"어떻게 해결하면 좋을까요?"

"수업 방식이 바뀌었는데 어떻게 생각해요?"

학생자치에 관심을 갖게 된 이후부터, 아이들의 의견을 묻는 게 조금씩 자연스러워졌다. 학생자치라는 게 어렵고 거창한 게 아니라는 생각이 들었고 학급에 적용할 준비가 되었다고 생각하여 학급 다모임을 열었다.

"다음 주에는 1학년 동생들과 처음으로 어깨동무 활동을 하기로 했죠? 어떤 활동을 하면 좋을까요?"

예전 같았으면 혼자서 정했을 문제지만 이번엔 아이들과 함께 정해 보기로 했다. 먼저 무엇을 하고 싶은지 아이들의 의견을 모으고 '동생들도 즐겁게 할 수 있는가?' '첫 만남에서 하기 좋은가?'의 물음을 기준으로 적합한 활동을 함께 정했다. '텔레파시 놀이', '단어와 그림 짝짓기' 등 기대 이상으로 반짝이는 아이디어가 많이 나왔다.

나는 학생자치를 믿지 않았다. 학생을 믿지 못했기 때문이다. 아이들에게 주도권을 쥐어 주고 자유롭게 풀어 주면 끔찍한 일이 벌어질 것 같았다. 하지만 교사가 방향을 제시하고 필요한 도움을 주면 아이들도 중요한 의사결정을 해낼 수 있었다. 자신의 의견을 내며 주체적으로 참여하는 아이들이 기특했다. 어른인 내가 없으면 혼자 힘으로는 아무것도 할 수 없다고 믿었는데, 내가 아이들을 과소평가하고 있었나 보다. 여태까지는 맨 앞에서 이끌어 가기 바빠서 아이들의 목소리에 귀 기울이지 않았지만, 아이들은 스스로 할 수 있는 능력이 있었다. 돌이켜 보면 나도 초등학생 때 스스로 배우는 순간이 있었다.

초등학교 4학년 때, 선생님은 100점 맞는 학생들에게 아이스크림을 사 주었다. 반올림이 어려워서 3학년부터 공부에 잠시 손을 떼고 있었지만, 아이스크림이 먹고 싶어서 시험 준비를 열심히 했다. 시험을 보니 90점을 맞다. 60점에서 90점까지 올랐으니 잘한 거지만, 100점이 아니기에 의미 없는 점수였다. 항상 100점을 맞는 반장은 또다시

100점을 맞았고 아이스크림은 그 아이 차지가 될 예정이었다. 그때 반 아이 한 명이 손을 들었다.

"선생님 이번에는 성적이 가장 많이 오른 사람에게 아이스크림을 주는 게 어때요?"

선생님은 100점 맞은 반장이 아니라 성적이 가장 많이 오른 나에게 아이스크림을 건넸다. 이는 내 삶을 뒤흔든 사건이었다. 100점이 아니라 90점이 칭찬을 받은 그 짜릿한 순간에 노력의 가치를 배웠다. 인생에 귀중한 배움은 선생님의 수업이나 교과서에서만 나오는 게 아니었다.

교사만이 아이를 성장시킬 수 있다고 착각했다. 그래서 책임지고 아이를 성장시키려고 했다. 하지만 이것은 오만한 생각이었다. 어린 시절의 내가 그랬던 것처럼 아이는 스스로 자란다. 교사가 의도하지 않아도 배움은 일어난다.

아이가 스스로 할 수 있는 것까지 내가 전부 책임지려고 했구나.

아이의 성장을 믿지 않고 제멋대로 판단했구나.

완벽한 것만 주고 싶다며 아이들의 생각을 통제하고 내 방식을 강요했구나.

그래, 나는 책임감이 강한 게 아니라 아이들을 전혀 믿지 않았던 거구나.

나를 괴롭히던 것은 부족한 역량이 아니라 불신으로 가득 찬 책임감이었다.

아이를 믿고 책임감을 덜어 내니 비로소 홀가분해졌다. 그제야 수학 공식과 교과서에 가려져 있던 아이들이 제대로 보였다.

앞으로는 아이가 문제에 부딪혔을 때, 제멋대로 해결책을 정하고 지시하는 게 아니라 아이의 생각을 먼저 들어 볼 것이다. 나 없으면 아무엇도 못하는 아이가 아니라 내가 조금만 도움을 주면 무엇이든 해낼 수 있는 아이이기 때문이다.

6교시에 책 놀이터에 가기로 했는데 작은 문제가 생겼다. 푹신한 의자가 몇 개 있는데 그것을 두고 서로 싸울까 봐 걱정된다는 의견이 나온 것이다. 예전 같았으면 싸움을 미리 예방하기 위해 내가 나서서 푹신한 의자를 아예 금지하거나, 돌아가면서 앉을 수 있게 순서를 정해 줬을 것이다. 아이들과 문제를 해결하기 위한 방안을 찾던 중 한 아이가 말했다.

"선생님. 저희 1학년도 아니고 5학년이에요. 그 정도는 알아서 할 수 있지 않을까요?"

기특해서 웃음이 나왔다.

"여러분, 정말 그래요?"

다들 믿어 달라는 강력한 눈빛을 보낸다.

"좋아요. 믿겠습니다. 당장 출발합시다."

더불어 살아가는
교사

막 발령을 받았을 때 주위를 둘러보면 훌륭한 선생님만 눈에 보였다. 나만 역량이 부족한 것 같아서 부끄러웠다. 그래서 학습지도나 생활지도에서 어려움이 있을 때 다른 사람에게 의지하지 않고 문제를 혼자 해결하려 했다. 무능한 모습을 남에게 들키는 것보다 차라리 혼자서 고생하는 게 나았다. 교실에 홀로 남아 머리를 싸매고 있을 때 걱정하는 선생님들이 도움을 주러 다가왔지만 괜찮은 척하며 굳이 도움을 받지 않았다. 그러다 보니 필요한 순간에도 다른 사람의 도움을 받지 못하는 사람이 되어 버렸다. 혼자 하는 게 익숙해지다 보니 혼자 힘으로 못하는 건 안 하게 되었다. 다른 사람의 도움을 받으면 충분히 할 수 있는데도 말이다. 세상에는 혼자서 할 수 있는 일보다 혼자서는 할 수 없는 일이 더 많다. 함께, 같이 하면 혼자서는 못하는 멋진 일들을 할 수 있다. 그리고 더불어 살아가려면 도움을 받을 줄도 알아야 한다.

학력두레에서 해밀초의 학력을 정하는 날이었다. 일단 회의에 열심히 참여하기는 했지만, 의견을 내면서도 아무것도 모르는 내가 이렇게 중요한 걸 정하는 데 의견을 보태도 될지 의문이 들었다. 어쩌다 내 의견이 칠판에 쓰이기는 했지만 아무리 봐도 어설펐다. 어쩌면 신규 교사의 의견을 묵살하기가 미안해서 쓰인 게 아닐까? 이대로 해밀초 학력에 반영된다면 언젠가 시한폭탄처럼 터져서 일을 낼 것 같았다.

"이 부분을 살짝 고치면 어때요?"

고민하던 게 무색하게 학력두레 선생님들은 내 의견을 진지하게 살피고 어설픈 문장에 살을 붙여 주어 그럴듯하게 만들어 주었다. 학년군 회의에 두레에서 정한 학력을 전달했을 때는 조금 더 용기를 내 보았다. 내 의도가 무엇인지 무엇을 고치고 싶은지 말했다. 학년군 선생님들의 의견까지 더하니 어느새 근사한 학력이 되었다. 도움을 주는 선생님들이 참 든든하고 고마웠다. 아직 불완전한 내 의견도 함께 고민하며 받아들여지는 과정에서 확신했다. 혼자서는 할 수 없다고 생각했지만, 선생님들의 도움을 받으면 나도 할 수 있구나.

처음에는 내게 주어진 기회가 부담스러웠다. 내 역량이 부족하여 감당할 수 없다고 생각했기 때문이다. 부족한 역량을 선생님들 도움으로 채울 수 있다는 걸 알게 된 지금은 주어진 기회가 고맙다.

처음부터 잘하는 사람이 어디에 있겠는가. 사람은 나비로 변하는 애벌레와 달리 완전 탈바꿈을 하지 않는다. 한순간에 원하는 모습으로 변하는 것이 아니라 천천히 변하는 것이니 조급해할 필요 없다. 도움받는 것을 부끄러워하지 않아도 된다. 서로 도움을 주고받는 건 서로에게 민폐를 끼치는 게 아니다. 도움을 주고받으며 공동체의 결속은 더 강해진다. 이제 열심히 도움받을 생각이다. 그리고 나도 선생님들에게 힘이 되어 주고 싶다.

특별함은
어디에서 올까?

해밀초가 특별한 이유는 무엇일까. 처음에는 해밀초의 근사한 건물만이 생각나서 특별함이 공간에서 오는 것인 줄 알았다. 나를 외부에 두고 판단한 특별함이었기에 해밀초는 특별하고 난 그렇지 않았다. 그래서 감히 손댈 수 없었다. 하지만, 공간은 비어 있지 않고 사람으로 가득 차 있다. 어쩌면 특별함은 공간이 아니라 그 안의 사람들로부터 생기는 게 아닐까. 그리고 보면 해밀초에 와서 내가 찾은 특별한 순간에는 늘 학교 사람들이 있었다.

5~6학년군 회의를 위해서 6학년 교실에 갔다가 칠판에 붙어 있는 멋진 문구를 보았다.

'나의 자부심, 나의 보물, 6학년 OO반.'

짧은 문구였지만, 그것만으로 선생님이 어떤 사람인지, 평소에 학생들을 어떻게 대하는지 짐작할 수 있을 정도로 강렬했다. 아이들을 얼마나 사랑하고 신뢰하기에 그런 단어가 떠오르는 걸까? 나는 과연 진심을 다하여 아이들을 사랑하고 신뢰하고 있는지 반성하게 되었다. 이 교실의 아이들은 사랑받는다고 느끼며 행복한 마음으로 학교에 올 것이다. 우리 반 아이들도 그런 마음으로 학교에 왔으면 좋겠다는 생각이 들었고, 당장 내일이라도 그런 교사가 되어야겠다고 결심했다. 아이들에게 빨리 나의 각오를 알리고 싶어서 서둘러 교실로 돌아왔다. 같은 문구를 쓰고 파스텔을 꺼내 비슷하게 색칠하다가 이내 그만두었다. 교실 앞에 같은 문구를 붙여 둔다고, 내가 그 마음까지 쉽게 흉내 낼 수 있는 것은 아니다. 당장 붙여 두기에는 아무래도 양심에 찔렸다. 내일부터라도 아낌없이 '고맙다', '자랑스럽다', '믿는다'라고 아이들에게 말해 주어야겠다. 진심을 담아 쓸 수 있을 때까지 문구는 아껴 두기로 마음먹고, 서랍에 넣어 두었다.

학교에서 매일 만나는 사람들은 늘 배울 점을 보여 준다.

아이들을 사랑하고 신뢰하는 선생님.

함께 도전하자고 제안하는 선생님.

교실 문을 열고 도움이 필요한지 물어보는 선생님.

학교에 대한 비전을 이야기하는 선생님.

신규인데도 적극적으로 도전하는 선생님.

눈코 뜰 새 없이 바쁜데도 따뜻하게 조언하고 격려하는 선생님.

예상하지 못한 큰 성장을 보이는 아이들.

특별한 사람들은 나를 신뢰해 주고 함께하자고 제안해 주며 내가 스스로를 특별한 사람이라고 느끼게 해 준다. 그들 덕분에 나도 특별해졌다.

학교를 대할 때, 지나치게 완벽함을 추구하면 준비할 게 너무 많아 결국 아무것도 이룰 수 없다. 무언가를 이루고 싶다면 지금 바로 시작해야 한다.

"아직 준비가 안 되었다. 준비할 시간이 조금 더 필요하다."

매번 도전을 미루었을 때 했던 말이다. 그리고 기회를 놓치며 했던 말이다. 일단 부딪힐 수밖에 없다. 준비라는 건 원래 아무리 해도 모자란 것이기 때문이다.

12월 이른 아침 해밀이 놀이터에 하얀 눈밭이 펼쳐져 있다. 아직 아무도 밟지 않은 깨끗한 눈밭. '뽀득뽀득' 아무 생각 없이 가장 먼저 발자국을 남긴다. 이제 해밀초는 나에게 색칠하기 두려운 도화지가 아니다. 뒷일은 제쳐두고 발자국을 남기고 싶은 눈밭이다. 서툴러도 해밀초의 특별한 사람들과 함께 눈밭 위에서 열심히 걷고 싶다. 눈밭 위에서 바쁘게 움직이다 보면 어설픈 발자취가 모여 어느새 한 폭의 예술 작품처럼 보이지 않을까?

100일째 되던 날

1교시 수업을 하던 중 복도에서 누군가가 나를 부른다. 오늘도 전학생이 왔나 보다. 전학생은 신발 앞꿈치로 바닥을 살살 긁으며 쭈뼛쭈뼛 서 있다. 낯선 학교로 전학 와서 새로운 친구들을 만나려니 긴장한 것이 분명하다. 하지만 다행히도 5학년 나리반은 전학생을 환영하는 분야에서는 이미 베테랑이다.

"여러분 전학생이 왔습니다!"

긴장한 아이 앞으로 아이들이 순식간에 달려간다.

"와! 전학생이다!"

수업 중인 것은 깜빡 잊었는지 전학생을 둘러싸고 손뼉을 치며 즐거워한다. 전학 온 아이도 당황스럽지만 환영하는 분위기가 싫진 않은 듯 살며시 웃는다. 전학생 출신이라서 전학생의 마음을 이해하는 걸까? 아이들이 전학생을 따스하게 반겨 주는 모습이 대견하다.

올해는 전교생이 모두 전학생인 특별한 해였다. 서로에 대한 배경지식이 없다 보니 지금 모습만으로 서로를 바라보고 존중한다. 작년부터 친하던 친구가 없으니 다 같이 친구가 되려 한다. 전학 온 친구가 학급에 잘 적응할 수 있도록 돕는다. 전학생 출신끼리 만들어 낸 학교 분위기가 제법이다. 이 따스한 분위기는 앞으로도 이어지며 해밀초의 분위기로 자리 잡을 것이다.

개교한 지 100일째 되는 날, 아이들에게 물었다.

"우리 학교가 태어난 지 100일이 되었어요. 지금까지 학교의 모습은 어떤가요?"

첫해 해밀초의 모습은 누가 뭐래도 우리의 모습이다. 지금의 해밀초가 자랑스럽다면 그것은 학교를 채우는 우리가 잘해 준 덕분이다.

"앞으로 어떤 학교가 되길 바라고 있나요? 그러기 위해 나는 어떤 사람이 되고 싶나요?"

아이들이 각자의 다짐을 적어 칠판에 붙인다. 아이들의 다짐에는 내가 꿈꾸는 학교, 내가 꿈꾸는 사람들이 쓰여 있다. 그런 사람을 만나려면 내가 먼저 그런 사람이 되어야 한다.

내년에도 수련은 이어진다. 좋은 선생님, 좋은 사람이 되기 위해서다. 특별한 사람들과 함께이기에 그 수련이 두렵지 않고 기대된다.

해밀초등학교는 내가 세종에서 본 수많은 학교들과 구조적인 면에서 현저히 달랐다. 여섯 개의 동이 저마다 존재감을 내뿜으며 각자의 마당이나 정원을 품고 있는 구조. 본질적으로 새로운 학교가 탄생하겠구나, 직감했다. 아직 공사 중인 건물들을 돌아보면서 '이쪽 정원은 어떤 콘셉트로 꾸미면 좋을지'에 대한 이야기가 해밀 선생님들 사이에서 재잘재잘 오갔다. 그 장면을 보며 괜히 입꼬리가 올라갔다. 앞으로 해밀초가 '선생님들과 해밀 아이들이 자신의 공간을 꾸준히 돌보며 사랑할 수 있는 학교'가 될 것 같았다. 그런 행복한 미래를 잠시 엿보았고, 준비하고 있다.

걸어서 해밀 속으로

전유진

바라봐 주기,
기다려 주기,
그리고

TF팀에 있을 때 1정 연수를 받으며 쓴 글

　주변에서 '매너리즘이 올 즈음 1정 연수를 받고 잘 극복했다, 많이 성장했다'는 식의 이야기를 들어 왔다. 그러다 보니 나도 1정 연수를 받으면서 재탄생해야 할 것 같은 기분이 든다. 짧게나마 시간을 내어 '교직생활을 하면서 내 안에서 어떤 변화가 일어나고 있는지' 살펴봤다. 그중에 정말 의외였던 건, 내가 '작고 약한 것'에 관심을 갖기 시작했다는 것이다. 아마 상추에서 시작된 것 같다.

　2017년에 힘든 일을 겪었다. 쉽게 털어 낼 수 없었다. 어떤 사람도 만나고 싶지 않았지만 그럴 수도 없었다. 그래서 속으로 더 곪아 가던 날이었다. 그날도 일부러 인적이 드문 이른 시간에 출근을 하고 있었다. 주차장에서 교실로 올라오는 길, 중앙 화단에 있는 상추가 갑자기 눈에 들어왔다. 우리 반이 긴 화분에 가꾸고 있는 상추였다. 평소에도 성실하게 돌보긴 했다. 그런데 그날은 갑자기 아무런 돌보는 행위 없이 상추를 바라보고 싶었다. 바람에 살랑이는 연둣빛 여린 잎, 그 몸체를 지탱하는 포슬포슬한 흙. 나는 꽤 여러 날 동안 출근하다 말고 쪼그리고 앉아 상추와 흙을 보고 만졌다. 유난히 힘든 날은 점심에도 가서 보았다. 어찌 된 일인지 설명하기 어렵지만 바라보는 행위 자체가 나를 치유했던 것 같다.

'바라본다'는 것은 뭘까? 뭐길래 나를 다시 일으킨 걸까? 곰곰이 생각해 봤지만 아직도 뿌옇다. 다만 내가 아주 힘들 때 신이나 초월적인 무언가, 혹은 누군가 날 따스한 눈으로 봐준다면 그것만으로도 나에게 어느 정도 위안이 될 것 같기도 하다. 그런 면에서 '바라본다'는 것은 '알아준다, 알고 있다'는 것에 가까운 걸지도 모르겠다.

상추를 보다 보니 흙과 돌을 보았고, 그 옆을 지나가는 개미와 거미와 달팽이를 만났다. 내 주변에 작고 약한 것이 무척 많았다. 나는 그것들이 어떻게 사는지, 어디로 가는지 봤다. 그저 그것들이 '잘' 살길 바라는 마음이었다. 어쩌면 그 당시의 나와 동질감을 느껴서 그랬을 수도 있다. '말 못하는 작고 약한 것들'은 학교 가는 길에도 있었다. 펫샵에 있는 강아지들, 거리를 떠도는 길고양이들을 보며 동물권과 동물복지에도 관심을 갖게 되었다. '말 못하는 작고 약한 것들'은 안타깝게도 사연을 알면 알수록 더 약한 입장에 처해 있었다. 언제는 웅담 때문에 우리에 갇혀 지내는 곰 이야기를 들었다. 날 한 입에 집어삼킬 수 있는 맹수지만 뜬장을 견디느라 비틀어진 발바닥을 본 순간 그 곰들은 별로 무섭지 않았다.

이런 관점으로 세상을 보니 '말 못하는 작고 약한 사람들'에게도 눈이 갔다. 일처리가 약간 어설프고 느린 선생님이 있었다. 나는 그분이 주눅 들지 않도록 기다려 주고, 보이지 않는 곳에서 종종 쉴드도 쳐주었다. 그분을 다음 해에도 만나게 되었는데 일 년 사이에 굉장히 성장한 것이 느껴졌다. 처음에는 '역시 기다려 주는 게 중요하구나.' 생각하고 뿌듯했다. 그런데 가만 생각해 보니 그분이 성장한 건 기다림 덕분이 아니었던 것 같다. 그분 옆에는 그분의 장점을 적극적으로 살려 주고 단점은 보완해 주는 또 다른 선생님이 있었다. 한편으로는 '성인인데 그렇게까지 챙겨 주는 것이 장기적으로 좋은 방식일까?' 의심도 들었다. 그렇지만 그 둘을 꾸준히 보면서 지금은 생각이 분명해졌다. 애나 어른, 인간과 동물을 떠나서 작고 약한 것들은 바라봐 주고, 기다려 주고, 그 존재를 적극적으로 지지해 줘야 한다는 걸.

　지난주에 우리 반 아이들과 『민들레는 민들레』라는 그림책을 읽고 따뜻한 말 한마디씩 적어서 책상에 붙여 주었다. 아이들이 뭉클해하며 좋아했다. 작고 약한 것들은 지지와 응원을 그리워한다. 내 교육 철학이 조금씩 생기고 있다.

2020년 8월 3일 월요일

젊은 부장들의
슬픔
TF팀에 있을 때 1정 연수를 받으며 쓴 글

　세종시에 신규 교사가 계속 유입되다 보니 어느새 나도 동학년이든 연구회든 어떤 교사 모임에 가면 중간 부분에 줄을 서게 되었다. 이제 겨우 1정 연수를 받는 입장에서 아는 것도, 할 줄 아는 것도 별로 없는데 한편으로는 신규 선생님들이 교직 공동체로 잘 들어올 수 있게 돕고, 또 한편으로는 부장 선생님들이 뜻하는 바를 원활히 추진할 수 있도록 보필하는 중요한 역할을 맡게 된 것이다. 부디 양다리를 잘 걸쳐야 할 텐데. 책임감이 강하게 느껴졌다.

다부진 마음으로 야무지게 지원하려 했는데 생각보다 난감한 경우가 많았다. 윗물과 아랫물이 소통이 잘되지 않아 갈등을 빚는 경우가 많았던 것이다. 예를 들면 윗물에서는 선배 교사로서 좋은 마음으로 여러 가지 알려 주려고 한 건데 아랫물에는 지적질이나 훈계, 심하게는 갑질로 전달되기도 했다. 반대로 아랫물에서 잘 몰라서 희한하게 업무 처리를 하자, 윗물이 홀로 남아 수습을 하고 밤에 퇴근하는 일도 있었다. 요즘 우리 사회가 예민하게 반응하는 '꼰대' 소리를 듣는 것이 두렵다는 이유다. 윗물도 아랫물도 다 좋은 사람들인데 입장 차이 때문에 갈등을 빚는 상황이 정말 안타까웠다.

그래서 '내가 잘해야지' 다짐했지만 나 스스로부터 딜레마에 빠졌다. 아랫물에 가서 "이런 이유로 윗물에서 그런 말이 나온 거고 다른 의도는 없으니까 너무 서운해하지 마"라고 말하자니 내가 꼰대의 대변인이 된 것 같았다. 그렇다고 아랫물 편을 들며 "그건 충분히 지적질이나 영역 침범으로 느낄 수 있어. 아랫물도 다 큰 성인이고 오롯한 한 명의 교사니까 좀 더 기다려 보자"라고 말하자니 윗물을 배신하는 것 같고, 홀로 남아 수습하는 윗물이 너무 쓸쓸해 보였다. 양다리는커녕 양측 진영에 한 다리씩 번갈아 걸치는 것도 버거워진 셈이다. 그런데 어느새 나도 선배 집단에 더 가까워졌는지, 아니면 나와 친한 사람들이 부장을 맡으며 속앓이하는 모습을 많이 봐서 그런지, 그것도 아니면 부장들의 무거운 어깨를 봐서 그런지 나는 윗물을 더 위로해 주고 싶었다. 겉으로는 균형을 잡으려 했지만 속으로는 그랬다.

그래서 나는 작년부터 많은 고민을 했다. 부장교사들, 특히 '젊은' 부장교사들은 어떤 자세로 일 년을 보내면 (본인 정신 건강에도, 동학년에게도) 좋을까? 본인이 부장 자리에 앉아 있긴 하지만 본인보다 경력이나 나이가 많은 선생님들, 교사로서 전문성이 탁월한 선생님들이 동학년에 속해 있을 때 어떤 포지션을 취하면 좋을까? 본인 외의 동학년이 모두 저경력 교사로 이루어진 경우에는 어디까지 힘을 행사하면 되는 걸까? 나는 그 중간에서 어떤 역할을 하면 좋을까? 언젠간 나도 부장교사를 하게 될 수 있는데, 나는 그때 어떻게 대처하면 좋을까? 어제 이혁규 총장님 강의에서 '우리나라는 좋은 리더십을 많이 경험하지 못했다'라는 말을 들었는데, 그래서 그런 걸까?

이 모든 고민이 뒤섞여 젊은 부장들의 슬픔이 나에게까지 전해져 오는 듯했다.

2020년 8월 6일 목요일

해밀초등학교의
공간에 대한 생각
안전모를 쓰고 학교 공사 현장을 둘러보며

어떤 냄새를 맡거나 노래를 들으면 특정한 때의 기억이 떠오르는 것처럼 어떤 공간에 진입할 때에도 특정한 기억이 떠오른다. 장미 덩굴이 피어 있는 담을 지나갈 때면 학교 끝나고 그 담을 같이 지나갔던 친구들, 장미 담을 지나 빵집 앞에서 슬러시를 사 먹었던 추억이 떠오르는 것처럼 말이다. 안타까운 사실은 안 좋은 일을 겪었던 공간에서는 시간이 한참 흐른 뒤여도 그곳을 지나갈 때마다 그 당시 일이 떠오른다는 것이다. 그건 피해자가 사건을 극복했는지와는 관계없이 무의식적으로 떠오르는 일임에도 불구하고 피해자는 '난 아직도 그 일을 극복하지 못한 것인가' 계속 의심하며 자책하게 된다. 그래서 본인이 생활하는 공간에 호감을 갖고, 자신의 공간을 꾸준히 돌보며 좋은 감정을 쌓아 가려는 노력이 중요하다. 공간은 그 속에서 살아가는 사람들 알게 모르게 무척 중요한 영향을 미치고 있다.

자는 시간만큼 학교에서 많은 시간을 보내는 아이들은 학교 공간에 대해서 어떤 감정을 갖고 있을까? 한참 관찰하고 있을 때 '공간 혁신'이 교육계에서 화두로 떠오르고 나는 유튜브에서 유현준 교수의 강의를 접하게 되었다. 무엇보다 공감했던 부분은 "아파트가 제 몸을 항상 비슷한 크기와 규모로 유지하고, 그 과정에서 아파트에 사는 주민들의 다양성을 해친다"는 주장이었다.

20년 넘게 대전에서 살았음에도 불구하고 세종으로 시험을 친 이유 중에는 '과정을 볼 수 있다'는 것도 있었다. 한 도시가 생겨나는 과정을 볼 수 있는 곳. 이런 구경을 앞으로 내가 어디에서 할 수 있을까? 세종에 온 초창기에는 공사 현장을 지나갈 때 속도를 늦췄다. 궁금한 것이 많았다. 하지만 막상 완성품을 보면 집도, 학교도, 공공기관도 모양과 크기가 비슷했다. 국립세종도서관을 제외하고 말이다. 어떤 건 더 높고 어떤 건 더 낮은, 어떤 건 색감이 조금 더 밝고, 어떤 건 조금 더 어두운 정도의 차이뿐이었다.

존 러스킨은 우리가 건물에서 두 가지를 구한다고 말했다. 우리는 건물이 우리를 보호해 주기를 바란다. 동시에 우리는 건물이 우리에게 말을 걸어 주기를 바란다. 무엇이 되었든 우리가 중요하게 여기거나 상기할 필요가 있는 것을 이야기해 주기를 바란다는 것이다.[13] 나도 동의한다. 아름답거나 상징적이거나 부차적인 기능이 없고 보호 기능만 있는 건물은 말을 걸어오지 않아서일까? 약간 허전하고 쓸쓸한 감정을

---

13. 알랭 드 보통, 『행복의 건축』, 이레, 2007, 66쪽.

불러일으킨다.

해밀초등학교는 내가 세종에서 본 수많은 학교들과 구조적인 면에서 현저히 달랐다. 여섯 개의 동이 저마다 존재감을 내뿜으며 각자의 마당이나 정원을 품고 있는 구조. 본질적으로 새로운 학교가 탄생하겠구나, 직감했다. 아직 공사 중인 건물들을 돌아보면서 '이쪽 정원은 어떤 콘셉트로 꾸미면 좋을지'에 대한 이야기가 해밀 선생님들 사이에서 재잘재잘 오갔다. 그 장면을 보며 괜히 입꼬리가 올라갔다. 앞으로 해밀초가 '선생님들과 해밀 아이들이 자신의 공간을 꾸준히 돌보며 사랑할 수 있는 학교'가 될 것 같았다. 그런 행복한 미래를 잠시 엿보았고, 준비하고 있다.

2020년 8월 12일 수요일

행복에도
중력이 있을까?
찰리 브라운이 내게 준 생각

우리 반 아이들이 무척 사고뭉치들이라 우리 반에는 바람 잘 날 없지만, 기본적으로 내가 좋아하는 스타일이 엄청 많다. 그중에서 한 친구를 소개해 보겠다. 그 친구는 웃을 때 눈이 〈피너츠Peanuts〉에 나오는 '찰리 브라운'처럼 일자로 접힌다. 5학년이 무색할 만큼 정말 해맑아서 보고 있으면 덩달아 웃음이 지어지기도 하고, 무언가에 열중하는 모습을 보면 '이번엔 또 어떤 일에 빠지셨나' 눈이 가게 된다. 너무 열중하면 수업 시간에도 계속 꼼지락거리고 심지어 책상에 앉지 않을 때도 있어서 혼날 때도 많다. 어쩔 땐 나를 너무 허물없이 대해서 혼날 때도 있다. 학급에서 교우관계 조사 학습지를 작성할 때에는 본인과 친한 친구의 이름에 노란색을 칠하라고 했더니 "선생님도 써도 돼요?"라고 물으며 대답도 안 듣고 내 이름까지 그려 넣더라. 찰리 브라운은 보통 이런 식이다. 내가 교사와 학생 사이에 선을 그으면 찰리는 그 선을 발로 슥 지워 버리며 나를 저희들 경기장으로 끌어내린다. 어디서 이렇게 자유로운 영혼이 굴러왔지? 참 기가 막힌다.

찰리 브라운은 제법 의젓할 때도 있다. 친구들끼리 갈등이 생겼을 때 양측 이야기를 골고루 들어주고 쌍방의 발언을 정리해 주며 중재를 잘해 준다. 다른 친구들이 서로를 해치거나 비도덕적인 말을 했을 때 "그건 아니야!" 하면서 따끔하게 일침을 날리기도 한다. 내가 아플 때에는 내 위에 제 패딩을 덮어서 숨도 못 쉬게 만들어 놓는다. 그러고는 "선생님 주무시게 딱 15분만 조용히 하자!"라더니 몸을 돌려 옆자리 친구와 중얼중얼 떠든다. 역시 my Charlie! 우리 반에는 이런 애증의 캐릭터들이 많다. 담임으로서 정말 통탄할 일이다.

찰리 브라운에 관한 기억 중 잊을 수 없는 명장면이 있다. 학교 급식으로 짜장면이 나온 날이었다. 나는 급식 지도를 하느라 근엄한 표정을 짓고 있는데 찰리 브라운이 식판을 들고 내 쪽으로 오며 해맑게 하는 말. "나 오늘 네 번 먹을 거야!" 나는 마스크 속으로 빵 터졌다. 참 오랜만에 기분 좋게 무너졌다. 찰리가 얼마나 당당하고 야무지게 다짐하던지. 통통한 짜장면으로도 저렇게 행복해할 수 있다니. 찰리는 어처구니없이 강하고 사랑스럽다.

곰곰이 생각해 보니 내가 만약 신규였을 때 찰리와 친구들을 만났다면 나는 더 많이, 더 자주 웃었을 것 같다. 난 첫 제자들과 정말 많이 웃었다. 나는 세상에 무뎌져서 행복과 멀어지고 있는데 아이들은 작은 일에도 행복을 민감하게 느낀다. 행복에는 거꾸로 중력이 작용하고 있는 것 같다. 나이도 많고 중량도 크고 아는 것도 많은 내가 더 강하게 중력을 받을 것 같은데 나는 끈 달린 헬륨풍선처럼 지면에 가까워졌다 멀어졌다를 반복하고, 중량이 작은 아이들은 돌멩이처럼 행복이라는 지면에 착 붙어 있다. 우리 반 아이들은 스티로폼 비행기를 날려도 행복하고 그 비행기가 실수로 옥상에 올라가 돌아오지 못해도 행복하고 2층 해밀이 놀이터에서 줄넘기만 해도 행복해한다.

점심시간에 행복에 방방 거위하는 아이들을 창밖으로 바라보며 생각한다. 난 저렇게 아무 생각 없이 행복해 본 지가 언제였을까? 2학기 들면서 개인적으로 불안해하는 일이 있었다. 9월에서 10월 사이에는 불면증도 겪었다. 연달아 사이코패스가 등장하여 섬뜩한 눈빛을 마주치거나 도망치고 교통사고가 나는 꿈을 꾸면서 새벽에 수시로 잠에서 깼다. 원래는 머리만 대면 꿈도 안 꾸고 자는 스타일이니까 하루 이틀이 아니라 특정 기간 동안 불면증을 겪은 건 내 인생에서 정말로 큰 사건이었다. 입도 이상해져서 급식 외에는 샐러드만 먹기도 하고 먹는 양도 많이 줄었다. 이제 악몽은 안 꾸지만 입은 여전히 이상하다.

〈사이코지만 괜찮아〉라는 드라마가 있다. 세 명의 '사이코패스'가 각자의 트라우마를 극복하고 행복을 발견하는 능력을 터득해 가는 이야기다. 셋 중 한 명은 직업이 동화작가이고 또 한 명은 그림작가인데 드라마의 끝부분에서 둘이 협업하여 『진짜 진짜 얼굴을 찾아서』라는 그림책을 낸다. 그런데 그 그림책은 드라마의 핵심 서사를 은유적으로 담고 있다. 드라마 속에 드라마를 1cm로 압축한 그림책이 등장하는 셈이다. 그 그림책을 모니터 밖 현실에서도 구입할 수 있다. 책의 말머리에 이런 내용이 있다.

진정한 행복은 깊고 어두운 두더지 굴속에서 '찾아내는 것'이 아니라 타인과 함께하는 일상 속 어딘가에서 그저 '발견하는 것'임을. 그래서 경직과 거짓의 가면을 벗어던져 버리고 당신의 '진짜 진짜 얼굴을 찾아서' 부디 행복하기를 간절히 소망해 본다.

행복을 발견하는 능력을 다시 찾고 싶다. 나도 진짜 진짜 얼굴을 찾고 싶다. 하지만 방법을 몰라 헤매던 중, 뜻밖의 장소에서 열쇠를 찾았다. (다음 편에 계속)

2020년 11월 29일 일요일

어떤 선생님이 이 글을 보더니 "벌써 행복을 찾으면 곤란하다"고 웃으며 말했다. 미래에 있을 전체 교직 경력과 전체 글의 흐름을 고려했을 때를 의미하는 것 같았다. 그때는 나도 따라 웃어넘겼는데 생각해 보니 일리가 있다. 그래서 다음 편은 나중에, 아주아주 나중에 공개하기로 했다.

그릇이 안 되는 게 아니라 플레이팅의 기본은 덜어 내기였다
학교자치와 학급자치가 충돌할 때

이전 글에서 우리 반에 사고뭉치가 많다고 표현했다. 유민 선생님이 오늘 연구실 앞에서 발망치를 사정없이 내리치며 내게 왕왕 짖는 아기 제비와, 나를 불러 놓고는 나에겐 기회도 주지 않고 제 할 말만 랩처럼 쏟아 내는 쾅쾅이를 보더니 "선생님 반에 비글 같은 아이들이 많다"라고 말했다. 그 말이 딱이다. 내가 한 마디를 할 때 저희들끼리 열 마디를 하는 것이 아니다. 내가 이제 막 한 마디 하려고 조용히 시켜 놨더니 그 틈을 타 저희들이 하고 싶은 말 열 마디를 쏟아 내는 것이다. 담임으로서 정말 통탄할 일이다.

조금 더 객관적으로 상황을 보기 위해 자주 구박받는 학생들의 말하기 타율을 따져 보았다. 관찰한 바에 의하면 상황에 별로 도움이 안 되는 말을 여섯 마디 한다면 그다음 일곱 번째 마디는 비교적 일리가 있었다. 그들의 평균적인 말하기 타율은 일곱 중 하나, 약 14퍼센트.

14퍼센트의 선수 중에 '불꽃 염'이 있다. 이 가명은 그 학생의 본명과도 닮았고 성격과도 닮았다. 열정적으로 자기 삶을 살아가고 새로운 놀이를 창조해 가며 친구들을 휘어잡는 골목대장 같은 인물이다. 혼날 때도 많지만 언제 혼났느냐는 듯 기죽지 않고 내게 찰싹 붙어 오는 뻔뻔한 구석도 있다. 어깨동무 프로그램[14]을 하느라 1학년 교실에 갔을 때에는 말투부터 표정, 몸짓까지 싹 바뀌어서 이중인격이라고 착각할 수 있을 정도로 동생들을 의젓하게 돌봤다. 칼림바 연습하는 시간에는 '몇몇 친구들에게 칼림바 재능기부 신청을 받고 신청곡들로 로테이션 학습을 하자'는 아이디어를 제시하기도 했다. 나는 그 제안이 정말로 좋다고 생각해서 실현시켜 주고 싶었다.

나는 불꽃 염을 꽤 좋아한다. 그런데 가끔 울릴 때가 있다. 오늘이 바로 그런 날이었다.

평소에는 초승달처럼 휘었던 불꽃 염의 눈에서 눈물이 뚝뚝 떨어졌다.

달에서 비가 내리고 있었다.

좋아하는 사람을 울리는 건 입술을 꽉 깨물게 되는 일이다. 상대에

---

14. '어깨동무'는 학생들이 다른 학년과 어울리며 생활공동체를 확장할 수 있도록 기획한 해밀초등학교 교육 프로그램이다.

대한 미안함과 안쓰러움, 나에 대한 자책감과 한편으로는 내 행동에 면죄부를 주고 싶은 방어심리가 복합적으로 작용한다. 하필이면 오늘은 더더욱, 오늘만큼은 제발 불꽃 염을 혼내고 싶지 않은 날이기도 했다. 오늘은 불꽃 염이 개인적인 일로 마음이 무척 아픈 날이었기 때문이다. 처지를 다 알면서도 기어코 혼낸 난 정말 나쁘다. 이왕 참아 온 거 하루만, 한 시간만 더 참지. 얼마나 야속하게 느껴졌을까.

불꽃 염은 왜 남아서 혼나야 했는가. '학생들의 즉각적인 아이디어를 잘 살려 학급을 꾸려 나가는 편인 평소의 나'는 불꽃 염의 아이디어를 구체화하여 정식 학급 활동으로 운영하고 싶었지만 '갓 개교한 새로운 학교에서의 나'는 그럴 수 없는 상황이었다. 학교/학년 공통 프로그램을 운영하고 학교자치가 계획대로 실현되려면 학급 단위에서 교사의 손이 많이 갔다. 학생들에게 필요성을 일깨워 주고 이 프로그램의 방향을 설명하고 우리가 어떤 단계를 거쳐 목적지에 도달할 것인지. 학생들이 활동을 구성할 수 있도록 단위를 나누어 주고, 시간과 장소를 마련해 주고, 학습 진도와 평가 계획이 지나치게 밀리지 않도록 조정하는 일. 학생들이 모두 전학생이라 진도가 다르고, 방역을 위해 단축수업을 하느라 시간이 턱없이 모자란 일. 하지만 우리 반만 하지 않을 수는 없다는 일. 이 모든 자초지종을 설명해도 불꽃 염은 계속 내게 이걸 하자, 저걸 하자며 입김을 불어넣었다. 여유가 없는 선생님을 자꾸 유혹한 죄. 굳이 죄명을 붙이자면 그럴 것이다. 다른 죄들도 붙어 있었지만 대강은 그랬다.

빨리 가야 하는 선생님의 앞길을 번번이 가로막은 죄. 불꽃 염은 그런 이유로 처단되었다. 네가 왜 처단되는지 알려 주겠답시고 나는 오늘 불꽃 염에게 당사자는 이해도 못할 5학년 교육과정 문서와 14주차 학습주안까지 보여 주었다. 끌려가는 송아지가 마지막으로 제 주인을 바라보는 것처럼 내 눈에서 단 한 번도 시선을 돌리지 않고 애처롭게 눈물을 흘리는 불꽃 염을 바라보며 생각했다.

빨리 가야 하는 건 맞는데. 난 어디로 가고 있고 그곳에 도착하면 옆에 누가 있을까?

더 이상 혼낼 말이 떠오르지 않았다. 나는 불꽃 염의 앞에 실내화를 놓아 주며 "필요한 만큼 기다려 줄 테니 마음 추슬러라"고 했다. 불꽃 염은 사흘 후에는 마음 추슬러서 오겠다고 약속했다.

불꽃 염을 그렇게 집으로 보내고 당일 오후에 열린 학년군 교육과정 평가회에서 나는 우리 교육과정이 운영되는 과정에서 드러난 온갖 부정적인 면을 토로했다. 엉뚱하게 화풀이를 하고도 스스로에 대한 분이 풀리지 않았다. 학교자치와 학급자치가 충돌할 때에는 어디에서 타협해야 하는 걸까? 외롭고 서글픈 마음으로 집에 돌아와 학교자치에 관한 책들을 다시 펼쳤지만 눈에 잘 들어오지 않았다.

자치는 내부의 요구(목소리)에서 시작되어 퍼져 나가는 것이라고 생각했다. 학교/학년 공통 활동에 우리 반도 동참하기 위해 나는 내부의 목소리는 지속적으로 무시한 채 학생들을 계속 꼬시고 설득하고 씨름해야 했다. 새로운 학교에서 지낸 기간이 짧았기에 우리 반 학생들은 아직 시야가 학급 차원에서만 머무르고 있었다. 이 프로젝트를 왜 해야 하는지, 어디에 좋은지, 어떤 방식으로 할 건지 구구절절 설명하는 선생님이 학생들의 눈에도 힘겨워 보였을 것이다. 그래서 마지못해 참여해 준 마음 여린 학생도 분명 있을 것이다. 자율이 아닌 타율로 프로그램에 참여하는 학생들. 학급자치가 결여된 상태에서도 학교자치가 이루어졌다고 볼 수 있을까? 그렇지만 학교자치를 위해서는 자치 체계가 필요하다. 모든 학생들이 이에 공감할 순 없을 것이다. 한편으로는 모든 학생들의 목소리를 들어줄 수도 없을 것이다. 생각하는 것만으로도 벅찼다. 현명한 답을 내리기에는 내가 그 그릇이 안 된다는 생각이 들었다.

불꽃 염은 이미 어젯밤에 상처가 난 채로 등교했다. 오늘만큼은 다독이는 말만 해서 집에 보내고 싶었는데. 내일 불꽃 염이 학교에 오면 꼭 사과하겠다. 불꽃 염과 관계를 회복할 기회가 주어지길 바라며 새벽을 덮는다.

2020년 12월 10일 목요일

체념하며 지내던 어느 날 유튜브에서 요리 채널을 보다가 이런 말을 들었다.

"플레이팅을 예쁘게 하려면, 음식을 절대로 그릇에 넘치게 담으면 안 돼유!"

그러고 보니 비싼 요리를 주문하면 접시에 음식이 손톱만큼 나왔다. 플레이팅 사진들을 떠올려 봤을 때에도 음식을 그릇에 넘치게 담은 적은 없었다.

플레이팅에서는 그릇이 모자란 게 아니라 음식을 덜어 내는 원리였다. 보기 좋은 떡이 먹기도 좋다는데. 그릇에 올린 음식을 조금 덜어 내고, 어깨에 들어간 힘도 조금 빼고 교육과정을 운영하고 싶다. 일단 내가 여유가 있어야 상황이 새롭게 보이고 여러 가지 타협점도 찾을 수 있을 것 같다. 그리고 학생들과 나에게 상처 주는 일도 없을 것 같다.

2020년 1월 9일 금요일

제비의 다리를 감아 주는
흥부의 마음으로
그런데 감아 주며 무슨 생각을 했을까?

교실에 사람의 탈을 쓴 아기 제비가 있다. 기분이 좋을 땐 해사하게 웃는데 저 싫은 것이 있으면 빼액 빼액 큰 소리로 고집 부리는 모양이 꼭 밥 달라고 칭얼대는 아기 제비다. 그래도 찌릿한 시선을 보내거나 살살 달래면 못 이기는 척 슬쩍 넘어오는 것이 귀엽기도 하다. 아기 제비는 떼를 쓰거나 어리광을 부려서 그렇지 공부도 열심히 하고 책도 많이 읽는다. 그렇지만 맞춤법을 자주 틀린다. 지난 금요일에는 자리 배치를 하느라 앉고 싶은 자리와 그 까닭을 적어서 내라고 했더니 "(나는 안경을 껴도 잘 보이지 않는데 더 뒤로 가게 된다면) 수업에 차며 할 수 없을 것 같아서"라고 적어서 내더라.

차며하다:
회의에 차며하다, 투표에 차며하다, 공을 차며 놀이에 차며하다.

이 정도는 양반이다. 제비가 인간의 학문과 언어를 공부하니 대견하다고 칭찬해 줘야 하는 걸까? 내게 자주 구박받지만 매번 씩씩하게 넘기는 게 기특하긴 하다.

이런 아기 제비에게도 아픈 상처가 있다. 비유적 표현이 아니라 정말로 자전거를 타다가 오른쪽 어깨를 크게 다쳐 수술했다. 지금은 간간히 병원에 진료를 받으러 가는 수준이지만. 제비가 전학 온 날, 제비의 어머니에게 "일상생활과 체육활동에는 무리가 없다"고 확언을 받아 놓았다. 본인도 밝히고 싶지 않다고 하여 잠자코 지켜보았다. 그러던 어느 가을날, 아기 제비는 "악!" 소리를 지르며 주저앉았다. 단지 내 놀이터에서 1학년 학생들과 함께 '어깨동무' 활동을 하던 날이었다. 우리 반에 해산물을 못 먹는 어떤 학생이 제비를 부른답시고 멀리서 뛰어오며 제비의 어깨를 꽉 잡았던 것이다. 제비의 비명에 자리에 있던 모두가 얼어붙었다.

결국 아기 제비는 한 손으로 어깨뼈를 부여잡고 벤치로 나왔다. 그렇게 서글픈 표정은 처음이었다. 나는 옆에 앉아 제비가 괜찮아지길 기다리다가 "앞으로 비슷한 상황을 예방하기 위해 친구들에게 상처에 대해 말하는 것은 어떠냐." 물었다. 제비는 입을 꾹 다물더니 몇 번 더 설득하자 작게 고개를 끄덕였다. "네가 말할래, 내가 말할까?" 물으니 나보고 해 달란다. 그래서 내가 공개적으로 말했다. 예전에 제비가 피아노 학원에 다녔다는 얘기를 하는 것처럼. 아이들도 알았다고 했다. 그 뒤로 아기 제비가 비명을 지르는 일은 없었다.

그때 아기 제비가 느낀 감정의 정체는 뭐였을까? 수치심일까, 미안함일까, 자괴감일까?

『나이이즘』이라고 나이에 관한 담론을 펼치는 잡지가 있는데 최근호에서 몸과 나이에 관한 주제를 다루며 『아파도 미안하지 않습니다』라는 책을 소개했다. 저자와의 인터뷰를 읽는데 '아프면 죄스럽고, 사생활이 공개되는 우리의 현재'가 떠올랐다. 온라인에서 본, '확진자로 판정되어 격리되느라 열심히 준비했던 중요한 면접도 보지 못했다는 누군가의 절망스러운 일화'도 생각났다. 아프면 격리되고 경제적·사회적 기회도 잃고 혐오 혹은 차별의 시선을 받게 된다는 면에서 요즘 한국 사회에서의 질병은 주홍 글씨를 닮았다. 심지어 질병은 도덕성과도 연관되기 시작했다. '증상이 나타났는데 왜 밖을 돌아다녔느냐', '도의적 책임감이나 시민의식이 부족하다', '정직하게 자가 격리 기간을 지켜라.' 옛말에도 '아프면 모든 것을 잃는다'는 말이 있지만, 이젠 정말로 모든 것을 잃는 것 같다.

저자 인터뷰에서 인상 깊은 부분이 있다.

우리 사회에는 질병 서사가 양적으로 많이 부족해요. 그래서 질병의 경험을 나누고 유통되도록 하는 활동 자체가 질병과 인권을 논의하는 데 출발점이 되어 줄 거라고 생각해요.[15]

난 이 부분에 공감했다. 그동안 암 환자는 항암 치료를 받느라 핼쑥해진 얼굴로 주변 사람도 점점 기억에서 잊어버린 채 쓸쓸하게 죽어 간다고 생각했다. 내가 기억하는 암 환자는 그랬다. 그러나 며칠 전에 작고하신 고 윤지회 작가님의 암 투병일기를 인스타그램으로 보며, 위암 4기 환자가 일상에서 어떤, 얼마나 큰 행복과 분노, 사랑, 슬픔을 느끼는지 알았다. 그리고 비환자 입장에서는 걱정해 준답시고 하는 언행이 환자 입장에서는 어찌 비치는지도 깨달았다.

인터뷰에는 이런 내용도 있다.

아픈 사람이 관계에서 기대하는 건 내 아픈 몸이 그대로 수용될 수 있다는 신뢰예요. 아픈 몸이 민폐가 되지 않을 수 있다, 혹은 좀 민폐가 되어도 괜찮다는 마음이요.[16]

정말 다행히도 아기 제비는 교실에서 그 신뢰를 받은 것 같다. 아이들의 변함없는 태도에서도, 며칠에 걸쳐 줄줄이 이어지는 학생들의 병

---

15. 「건강을 잃으면 다 잃는 사회, 왜 당연한가요?」, 『나이이즘』 3호, 2020, 13쪽.
16. 같은 기사, 15쪽.

밍아웃(?)에서도 말이다. 쾅쾅이가 먼저 자신의 질병 내력을 소개했다. 쾅쾅이는 난폭한 분노 습관과 화장실에서도 쩌렁쩌렁 들릴 만큼 큰 목소리를 갖고 있지만 갓난아기 때 심장 수술을 크게 받은 적이 있다고 한다. 그래서 오래 달리기처럼 심폐지구력이 많이 필요한 운동은 못한다는 것이다(그런데도 우리 반 학생들 모두를 합친 것보다 목소리가 크다. 성량은 폐활량에 비례하는 줄 알았는데). 찰리는 본인의 목숨이 여덟 개라며 죽을 뻔하거나 크게 다친 일화들을 아주 자랑스럽게 늘어놓았다. 해산물을 못 먹는 어떤 학생도, 불꽃 염도. 학생들은 심지어 본인이 가진 식품 알러지까지 소개했는데, 실제로 우리 반이 5학년에서 알러지 최다 보유 학급이다. 다른 반은 알러지가 있는 학생이 2~3명인데 우리 반은 7명이기 때문이다. 세 개의 식품 알러지를 동시에 갖고 있는 학생들도 많다(심지어 학기 말에 온 전학생 중에서도 질환이 있는 경우가 있었다).

순수한 건지 순진한 건지 하여튼 여기저기에서 질병 내력을 떠드느라 교실이 터질 지경인데 다들 웃음이 터졌다. 송미경 작가의 동화 『돌 씹어 먹는 아이』의 한 장면처럼.

이름이 기억나지 않는 어떤 나라에서는 장애인들과 노인들이 굉장히 자연스럽게 경제 활동과 일상생활을 하며 사회에 어우러져 있다고 한다. 어떤 나라인지 참 가 보고 싶다. 지금의 한국 사회는 젊고 건강한 사람에게 맞춰져 있는데, 늙거나 아픈 사람도 미안해하지 않고 있는 모습 그대로를 드러내며 살아갈 수 있으면 좋겠다. 우리 해밀초등학교에도 수상한 아이가 전학 왔을 때 있는 모습 그대로를 받아들여 주는 문화가 자리 잡을 수 있길. 건강을 쟁취해야 하는 사회보다는 아파도 괜찮은 사회, 개인을 탓하기보다는 개인을 치유할 수 있는 공동체와 사회 체계를 구축하는 것에 힘쓰면 좋겠다.

우리 반에는 아파 본 학생들이 많다. 따돌림을 당해 본 학생들도. 저희들 상처를 감추려고 그러는 건지 목소리들은 다들 크지만 말이다. 다친 제비의 다리를 감아 주는 흥부가 된 마음으로 아이들을 바라본다.

2020년 12월 14일 월요일

교사로 살면서 겨울이라는 계절에 대해 다시 생각하게 된다. 겨울이 왔다는 건 봄에 한 걸음 가까워졌다는 뜻이다. 나에게 지금까지의 겨울은 정리의 의미였는데, 해밀초에서의 겨울은 나뿐만 아니라 6학년들에게도 또 다른 시작의 의미가 되었다. 새로운 아이들과 만날 봄·여름·가을·겨울을 기대하고 있다.

학교는 아이들이 있어야 빛나는 곳이다. 그 빛나는 순간을 함께하는 교사가 되고 싶다. 나는 교사로서 그곳에서 아이들이 스스로, 그리고 친구들과 더불어 삶을 가꿀 수 있게 도와주는 역할을 하고 싶다. 그리고 그 역할에 대해 끊임없이 고민을 해 본다.

이번 겨울을 정리하며 또 다른 봄의 시작을 준비한다.

리틀 포레스트

황현영

봄:
준비하기

모든 사람이 그러하듯 실패하거나 상처받는 것에 대한 두려움이 크다. 초등학교 2학년 때는 담임선생님한테 칭찬을 받고 싶은 마음에 제일 외워지지 않던 구구단 7단을 열심히 외웠던 기억이 난다.

초등학교 6학년 때는 담임선생님이 아침활동 시간에 책을 읽어 주시다가 이야기 속 가장 중요한 순간에 멈추셨다. 뒤의 내용이 궁금했던 나는 그날 점심시간에 도서관에 가서 그 책을 빌려 읽었다. 그렇게 학생들에게 다양한 동기부여의 방법을 주고, 학생들에게 삶의 영향을 주는 선생님이 되고 싶었다.

초등학교 선생님이라는 꿈을 갖고, 그 목표만 바라보고 달렸다. 내가 원하는 교대에 합격을 했고, 내가 원하는 지역에 임용시험을 봐서 합격했다. 그렇게 6년이 지났다. 누군가가 '실패한 적 있어요?'라고 물어 오면 상처받았던 경험은 있지만 실패한 일은 생각이 나지 않았다. 내가 살아온 과정은 평범하고 순탄함 그 자체였다.

어느 순간부터 더 이상의 실패를 만들기 싫어 익숙해진 주변 환경

리틀 포레스트　181

이 변하는 것이 너무도 싫었다. 해마다 새로운 아이들을 만나는 것은 정말 좋지만, 학기가 끝나 정들었던 학생들과 동학년 선생님들과 이별하는 것은 힘들었다. 게다가 새로운 환경에 적응해야 하는 3월은 더욱 힘들었다.

늘 정해진 시간에 출근하고, 아이들과 하루를 보내고, 퇴근하고, 학교 일을 하며 익숙해진 생활 속에서 살아왔다. 2020년은 전임교에 발령받은 지 5년째 되는 해이다. 다음에 갈 새로운 학교에 대한 고민이 생기기 시작한다. 연초부터 걱정이 많아진다. 동학년 바뀌는 것도 두려워하는 나인데 '새로운 학교에서 잘 적응은 할 수 있을까?' 막연한 걱정이 내 머리를 감싼다. 그러다 우연히 새로운 학교가 개교한다는 소식을 들었다. 초등학교 선생님으로 사는 동안 '학교'라는 장소는 내가 근무하는 공간이자, 나의 제자들과 만나게 해 주는 연결고리이다. 평소 학교에서 근무하면서 학교가 어떻게 만들어지는지에 대한 궁금증은 있었지만 깊게 생각해 보지는 못했다. 개교 업무를 하는 상상을 해 봤다. 내가 앞으로 학교생활을 하는 데 엄청난 도움이 될 것 같았다.

'그런데 9월 1일 개교다. 중간에 학교를 옮겨야 한다. 그러면 우리 반 담임이 바뀐다.'

다시 생각이 많아진다.

나는 〈리틀 포레스트〉라는 영화를 좋아한다. 이 영화를 보면 마음이 편안해지고 영화 보는 시간 동안 아무 생각 없이 영화 속 나오는 장면들에 집중할 수 있다. 평소에 흘려들었던 영화 속 대사가 갑자기 훅 들어온다.

"아무것도 시도하지 않는 것보다는 분명 의미 있는 시간일 거라고 믿어."

분명 내 교직생활에 의미 있는 시간이 될 거라는 믿음 하나로 해밀초 TF팀에 지원하게 되었다. TF 발표가 난 후 겸임 발령을 시작으로 본격적으로 일을 시작했다. 낮에는 전임교에서 오후에는 개교 사무실에서 일을 했다. 함께 정할 것들이 많았다. 우리가 원하는 학교의 비전, 3주체상, 교화와 교목, 건물 이름 등을 정해야 했다. 처음 해 보는 일이기에 막막하기도 했다. 그래도 내 옆에는 11명의 든든한 동료 선생님들이 있었다. 한 명이 마라톤을 하는 것이 아니라 12명이 이어달리기를 한다고 생각하고 내가 할 수 있는 최선을 다했다. 그렇게 3개월 동안 해밀초 개교를 위해 12명이 함께 달렸다.

이제 학년을 정할 시간이다. 내 교직 경력 중 반 이상을 6학년 담임으로 살아왔다. 처음 6학년을 선택한 이유는 단순했다. 충남에서 기간제 했을 때 가르쳤던 5학년 학생들이 너무 예뻐서, 그해 6학년이 되니깐 6학년을 해야겠다고 생각했다. 그 후로는 해를 거듭할수록 6학년이 주는 매력에 빠지게 되었다. 학생들과 다양한 활동을 할 수 있고, 초등학교 마지막 학년을 함께하는 의미가 크다고 생각한다. 또한 졸업이라는 큰 행사를 위해 1년 동안 함께하는 달려가는 과정이 좋았다. 해밀초에서 6학년 학생은 1회 졸업생이다. 1회 졸업생을 배출할 수 있다는 점도 특별했다. 그리고 지금까지 6학년을 맡아 온 경험을 바탕으로 다양한 교육활동을 해밀초에서 펼쳐 보고 싶은 생각이 들었다.

그렇게 나는 6학년 팀장이 되었다.

여름:
성장하기

"잡초는 뽑아도 뽑아도 마음의 걱정처럼 다시 자라난다."

초등학교 6학년 학생들이야말로 열매를 맺기 위해 성장할 수 있는 좋은 타이밍이라 생각한다. 특히 코로나로 인해 많은 추억이 없을 학생들에게 더 좋은 교육활동을 제공하고 싶었다. 난생처음 6학년 팀장을 맡으면서 하루하루 해야 할 일을 메모하고, 하나씩 해결할 때마다 지우면서 하루를 보냈다. 오늘의 할 일을 다 하면 내일의 할 일이 나를 기다렸다. 그와 더불어 기획하고 책임을 지는 자리에 있다 보니 걱정도 많아졌다. 자리가 주는 책임감이라는 무게를 처음 느껴 봤다. 학년 선생님들의 의견을 물어보지 못하고 내가 정해야 했을 때, 그때 그 무게가 크게 와닿았다.

여름철 농사일이란 잡초와의 숨바꼭질, 그리고 장마라는 반갑지 않은 손님을 맞이해야 한다. 올해 여름 장마는 54일 동안 계속되었다. 그러면서 자연스레 학교 준공 날짜도 연기가 되었다. 9월 한 달 동안 3, 4학년 교실이 있는 여름마을에서 수업을 하게 되었다. 오전에는 여름마을에서 수업을 하고 오후에는 나의 교실에 돌아와 교실을 청소하였다. 분명히 닦았는데 돌아보면 다시 먼지가 쌓여 있다. 마치 할 일을 다 했다고 생각했는데 돌아보니 또 다른 일이 있는 것처럼 말이다.

해밀초에는 다양한 협의체가 존재한다. 9월 한 달간 다양한 협의체에 참여했다. 지금까지 내 교직 경력에서는 협의에 참여해서 함께 결정을 내리는 것보다는 전달받는 회의가 많았다. 해밀초에서는 처음으로 기획회의에 참여할 수 있었다. 기획회의에서 학교 차원에서 결정 내리는 과정을 지켜볼 수 있었다. 기획회의뿐만 아니라 두레모임, 교사회, 학년 마실, 학년군 마실을 하면서 다양한 선생님들의 의견들을 들을 수 있었다. 시간이 지날수록 걱정과 고민은 많아졌지만 내 스스로 내실을 쌓고, 학생들을 맞이할 준비를 하는 열매를 맺기 위해 꼭 필요한 시간이었다고 생각한다.

그렇게 한 달의 시간이 지나고 드디어 우리 학년 교실이 있는 겨울마을에 입성하였다. 이때까지만 해도 6학년 학생 수는 각 반에 1명씩 4명이었다.

"과연 1회 졸업생은 몇 명이 될까요?"

동학년 선생님들이랑 여러 추측을 했다.

겨울마을에 입성하자마자 많은 아이가 전학을 오기 시작한다. 해밀초 전입생의 상징인 노란 포스트잇이 매일 교실로 찾아왔다. 아이들을 하교시킨 후 전입생 학부모님과 통화를 한다. 학부모님들은 1회 졸업생들이 많아지는 게 좋다. '처음', '1회', '새 건물' 이런 말씀을 하며 전입에 대한 기대를 보이셨다. 1회 졸업생이라는 것은 그 '학교의 시작을 함께했다'는 자부심을 가질 수 있을 것 같다. 그래서 많은 학생들이 그런 자부심을 가졌으면 좋겠다. 그렇게 학생들이 오고 지금은 60명이 넘는 학생들이 겨울마을을 꽉 채우고 있다.

"비 오는 날은 꿈을 꾸는 날. 파란 하늘은 꿈을 이룬 날. 설레는 오늘 살아가는 스스로 더불어 해밀아이."

해밀초 교가 가사 중 가장 좋아하는 부분이다. 내가 졸업한 학교들의 교가 가사를 떠올려 본다. 대부분 학교의 교가가 그렇듯 주변의 산과 강 또는 바다, 자연의 정기를 받는 내용이 들어 있다. 그리고 학생들은 세계로 미래로 뻗어 가야 한다는 내용, 마지막에는 학교 이름을 밝히면서 노래가 끝난다. 교가 작사, 작곡을 보면 학생들의 참여는 찾아볼 수 없다. '우리 6학년이 교가 작업에 참여하면 참 좋겠다'는 생각이 들었다. 동학년 선생님들과 함께 이야기를 한 후 기획회의에 들어가서 교가 제작 의사를 밝혔다. 흔쾌히 허락해 주셔서 교가 작업을 시작하게 되었다.

6학년 학생들에게 교가 작사를 함께 해 보자고 이야기했다.

"저희가 해도 돼요?"

적지 않게 충격을 받은 모습이다.

"해밀초 1회 졸업생이라서 할 수 있는 거야."

6학년 학생들에게 '해밀' 하면 떠오르는 단어들을 브레인스토밍해 본다.

파란 하늘, 맑은 하늘, 해바라기, 무지개, 더불어 살자….

다양한 단어들이 나온다. 단어들을 조합하여 6학년 학생들과 장면을 상상해서 문장으로 만들었다. 이렇게 각 반의 문장들을 조합해서 교가 작사를 하였다. 완성된 교가를 처음 들었을 때 감격스러운 마음이 들었다. 6학년 아이들은 이 교가를 많이 부르지 못하고 졸업하지만 마음속에 오래 남는 교가가 될 것 같다.

가을:
열매 맺기

"언제부터 입장할 수 있어요?"

"지금 들어가면 부스 참여할 수 있어요?"

"이거 내년에도 해요?"

해밀초등학교 제1회 졸업축제의 모습이다.

졸업축제 한 달 전. 축제 준비를 시작해야 한다. '어떤 졸업축제가 되면 좋을까?'라는 생각을 해 봤다.

어떤 일이라는 게 한 명의 기획자가 주도해서 계획하고 진행하면 시간도 절약되고 수월하게 할 수 있다. 그렇지만 한 명이 주도하지 않고 무언가를 함께 만들고 계획하는 일에 참여했을 때 진정으로 성취감을 느끼고 한 단계 성장할 수 있다고 생각한다. 6학년 학생들이 졸업축제를 통해서 성취감을 느끼고 성장하면 좋을 것 같다는 생각을 했다. 그동안 학생들과 함께 계획한 일이 많이 없었기에 결정을 내리기 어려웠다. '왜 나는 학생들에게 기획을 맡기는 것을 어렵다고 했을까?'

현재 교사 6년 차. 창피하지만 학급회의를 진행해 본 경험은 10번도 되지 않는다. 학급회의가 너무 어렵다. 그리고 잘 못하는 걸 알고 있다. 솔직히 내가 자신 없어 하는 것을 알기에 하고 싶지 않았다. 내 계획대로 진행되지 않는 상황을 지켜보는 것이 힘들었다. 학생들이 지루해하거나, 침묵이 계속되었을 때 끼어들고 싶은 적도 많았다. 이번에는 학급이라는 단위가 아닌 학년이라는 더 큰 규모이지만 정면 돌파를 해 보기로 했다. 아마 나 혼자였으면 중간에 또 포기했을 수도 있다. 예전과 다른 점은 나에게 큰 힘이 되는 동학년 선생님들이 옆에 있다는 것이다. 욕심내지 않고, 포기하지 말고, 차근차근 해 보기로 다짐하며 첫 다모임 날짜를 정해 본다.

첫 다모임의 시간은 단 20분이다. 이번 모임에서는 졸업축제 기획 의도를 설명하기로 했다. 졸업축제에 대해 처음 들은 학생들의 표정을 살펴보았다. 마스크로 가려져 있지만 좋아하는 표정이 눈으로 드러난다. 좋아하는 학생들의 표정에 힘을 얻고 학생들이 하고 싶어 하는 활동을 들어 보았다.

공포영화, 장기자랑, 피구, 파자마파티, 부스 운영, 보물찾기….

6학년 다모임

다양한 답변들이 나온다. 이렇게 첫 다모임이 끝날 때쯤 앞으로의 다모임은 매주 화요일 6교시에 하기로 정하고 마무리를 지었다. 다모임의 기록들을 대형 포스트잇에 적어서 6학년 복도에 걸어 놓았다. 그 뒤로 6학년 복도에는 7개의 다모임 기록과 6학년 학생들의 의견을 묻는 포스트잇이 붙여진다. 걱정했던 것보다 잘 지나갔다.

다모임에서는 부스 운영과 졸업축제 전반적인 일을 함께 기획하기로 하였다. 학생 한 명 한 명이 의미 있는 일을 하면 좋을 것 같아서 팀을 4개로, 즉 총괄팀, 음향팀, 디자인팀, 홍보팀으로 나누었다. 총괄팀은 예산을 확인하고 각 부스의 준비물을 수합, 각 부스에 필요한 책상과 의자의 수를 파악한다. 음향팀은 부스 운영 중 나올 음악 수합, 각 부스 위치를 배치한다. 디자인팀은 졸업축제 현수막과 초대장을 만

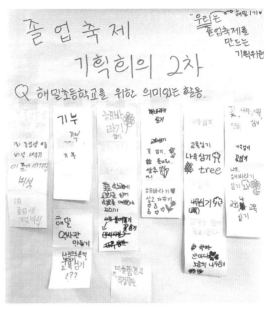

6학년 다모임 기록지

든다. 홍보팀은 포스터를 그리고, 홍보물 부착을 한다. 각 부스의 준비를 하는 동시에 소속된 팀의 일까지 해야 하는 것이다. 중간중간 다른 친구들의 의견이 묻고 싶을 때는 6학년 복도를 활용한다. 현수막 디자인도 함께 정하고, 학교를 위해 어떤 의미 있는 일을 할지에 대한 설문조사도 함께 진행되었다.

"부스 운영이요."

"부스 해 보고 싶어요."

6학년 첫 다모임 때 가장 많이 나왔던 말이다. 학생들이 부스를 선택한 이유는 우리 반 친구들뿐만 아니라 다른 반 친구들과 친해질 수있고 재밌기 때문이다. 한 학생이 묻는다.

"부스 운영을 하면 참여는 누가 하는 거예요?"

"너희가 정해 볼래? 누가 참여했으면 좋겠니?"

"어깨동무(3학년)가 왔으면 좋겠어요!"

"그러면 1~5학년 다 초대해요!"

6학년만 즐기는 축제가 아닌 해밀초 모두의 축제가 되는 서막이다. 부스 팀을 나눈 후 부스에 필요한 준비물을 찾아본다. 동생들에게 잘 알려 주기 위해 사전 실험도 빼놓을 수 없다. 우리 부스를 홍보하기 위해 '부스 사용 설명서'도 만들어 본다. 그리고 동생들 교실을 찾아가서 홍보도 해 본다. 1, 2학년 동생들에게 홍보하는 시간이다. 부스 사용 설명서와 졸업축제 날짜와 장소가 적힌 포스터를 들고 들어갔다. 교실에 들어서자 6학년을 보고 놀란 동생들의 반응이 귀엽다.

"우와! 진짜 크다!"

"당연하지! 6학년이잖아."

동생들 앞에서 발표하는 것이지만 긴장하고 있던 6학년은 동생들의 귀여운 반응에 긴장이 풀린 표정으로 홍보를 시작한다.

"그 종이는 뭐예요?"

6학년이 들고 있던 종이가 궁금했나 보다.

"이제부터 설명해 줄게요."

예상에 없던 질문들이 쏟아져도 당황하지 않고 친절하게 동생들에게 설명해 주며 홍보에 최선을 다했다. 어깨동무(3학년) 교실에 홍보를 마치고 나왔는데, 3학년 담임선생님이 졸업축제 포스터를 교실 뒤 게시판에 붙이자마자 아이들이 몰려 있다. 돌아오는 길에도 동생들의 반응에 대해 서로 이야기를 나눈다. 성공적이라고 뿌듯한 기색이 역력했다.

상황이 심각하다. 졸업축제 3일 전 코로나19 확진자 271명, 세종에서도 1명이 나왔다. 2일 전 확진자 349명이다. 1일 전 확진자 382명에 세종에서 무려 4명이 나왔다. 6학년만 참여하는 축제가 아니라 더 걱정이다. 주변에서 괜찮으냐고 물어보는데 웃음으로 나의 걱정을 가려 본다. 한 달 동안 6학년 학생들이 준비한 이 과정을 한 번에 무너뜨리고 싶지 않았다. 내가 할 수 있는 일은 학생들에게 우리가 솔선수범하여 개인 방역에 힘써야 한다는 사실을 강조하는 것뿐이었다. 그리고 무사히 끝내 달라고 기도를 해 본다. 졸업축제 전날 밤. 잠이 오지 않아 잠을 설쳤다.

부스에 입장하기 위해 프로젝트실 입구 양쪽으로 학생들이 서 있다. 입장하기 전 손 소독과 열 체크는 필수. 프로젝트실 안에 있는 학생들은 개인 방역 수칙을 지키며 부스에 참여한다. 함께 지도해 준 다른 학년 선생님들과 열심히 홍보하며 솔선수범한 6학년 학생들에게 고마운 마음이다.

부스를 운영하는 1시간 동안 코로나 이전의 모습으로 돌아간 느낌이었다. 체험 부스와 6학년 졸업을 축하하는 메시지를 쓰는 이벤트 부스까지 성황리에 마쳤다. 막상 부스를 운영하느라 6학년 학생들이 부스 참여를 하지 못해서 아쉬웠지만 해밀초 학생 모두가 즐길 수 있는 시간이었다는 생각이 들었다.

TF 때 기록해 둔 나의 메모장을 펼쳐 봤다. 처음 졸업축제를 기획했을 때 기록했던 '졸업축제 버킷리스트'이다. 많은 내용이 적혀 있진 않았지만, 그중 한 항목이 눈에 들어온다. 바로 '교목 심기'이다. 해밀초의 교목은 '금목서'이다. 향기가 백 리까지 퍼진다고 하여 '백리향'이라는 별명을 가지고 있다. 향기가 주는 힘이 있다. 향기는 어떤 사람이나 추억을 떠올리게 하고, 긴 여운을 남기기도 한다. 난 그 힘을 믿는다. 그리고 그 향기와 추억을 6학년 학생들에게 남겨 주고 싶었다. 무엇보다 졸업축제 당일에 모든 게 끝나는 게 아닌, 무언가를 남기는

6학년이 심은 금목서

것. 그랬을 때 생각난 것이 교목이다.

두 번째 다모임에서 '우리 학교를 위해 의미 있는 활동에는 무엇이 있을까?'라는 질문에 다양한 답변들이 나온다.

교목 심기, 교화 심기, 비석 심기, 기부하기, 해밀 역사관 만들기….

내가 적은 버킷리스트보다 훨씬 많은 답변에 놀라움을 감추지 못했다. 6학년 학생들의 설문을 통해 최종 결정된 것은 바로 '교목 심기'이다.

각 반에 한 그루씩 심기로 정했다. 그리고 예쁜 이름도 지어 줬다.

해밀초등학교 개교 100일을 맞아 교장실 앞의 '100일 축하 편지를 쓰는 공간'에 이런 쪽지가 붙어 있었다.

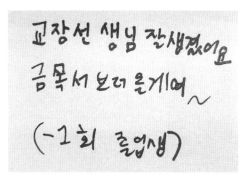

100일 쪽지

"싹이 나오고 꽃이 피고 열매를 맺는 그 모든 것. 타이밍이다."

졸업축제를 통해 우리 아이들은 각자의 열매를 맺었다. 졸업축제가 아이들에게 바로 그 타이밍이 되었다.

겨울:
마무리하기
또 다른 시작을 기다리기

"긴 겨울을 뚫고 봄의 작은 정령들이 올라오는 그때까지 있으면 해답을 찾을 수 있을까?"

농사지을 때 겨울은 농한기이다. 농한기는 농사일이 바쁜 철인 농번기가 끝난 후부터 다음 농번기까지 한가한 시기이다. 반면에 학교에서의 겨울은 농번기 못지않게 가장 바쁜 계절이다. 학생들의 생활기록부 작업도 하고, 다음 학년에 올려 보낼 준비도 한다. 특히 6학년에서는 졸업 준비까지 해야 한다.

우리 반 아이들이 글을 써서 단체로 교장실에 내려간 지 5분이 지났다. 걱정스러운 마음에 뒤늦게 교장실로 가 봤다. 거의 도착했을 때 우리 반 아이들이 교장실 문을 열고 나오는 모습이 보이고, 교장 선생님은 앞문에 우리 반 아이들이 쓴 글을 붙이고 있었다.

"벌써 끝났어?"

"네! 교장 선생님이 다시 생각해 보시고 내일 알려 주신대요."

우리가 등교해야하는 이유

6-가람

저희 6학년은 매일 등교를 해야합니다. 코로나19로 인해 다음주부터 등교를 못하고 원격수업을 하게됐습니다. 이사/전학 서로만난지 2주일/한달도 안된 친구도 있습니다. 학교를 졸업하기까지 3주 남은것도 모자란데, 3일등교는 저희는 너무 속상합니다. 그러니 교장선생님! 저희를 한번믿고 매일등교를 허락해주세요 저희는 최악의 졸업식을 맞이하고 싶지 않습니다. 방역수칙, 마스크, 손소독 철저히 지키겠습니다. 부탁드립니다. 저희 6학년 선생님과 만날시간 얼마남지 않았습니다. 꼭 부탁드립니다ㅇㅇㅇ♡

이상 6-가람올림

우리가 등교해야 하는 이유

밝은 표정으로 나온 아이들과 나는 교실로 돌아왔다.

코로나19 상황이 심해지자 졸업을 3주 앞두고 원격수업을 하게 되었다. 주 1회 등교를 하는데, 졸업하는 날을 포함하여 3번 등교하게 되었다. 해밀초 개교 이후 매일 등교를 해 왔기에 원격수업 전환은 나도, 아이들도 갑작스러웠다. 그렇게 우리 반 아이들은 원으로 둘러앉아 '우리가 등교해야 하는 이유'에 대해 적어 내려가기 시작했다. 그리고 그 글을 들고 교장실로 찾아갔다.

이후 등교 방식은 다시 논의되었고, 등교 인원과 거리 두기를 고려하여 6학년은 주 2회 등교를 하게 되었다. 학교에 대한 아이들의 마음을 알게 된 순간이었다. 아이들이 오랫동안 이 마음을 간직할 수 있게끔 졸업식 때까지 최선을 다해야겠다고 생각했다.

1회 졸업식을 앞두고 고민이 많아졌다. 졸업식은 한 해 교육과정을 마무리하는 6학년의 가장 큰 행사이다. 이번 졸업식을 통해 전하고자 하는 메시지도 생각해 보았다. 코로나19로 인해 당연하게 여겼던 일상생활이 당연하지 않게 되어 버렸다. 많은 사람들의 축하를 받으며 새로운 출발선에 서야 하는 6학년 아이들은 많은 것이 달라진 일상 속에서 졸업식을 맞이하게 되었다. 그렇게 여러 고민 끝에 1부는 학급에서 2부는 강당에서 함께하기로 했다. 교육공동체와 함께하는 졸업식을 꿈꿨지만, 코로나19로 인해 부모님을 초대하지 못해 교육공동체가 함께하는 졸업식은 어렵게 되었다. 강당에서 함께하는 졸업식을 하고 싶었던 이유는 모든 학생들이 무대 위로 올라가 졸업장을 받으면 그날의 주인공이라는 느낌이 들지 않을까 생각했기 때문이다. 또한 2학기 교육활동 영상을 모두가 함께 보며 추억을 회상하는 것도 큰 의미가 될 거라고 생각했다.

동학년 선생님들과 의미 있는 졸업식을 만들기 위해 많은 의논을 했다. 공통적인 의견은 새로운 시작을 앞둔 6학년 학생들이 많은 축하를 받았으면 좋겠다는 것이었다. 해밀초등학교에는 어깨동무가 있다. 6학년의 어깨동무는 3학년 동생들이다. 짧은 시간이었지만 함께했던 활동들이 많다. 미션 만남, 함께 점심 먹기, 수학 공부 알려 주기, 보드게임하기, 첫눈 오는 날 함께 놀기 등의 활동은 6학년과 3학년을 더욱더 가깝게 만들어 주었다.

6학년이 강당에 입장할 때 3학년 어깨동무가 박수를 치고, 꽃을 전달할 수 있게 계획했다. 졸업생들은 어깨동무가 준 꽃과 편지를 들고 당당하게 강당으로 입장했다. 그다음 6학년 선생님들이 가장 신경 쓴 부분은 바로 '마지막 알림장'이다. 이것은 졸업식의 제일 마지막 순서로, 새로운 출발을 앞두고 있는 학생들에게 담임들이 전하는 말이다. 코로나19로 인해 힘든 한 해를 보냈을 아이들에게 진심이 담긴 말을 하고 싶었다.

"… (중략) 누구는 2020년을 잃어버린 한 해라고 하지만 한편으로는 당연한 줄 알았던 것들에 대한 소중함을 알게 된 한 해였어. 선생님도 교실에 너희가 있는 게 당연한 줄 알았어. 교실을 채우던 너희들의 온기 하나하나가 그리울 거야. 너희들이 걸어갈 찬란한 길을 마음속 깊이 응원할게. 짧지만 강렬했던 너희와의 만남, 그리고 추억 잊지 않을게."

그렇게 해밀초 역사를 연 1회 졸업생들의 졸업식이 끝이 났다.

졸업식이 끝나고 교실로 돌아왔다. 아이들의 웃는 소리, 따뜻한 온기가 가득해야 하는 곳이 텅 비어 있고 고요만 남아 있다. 벌써 마음이 허전하다. 한 해 농사를 마무리하고 빈 땅을 보면 이런 느낌일까?

궁금했다.

교사로 살면서 겨울이라는 계절에 대해 다시 생각하게 된다. 겨울이 왔다는 건 봄에 한 걸음 가까워졌다는 뜻이다. 나에게 지금까지의 겨울은 정리의 의미였는데, 해밀초에서의 겨울은 나뿐만 아니라 6학년들에게도 또 다른 시작의 의미가 되었다. 새로운 아이들과 만날 봄·여름·가을·겨울을 기대하고 있다.

학교는 아이들이 있어야 빛나는 곳이다. 그 빛나는 순간을 함께하는 교사가 되고 싶다. 나는 교사로서 그곳에서 아이들이 스스로, 그리고 친구들과 더불어 삶을 가꿀 수 있게 도와주는 역할을 하고 싶다. 그리고 그 역할에 대해 끊임없이 고민을 해 본다.

이번 겨울을 정리하며 또 다른 봄의 시작을 준비한다.

교사는 내가 아이들을 사랑하는 것만큼 그 사랑을 돌려받을 수 없는 직업이라고들 한다. 내가 준 사랑만큼 받지도 못하는데 잊히기까지 한다고? 그게 무서워서 눈물이 났나? 그런데 짧지만 한 학기라는 시간을 아이들과 지내 보니 가사가 이해되고, 아이들이 날 잊어도 될 것 같다는 생각이 들었다. 현재가 힘들어 과거의 담임선생님이었던 날 그리워하고 찾아오는 것보다 날 잊고 그 시간을 함께 즐길 수 있는 선생님을 만나길 기도한다. 날 잊게 하는 선생님은 지금 우리 아이들을 더 사랑하고 아껴 주는 사람일 것이다. 행복한 시간에 정량이 있다면 나와의 시간은 밀려나도 좋다.

오늘도 연습 중입니다

전서연

첫 번째 이야기,
학교

오늘도 노란 포스트잇이 올까? 노란 포스트잇에 쓰인 아이들의 이름이 선물이라고 주문을 건다. 노란 포스트잇에 적힌 전입생의 이름을 보면 설렘과 긴장감이 함께 느껴진다. 학교에 오면서 가장 많이 느낀 감정은 설렘이었다. 물론 아직도 처음처럼 학교 올 때마다 설렌다. 설렘이라는 감정은 긴장감이 있어야 함께 오는 감정이라는 것을 깨달았다.

8월 19일 첫 교직원 다모임. 학교가 아직 공사 중이라 해밀초등학교 교직원들은 세종시교육청 옆에 위치한 건물의 한 공간에서 첫 다모임을 가졌다. '9월 개교 학교인데 어떻게 다들 친해 보이지?' 모두가 나를 제외하고 서로 아는 듯해 보였다. 그 이유는 해밀초등학교로 지원했던 TF팀이었기 때문이다. 그 사실을 알게 된 건 나중의 일이었다.

모두가 모인 후, 해밀초등학교의 교목, 교화, 교표를 포함한 학교의 기본적인 정보와 상황을 들었고 학년과 두레 소속을 정했다. 학년군끼리 모여 소개와 인사를 나누고 학교를 둘러볼 일정을 정한 뒤 해산

아직 공사가 진행 중인 교문에서 바라본 학교

우리 교실을 어떻게 채울 수 있을까

했다. 정신없고 긴장이 풀린 탓에 집에 가는 길에 터미널도 제대로 못 찾고 내려야 할 버스정류장을 지나쳐 버렸다. 버스정류장은 왜 지하차도에 있는지, 버스정류장마저 어색했고 집 가는 길에 지쳐 버스에 타자마자 잠들어 버렸다.

"너 무슨 공사장에 취직했니?"

출근길 사진을 본 친구가 나에게 한 말이다. 칠이 안 된 아스팔트, 밟을 때마다 달그락거리는 돌멩이들, 공사하는 사람들과 위험한 장비들, 모래벌판, 교문으로 추정되는 돌덩이, 먼지투성이인 교실 바닥과 허허벌판인 게시판과 칠판, 위치 파악조차 어려운 여러 개의 건물들. 우리 교실로 가는 길은 어디일까. 봄동, 여름동, 가을동, 그리고 겨울동. 미궁에 들어가는 테세우스처럼 아리아드네의 실을 풀면서 들어가야 할까. 층별로 되어 있는 지도는 별 도움이 되지 않았다. 각 교실로 가는 길은 스스로 터득할 수밖에 없었다.

개교, 첫 발령, 첫 담임, 첫 교실, 첫 전자칠판. 1반, 2반이 아니라 가람반, 나리반이라는 이름도 처음. 심지어 연구실이 유리벽인 걸 본 것도 처음. 어디든 처음에 내가 있다는 건 의미가 있는 만큼 부담감과 책임감도 함께 따라온다. 텅 빈 게시판과 칠판, 컴퓨터 바탕화면. 내가 봤던 교실들은 언제나 뭔가 꽉꽉 차 있었는데. 공허한 이 교실을 채울 수 있을까 하는 의문이 들었다. 책상을 정리하고, 컴퓨터에 필요한 파일들을 설치하면서 채워 나갈 준비를 시작했다.

우리 반 첫 학생

우리 반 첫 학생 지민이(가명)는 등교 전부터 나를 당황시켰다. 8시~8시 10분 사이에 등교를 한다고? 그땐 지민이가 아직 해밀마을에 입주하기 전이고, 지민이 부모님이 다른 지역의 학교에 지민이 오빠를 데려다주어야 하는 상황이었다. 지민이 부모님은 그런 상황을 설명하며 혹시 학교 측에서 대안을 마련해 줄 수 있느냐고 조심스레 물어보았다. 이런 고민은 해당 학년 안에서 해결해야 하는 것이라 생각했다. 가람반 선생님께서 기획회의에서 이야기를 나눠 보겠다고 했을 때 '이런 걸 안건으로 올려도 되나?' 싶었다.

"네? 교장 선생님께서 봐 주신다고요?"

답을 듣고 머릿속에 물음표가 15개 찍혔다. 심지어 교장실에서 지민이가 책을 읽어도 된다는 말 또한 신선했다. 교장실은 교사들도 쉽게 가지 못하는 공간인데 학생이 가서 책을 읽는다고?

'교실에서 고민이 생겼을 때 동료 교사와 학교 관리자에게 도움을 요청한다'는 방법은 형식적인 답이라고 생각했다. 하지만 이 방법이 실질적인 대안이 될 수 있다는 걸 경험했다. 해밀에 오기 전까지 교장실은 심호흡을 하고 노크를 세 번 정도 한 뒤 들어가 볼 수 있는 곳이었다.

원수산

5, 6학년 아이들이 얼마 오지 않았을 때, 교장 선생님께서 원수산 등산을 제안하셨다. 아찔했다. 내 체력이 걱정됐고 내가 낙오될 수도 있겠다는 생각이 들었다.

원수산으로 걸어가며 '생각보다 괜찮을지도 몰라.' 이렇게 마음을 다잡았다. 중간 지점인 피아노가 있는 놀이터까지 가면서 다람쥐도 보고 여유롭게 5학년 아이들과 이야기하며 즐겁게 갔다. '이 정도면 올라갈 만하겠는데? 그동안 내가 좀 강인해졌나?'라는 착각과 함께 다시 출발했다.

원수산 가는 길

　시간이 지날수록 경사가 급해지면서 정신이 아득해졌다. 앞에 가던 아이들과 선생님들이 보이지 않았다. 어느새 난 맨 끝이 되었고 5학년 라온반 선생님께서는 날 도와주시다 같이 지치셨다. 그리고 그 옆에서 날 끝까지 포기하지 않으셨던 교장 선생님… 두 분 덕분에 난 정상까지 올라갈 수 있었다. 정상에 올라갔더니 아이들이 내 모습을 보고 왜 이렇게 늦었느냐며 걱정했다. 아이들이 보기에도 내가 심각해 보였나 싶었다. 해밀초에 있는 동안 원수산 등산을 피할 수 없을 것 같은 슬픈 예감이 들면서 방학 때 체력 단련의 필요성을 느낀 순간이었다.

기획회의

해밀초등학교 기획회의는 교장 선생님, 교감 선생님과 각 학년군장, 6학년 팀장, 업무지원팀이 참여하여 학교 단위의 사업에 대해 의견을 나누고 결정한다. 기획회의에서 결정된 사안들은 학년군 마실 때 학년 군장들을 통해 전달된다.

6학년 가람반 선생님께서 기획회의에 참관하고 싶으면 함께 가자는 메시지를 받았다. 학년군 마실에서 다루지 않는 주제와 의견 공유 과정이 문득 궁금해졌다. 앞서 말한 우리 반 지민이의 이야기도 기획회의에서 다뤄졌고, 직접적인 영향을 받았기에 더욱 그랬다. 뿐만 아니라 특히 새로 생긴 학교여서 내가 다른 학교에서 접하지 못할 안건들을 경험할 수 있을 것 같았다. 학년에서 다루지 않는, 학교 단위의 결

모두가 '참여'하는 기획회의

정 사항들은 어떤 것이 있는지, 어떤 방향으로 결정될까? 그 안건들이 어떤 방향으로 결정되느냐에 따라 내가 있는 이 학교의 운영 방향이 정해지지 않을까? 학교에 있으면서 물론 학급 운영도 중요하지만 학교가 어떻게 운영되는지 알 필요가 있다고 생각한다. 아무 정보 없이 결정된 사항을 전달받는 건 학교에 끌려가는 느낌이 들기도 했다.

갔더니 신규 교사는 나 혼자라 당연히 참관하는 입장으로 구석에 의자를 놓고 앉았다. 그런데 어느 순간 보니 왼쪽에는 교장 선생님, 오른쪽에는 교감 선생님이 자리하고 계셨다. 어쩌다 그렇게 앉았는지는 당황스러워서 자세히 생각나지 않는다. 그렇게 자리함으로써 난 기획회의에 '참관'이 아니라 학교 운영 과정에 '참여'한 기분이 들었다.

가장 기억에 남는 안건은 해밀초등학교 개교기념일 정하기. 10월 4일이라고 들었는데 해밀마을이라는 공간에 같이 있는 해밀유치원, 해밀중학교와 같은 날로 통일하는 것은 어떻겠냐는 의견이 있다고 했다. 학년군 마실 때 기획회의 내용을 전달받으며 비록 하루 전에 들은 내용이지만 더 빨리 정보를 접했다는 생각에 꽤히 어깨가 으쓱했다.

기획회의에서 '갓 발령받은 신규가 뭘 안다고…'라고 하지 않고 신규가 벌써 학교에 관심을 갖는다고 좋게 바라보며 다음에도 참관하러 오라며 격려해 주셨다. 이런 경험은 학교가 새로 갖춰지고 있는 지금, 이때만 할 수 있는 경험이 아닐까?

두 번째 이야기,
교실

나는 주변 사람과 환경의 영향을 많이 받는 사람이다. 나는 학교에서 긍정적인 영향과 에너지를 많이 받고 있다. 서로의 교육관을 존중하고 자존감을 높여 주는 동학년이다. 내 자존감 지킴이, 멘탈 관리자이자 멘토들. 학생들을 아끼고 학생들이 재미있어하는 수업을 고민하고 공유하는 걸 경험하고 직접 본다. 내가 바라는 교실의 모습을 가까이에서 보면서 나도 그렇게 되고 싶어 하고, 그런 반의 모습을 만들기 위해 조금씩 실천하려고 하는 내 모습이 마음에 들고 스스로가 기특하다.

매일 칠판에 사랑이 담긴 편지를 남기고 가시는 가람반 선생님을 보며 나도 우리 반 칭찬 2~3개는 꼭 쓰고 가는 걸 스스로의 약속으로 정해서 칭찬하고 장점을 찾는 법을 배웠다. 아이들 반응이 좋았던 수업 자료와 방법을 흔쾌히 공유해 주시는 다솜반 선생님을 보며 열정을 배웠고, 좋은 자료가 있으면 공유하고자 하는 의지를 다졌다. 학생들의 자존감을 중시하고 자신의 교실과 학교를 사랑하시는 라온반 선생님을 보며 내 수업, 가치관과 학생들을 대하는 태도에 대해 꾸준히 고민하게 되었다.

내 교실

길지 않은 한 학기였지만 내가 비로소 할 수 있게 된 건 '인정'이다. 반마다 다른 분위기를 인정하고, 아이들 한 명 한 명의 성격을 인정하고, 초등학생들의 특성을 인정했다. 6학년 아이들도 아직 13살밖에 안된 어린이들이니 계속 말하고 싶고 움직이고 싶어 한다는 걸 인정했다. 칭찬은 언제나 긍정적 보상이라고 생각했는데 칭찬을 부담스러워하는 아이가 있다는 걸 인정했다. 다른 반에서는 반응 좋았지만 우리반에서는 반응이 좋지 않은 수업이 있을 수 있다는 걸 인정했다. 인정의 반복이었다. 반마다 분위기도 다르고, 학생 특성도 다르고, 같은 수업을 해도 다른 반응이다. 우리 반은 조용한 편이다. 전담 시간에도 조용하고 내 수업 시간에도 조용하고. 지금은 물론 아이들이 서로 친해져서 점점 시끄러워지고 있다.

나 자신에 대한 인정도 필요했다. 능력과 성격에 대한 인정. 분반을 하고 난 후, 반응이 좋았다는 이야기를 들었던 수업을 하기 위해서 계획했던 시간표를 수정하다 보니 스트레스를 받았다. 목표한 과목의 분량을 달성하고 나서 그 수업을 해도 늦지 않았다. 하지만 재미있는 수업을 해야 아이들이 날 좋아하고 친해질 것만 같았다. 앞서 말했듯이 반응이 좋다고 들었던 모든 수업이 성공적이진 않았고, 내가 목표한 걸 미뤄 가면서까지 그런 수업들을 하는 의미가 없다고 느꼈다. 오히려 밀린 진도를 맞추기 급급한 수업들의 연속이었다. 그건 내 능력에 대한 자괴감과 불신만 만들었다. 내가 계획한 걸 수정하면서 수업을 여유롭게 할 수 있는 사람이 아니었다. 스스로 쫓기는 느낌이 드니 수업도 쫓기면서 급하게 하는 기분이었다. 그걸 인정하고 다음 주 수업을 계획할 때 추천받은 수업을 하나씩 넣어 보고, 수업 내용보다는 방법 정도만 적용해 보기로 했다.

결과는 스스로 만족스러웠다. 마음이 여유로우니 수업도 여유로웠고 아이들의 반응도 살펴 가면서 할 수 있었다. 목표했던 진도도 나갔으니 편안하게 추천받은 수업을 해 볼 수 있었고, 내가 잡은 진도에 있는 내용이지만 추천받은 수업의 방법을 적용했더니 조화가 잘됐다. 수업을 하면서 우리 반 아이들이 좀 더 적극적으로 참여하고 반응을 보이는 방법들을 알아볼 수 있었다.

내 머릿속 서랍에 생각들이 들어가야 할 위치를 찾지 못하고 있는 동시에, 내 교실에 크고 작은 사건 사고들이 일어나고 있다. 방심했다. 6학년은 결코 쉽지 않은 학년인데.

태형이의 알림장

임용고시 준비를 하면서 계속 생각했던 건 '나는 어떤 학급을 만들고 싶은가?'였다. 난 자존감이 높은 학급을 만들고 싶었다. 자신의 장점을 스스로 알고, 타인의 장점을 찾아 칭찬에 인색하지 않는 아이들로 성장하게 하고 싶었다.

아직 가람, 나리, 다솜, 라온으로 분반되기 전, 나리반의 두 번째 학생 태형이(가명)가 왔을 때의 일이다. 나는 알림장을 메모장에 쓰고 아이들이 또박또박 썼는지 검사한다. 알림장을 쓰면서 내일의 시간표와 준비물을 아이들이 한 번 더 확인할 수 있다고 생각한다. 그래서 글씨를 내가 알아볼 수 있게 쓰지 않으면 다시 써 오라고 한다. 내가 알아볼 수 없는 글씨는 아이 스스로도 알아볼 수 없다.

그날도 알림장을 썼다. 태형이가 검사를 받으러 왔다. 내일의 시간표를 쓴 1번을 제외하고는 자음과 모음이 뒤섞여 있는 것처럼 보였다. 태형이에게 2번을 직접 읽어 보라고 했다. 자신이 쓴 글씨를 알아보지 못했다. 옆에 있던 아이들이 "선생님, 저거 다시 써야 하는 것 아니에요?" 해서, "에이, 알림장 찢고 다시 써야겠네"라고 말했다. 그 말을 들은 태형이는 내 앞에서 알림장을 찢었다. 찢은 알림장을 바닥에 던지고 태형이는 씩씩거리며 자리에 앉았다. 태형이에게 급식 먹고 잠깐 이야기하자고 얘기했지만 결국 난 불편한 마음에 급식도 제대로 먹지 못했다.

내 첫 학생 상담이었다. 일단 상처받았을 태형이를 달래 주고, 서로 약속을 했다. 적어도 내가 태형이의 글씨를 알아볼 수 있게만 쓰고, 또박또박 쓰려는 노력을 하기로. 이런 사건으로 첫 상담이라니. 마음이 괜히 심란했다. 라온반 선생님께 답답한 마음에 태형이 이야기를 했다. 라온반 선생님 또한 학생들의 자존감을 우선으로 하시는 분이었다. 라온반 선생님은 못 쓴 글씨체 또한 학생의 특성이기에 글씨 지도를 하지 않는다고 하셨다. 이야기를 나누면서 내가 생각한 '자존감'에 대한 정의가 다시 필요했다.

자존감을 높이기만 하면 되는 건가? 자존심이 세고 자존감을 중요시하는데, 설마 내가 아이한테 상처를 줄까? 나의 자만이었다. 내가 무심결에 하는 말과 행동, 지도가 아이의 자존감과 자존심을 깎을 수도 있다는 것을 간과했다. 이 사건은 내 학급 운영 가치관을 지속적으로 돌아보고 수정하게 되는 계기가 되었다.

선생님, 저희를 놔두고 방심은 금물이에요

"선생님! 석진이 목에서 피 나요!"

조용하고 평화롭던 우리 반에서 주먹질하는 싸움이 일어났다. 체육 교구를 가지러 간 그 잠깐 사이에 벌어진 일이다. 등 돌리고 사물함에서 씩씩거리며 울고 있는 석진이(가명)와 아무렇지 않게 다른 친구와 놀고 있는 윤기(가명). 드라마에서 나오던 상황처럼 들고 있던 걸 떨어뜨리고 석진이에게 달려갔다. 석진이를 데리고 교실에서 나가면서 온갖 생각들이 머리를 스쳤다. '얘네가 언제부터 사이가 안 좋았지?' '피가 날 정도로 싸운 거면 대체 뭐 때문에 싸운 거지?' '얘를 보건실에 먼저 데려가야 하나, 상황 설명을 듣고 보건실을 보내야 하나?' '교실에 남아 있는 애들을 어떻게 하지?' 우선 울고 있는 석진이를 달래고 진정시켜 상황 설명을 들었다. 상황 설명을 듣고 곧바로 석진이는 보건실로 보냈고, 교실에 있는 아이들은 컬링 경기를 위한 팀을 각자 짜도록 시켰다. 그리고 윤기를 불러 윤기의 상황 설명까지 듣고 교실로 왔다.

석진이가 보건실에 다녀온 후, 컬링 규칙을 설명하고 수업을 진행했다. 하필 이날 체육 수행평가라니. 눈가가 빨갛게 된 석진이를 달래고, 아이들이 컬링 경기하는 모습을 보며 체크리스트에 표시하고 수업을 마무리했다. 석진이와 윤기에게 급식을 먹고 잠시 교실에서 기다리라고 말을 전한 뒤, 가람반 선생님과 급식을 먹었다. 아이들의 상황 설명이 서로 일치하는지, 자신의 잘못을 아는지와 사과할 의지가 있는지 살펴보고 학부모에게 빠르게 연락을 하라고 조언해 주셨다. 또한 보건 선생님께 석진이의 상처가 어떤지 듣고 그 부분도 연락할 때 추가로 말하는 게 좋다고 하셨다. 다행히 보건 선생님께서 석진이의 상처가 약을 잘 바르면 크게 흉이 지지 않는다고 말씀하셨기에 조금 마음이 놓였다.

교실로 돌아가면서 아이들의 말을 토대로 사건 현장을 머릿속 영상으로 재생했다. '내가 이해한 게 맞겠지? 말할 때마다 하나씩 확인해 봐야겠다.' 아이들에게 각각 내가 들은 상황을 정리하며 말해 주었고 크게 말이 엇갈리는 부분이 없었다. 두 명 모두 내가 잘못을 지적하기 전에 자신의 잘못이 무엇인지 알고 사과할 의지가 있는 아이들이었다.

"제가 조금만 참았으면 윤기가 사과했을 텐데, 못 참고 밀어 버렸어요."

"석진이는 모르고 친 건데, 제가 세게 쳐 버렸어요. 그때 바로 사과했어야 했는데 못 했어요."

악수 대신 주먹인사를 하며 아이들은 서로에게 사과를 했다. 교실에서 과격하게 놀지 않을 것, 무슨 일이 있어도 절대 폭력을 쓰지 않을 것을 약속했다. 아이들을 보내고, 석진이와 윤기의 부모님께 전화를 드렸다. 전화했을 때 다행히 두 학생의 부모님 모두 상대 학생을 걱정하셨다. 이날 이후, 나리반 알림장에는 한 줄이 추가됐다.

'교실에서 과격하게 놀지 않기.'

초등학생은 한순간의 장난으로도 그렇게 과격하게 변할 수 있다는 걸 경험하고 나니 아이들이, 교실 안 모든 물건이 무서워졌다. 아이들이 내 말을 듣는 것과 별개로 교실 안 모든 상황을 내가 통제할 수 없다는 사실에 무력함을 느꼈다. 그리고 머릿속에 떠오르는 물음표 상자 하나 더. 이렇게 내 앞에서 사과하는 게 과연 의미가 있을까? 내년에도 같은 상황이 발생했을 때 내 앞에서 사과하는 게 상황을 모면하기 위한, 형식적으로 하는 사과라면 어떻게 지도해야 할까? 이 부분은 아직 고민 중인, 3월 전까지 내가 생각해 봐야 할 과제다.

세 번째 이야기,
나

학생이 희망하는 진로: 교사

살면서 진로 희망서에 자신이 적은 꿈을 이룬 사람이 몇이나 될까? 나는 그 '몇' 사람 중 하나라고 자신 있게 말할 수 있다.

올해 2월, 중학교 1학년 때 같은 반이었던 친구들과 담임선생님을 만났다. 그땐 교실에서 급식을 함께 먹었는데 11년이 지난 지금, 와인을 함께 마시고 있다. 여전히 선생님은 밝고 긍정적이고 에너지가 넘치셨다.

"선생님, 저 선생님 때문에 선생님 되고 싶었잖아요!"

중학교 1학년 때 담임선생님은 나에게 처음으로 공부의 즐거움과 성취감을 알려 준 사람이었다. 담임선생님의 과목은 국어였다. 선생님의 국어 수업은 모둠별 점수제, 스피드 게임으로 이루어졌다. 모둠별 점수는 학습지의 빈 칸을 교과서를 보지 않고 쓴 뒤, 발표로 정답을 맞힌 횟수만큼 가져갈 수 있다. 스피드 게임은 그날 배운 내용을 모둠별로 두 명씩 나와 설명하고 맞힌 정답 수만큼 점수를 가져가는 방식이었다. 게임에서 이기기 위해 난 지난 시간에 배운 내용과 다음 시간에 배울 내용을 공부했고, 그날 배운 내용은 친구들이 답을 맞힐 수 있도록 내 말로 쉽게 풀어서 설명하는 것을 연습했다. 그땐 몰랐지만 지금 생각하면 예습과 복습을 게임에서 이기기 위해 스스로 한 셈이다. 선생님과 수업을 하면서 이렇게 꾸준히 예습과 복습을 했다. 모둠을 바꿀 때마다 친구들이 날 가장 우선으로 뽑길 원했다. 그리고 기말고사 때 전교에서 혼자 100점을 받았다.

자발적으로 한 예습과 복습이 내게 성취의 기쁨을 알려 줬다. 그래서 국어는 중학교 1학년 때부터 지금까지 내가 가장 좋아하는 과목이 되었다. 국어 선생님의 수업 방식이 나와 잘 맞았기 때문에 난 국어 수업이 언제나 기다려졌고 재미있었다. 선생님도 수업하시는 모습이 즐거워 보였다. 내가 경험했던 성취의 기쁨을 공유하고 싶었고, 교단에서 아이들과 웃고 떠드는 내 모습이 그려졌다. 내가 한 수업으로 아이들이 학습의 성취감을 느끼게 해 주고 싶다는 목표가 생겼다.

나 학교 자퇴할까?

대학교 2학년 교생실습, 미래 교사로서의 내 자질에 대해 의심했던 때다. 청주 변두리 6학급인 작은 학교. 내가 가는 3학년 교실에는 3학년 학생 5명, 교생 4명과 담임선생님이 있었다.

국어 수업 때 일이다. 쪼갤 수 있는 낱말과 쪼갤 수 없는 낱말에 대해 가르치고 있었다.

"여러분, 날달걀을 두 부분으로 쪼개 볼까요? 무엇과 무엇으로 쪼갤 수 있나요?"

"노른자랑 흰자요."

"그렇죠. 노른자랑 흰자로 쪼갤⋯ 뭐라고?"

엉뚱하고 귀여운 답변에 당황해서 다시 물어보았다. 당연히 날과 달걀을 말한 줄 알고 넘어가려 했는데 말이다. 선생님이 원하는 답이 뭔지 대부분 아는 6학년과 달리 3학년 아이들은 수업 중에 기발한 답으로 날 당황시키기도 했다.

내 수업에 열심히 참여하는 아이들이었기 때문에 날 좋아하지 않는다고 생각한 적이 없었다. 하지만 평소처럼 교실에 간 어느 날, 내 책상을 제외한 3개 책상 위에 색종이에 쓴 편지들이 있었다. '설마 나만 없을 리가.' 하는 마음에 책상 서랍과 바닥까지 살펴봤지만 나만 없었다. 수업도 재미있게 했고, 아이들이 날 싫어하는 것 같지 않았는데, 내 착각이었나? 왜 나만 없지? 이유를 찾기 시작했고, 곧 내가 교사가 되기 부적합하다는 것이 그 이유라는 생각이 들었다. 교사라는 직업 하나만 보고 왔는데, 교사에 잘 어울린다고 스스로 생각해 왔는데, 그동안의 내 노력과 자부심이 부정당했다.

"엄마, 나 학교 자퇴할까?"

"말 같지도 않은 소리 하고 있어."

"우리 반 애들이 나한테만 편지 안 썼어."

"뭘 그런 거 가지고 학교를 자퇴하니 마니 이야기하니? 너 교대 나와서 선생님 하면 다행이지, 교대만 나온 건 회사 서류 면접에서 고등학교 졸업한 거랑 똑같이 치더라."

고졸과 똑같다는 말에 겁을 먹고 잠시 생각에 잠겼다. 나에게 1년의 유예기간을 주기로 했다. 내년 교생실습 때도 비슷한 상황, 같은 마음이면 자퇴하기로. 그 1년의 유예기간은 오히려 내가 교사를 할 수밖에 없다는 생각이 들게 만들었다. 2학년 때 받은 상처를 3학년 때 만난 아이들에게 치유를 받았으니 말이다.

네 번째 이야기,
2021년

"선생님, 저희 여기 놀러 와도 돼요?"

"선생님, 시험 다시 쳐서 해밀중으로 와요."

"선생님, 스승의 날에 교복 입고 꼭 다시 올게요!"

아침 활동 시간에, 수업 중에, 알림장 쓸 때 아이들이 던지는 문장들이 쌓여 내가 다음 해를 버틸 힘을 만들어 준다. 기분 좋은 말을 들을 때마다 꼭 기억해 뒀다가 퇴근하는 길에 전화해서 자랑하곤 한다. 아이들 한 명 한 명에게 하고 싶은 말이 많아서 엽서를 썼다. 손편지를 좋아하는 게 이럴 때 도움이 되는구나. 손편지의 정성을 믿는 나는 통지표에 쓴 말보다 손편지로 전달하는 게 아이들에게 더 와닿을 거라고 확신한다. 졸업식 날, 학부모님들에게 아이가 학교 가는 걸 즐거워했다고, 아이들을 생각하는 선생님의 마음이 느껴졌다는 문자들을 받았을 때 그 벅참은 이루 말할 수 없었다. 코로나라는 불가피한 상황에 한 번도 얼굴을 뵙지 못했지만 내 마음을 알아주셨다는 것만으로 내가 바라는 교사의 밑그림 선 하나를 그린 기분이다. 첫 발령, 첫 시작을 기분 좋게 할 수 있음에 정말 감사한 한 해였다.

랩 하는 초등학교 선생님으로 유명한 달지 선생님의 노래 중에 〈다시 만날 때〉라는 곡이 있다.

내가 바라는 것 딱 하나

그저 너의 삶에 행복 한 줄기를 더해 주는 것

잊혀지더라도 난 괜찮아

너의 삶에 더 큰 행복이 쌓여 내가 지워지는 것

난 기억에 남는 스승이고 싶었다. 날 잊지 않고 스승의 날에 찾아와 주며 아이들이 선생님과 수업하던 때가 그립다고, 시간이 지나도 선생님이 가장 기억에 남는다고 말해 주길 바랐다. 이 곡을 들으며 저 가사를 눈으로 읽었을 때 왠지 모르지만 눈물이 펑펑 났다.

교사는 내가 아이들을 사랑하는 것만큼 그 사랑을 돌려받을 수 없는 직업이라고들 한다. 내가 준 사랑만큼 받지도 못하는데 잊히기까지 한다고? 그게 무서워서 눈물이 났나? 그런데 짧지만 한 학기라는 시간을 아이들과 지내 보니 가사가 이해되고, 아이들이 날 잊어도 될 것 같다는 생각이 들었다. 현재가 힘들어 과거의 담임선생님이었던 날 그리워하고 찾아오는 것보다 날 잊고 그 시간을 함께 즐길 수 있는 선생님을 만나길 기도한다. 날 잊게 하는 선생님은 지금 우리 아이들을 더 사랑하고 아껴 주는 사람일 것이다. 행복한 시간에 정량이 있다면 나와의 시간은 밀려나도 좋다.

감정을 표현하는 법. 그 시작은 남들의 눈치를 보지 않는 것이 아닐까. 체육과 수업을 하면서 알게 된 것이다. 부끄러워 숨는 아이, 춤을 안 춘다고 하는 아이, 가만히 서 있는 아이까지. 고학년 아이들과 표현 수업을 하다 보면 종종 이런 모습을 발견할 수 있다. 아이들에게 그 이유를 물어보면 하나같이 대답한다.

"다른 친구들이 제가 춤추는 것을 보는 게 싫어요."

우리는 언제부터 다른 사람의 시선에 신경을 쓰게 되는 것일까. 자신이 하고 싶은 것을 찾고, 우직하게 나아갈 수는 없는 것일까. 이 생각의 끝에 비로소 나만의 교육 철학이 세워졌다. 첫째, 모든 감정을 존중할 것. 둘째, 학생들이 잘하는 것에 초점을 둘 것. 셋째, 자신의 마음을 다양한 방법으로 표현하게 할 것. 이 철학을 교육활동에 어떤 식으로 반영할지 구체적인 형상은 떠오르지 않는다. 다만 처음 무용수를 꿈꿨을 때처럼 포기하지 않으려 한다. 나는 포기하지 않는 아이니까.

나의 성장일기

박경현

터닝
포인트

출판을 준비하면서 성장 앨범을 하나씩 열어 보기 시작했다. 눈을 떠 세상을 처음 본 순간부터 대학 졸업까지. 모든 역사가 담겨 있었다. 내가 기억하는 첫 순간은 언제일까? '포인, 플랙스, 턴.' 바로 이 문장이다.

'엄마, 아빠라는 말을 하기 전부터 영어라니!' 무용이 생활화되면서 이제는 많은 사람들이 아는 용어지만 이 당시만 하더라도 부모님께서는 천재 소녀의 등장이라고 생각하셨다. 한시도 가만히 있지 못하는 아이. 넘치는 에너지를 가라앉히기 위한 방편으로 무용학원에 다니기 시작했다. 그때는 몰랐다. 인생을 바꾸는 첫 터닝 포인트가 시작되었다는 것을 말이다. 하늘거리는 치마를 두르고 아름다운 선율에 맞추어 춤을 추던 사람들… 그 모습을 아직까지 지울 수 없다. 5살의 어린 소녀에게 그 모습은 신선한 충격이었기 때문이다. 예술 영재원을 거쳐 예술 고등학교까지 무용수로서 나의 삶은 탄탄대로였다. 무대 위에서 몸으로 표현하는 내 모습이 좋았고, 춤 속에서 메시지를 찾아내는 관객들이 있어 행복했다.

164cm의 작은 키, 넓은 어깨 그리고 평발까지. 무용수로서 나의 신체조건은 부적합하다. 아니, 최악이라는 편이 맞을 것이다. 좋은 신체조건을 가진 아이들 속 보이지 않은 작은 아이. 살아남기 위해 OK 걸이 되어야 했다.

"무용과, 너희 중에 누가 분장할 수 있니?"

"저요. 제가 하겠습니다."

"의상 정리해야 하는데 다리미질할 수 있니?"

"네, 저 할 수 있어요."

"한 선생님, 이 학생 정말 열심히 해요. 한번 믿고 맡겨 보는 것은 어때요?"

"그럼 이 무대. 네가 해 볼래?"

"네, 감사합니다. 정말 잘해 볼게요."

평판이 올라갈수록 찾는 사람은 많아졌다. 하지만 포기할 수 없었다. '절대 포기하지 않는 아이.' 이 평판을 잃고 싶지 않았기 때문이다. 몸이 망가지는 것도 모르는 채 말이다.

고등학교 3학년, 입시를 앞두고 건강에 적신호가 켜졌다. 무용과 입시는 3분의 짧은 시간 동안 보이는 것으로 평가받는다. 무엇을 할 수 있는지, 어떤 평판을 가지고 있는 사람인지 말할 수 없다. 할 수 있었던 선택은 외적 요소를 바꾸는 것뿐이었다. 하루에 두유 하나. 12시간의 살인적인 연습 스케줄을 견디기엔 터무니없는 식사였다. 몸은 점점 망가져 갔다. 하지만 포기할 수 없었다. '포기하지 않는 아이'니까.

'불합격.' 빨간색으로 적힌 세 글자. 그토록 원하고 바랐던 대학에서 불합격 통보를 받은 순간 모든 것이 무너졌다. 지금까지 한 모든 노력들이 부정당한 기분이었다. 망가져 버린 몸과 신념. 하지만 그 순간에도 선택을 해야 했다. 합격한 대학에 갈 것인가. 도전할 것인가. 두 번째 터닝 포인트가 시작되었다.

"선생님, 무용과 포기하겠습니다. 교육대학교에 지원할 거예요."

눈이 내린 추운 겨울날 교무실, 그 말을 들은 모든 선생님들의 표정이 일그러졌다.

"다시 한 번 생각해 보는 건 어떠니? 충동적으로 결정할 사항이 아니야. 너의 미래가 달려 있단다. 예술 고등학교와 인문계열 학교의 교육과정은 너무나 달라."

"네가, 교육대학교를? 사람은 저마다 자기가 할 수 있는 것이 있어. 할 수 있는 것을 해라."

수많은 충고와 조언. 소식을 들은 사람들은 저마다 한마디씩 거들었다. 15년이라는 시간이 결코 짧지 않기 때문에 내가 내린 결정이 그들에게는 충격이 되었을지도 모르겠다. 하지만 그들에게 원했던 것은 충고와 조언이 아니었다. 기다림, 그리고 "할 수 있다"는 따뜻한 말 한마디. 그때의 나를 응원하는 사람은 나 자신뿐이었다.

"정말, 궁금한 것이 있는데 마지막 질문 하나만 해도 될까요?"

"네. 괜찮습니다."

"학생, 생활기록부를 보니 예술 고등학교를 졸업했던데. 왜 초등 교사를 하고 싶나요?"

교육대학교 면접 당시 받았던 질문이다. 출신 고교를 알게 된 모두가 묻는 질문이기도 하다. 초등 교사가 왜 되고 싶은가. 사실 아직 답하기 어렵다. 남들과 다른 특별한 이유가 없기 때문이다. 단지 알고 있는 것을 나누고 싶었고, 꿈을 꾸기 시작하는 학생들의 예술적 재능을 발견해 주고 싶었다. 경험한 만큼 보인다. 꿈을 향한 길을 먼저 걸었고, 실패했고, 이겨 낸 선배로서 다가가고 싶었다. 무용수를 꿈꾸던 돌

무용수를 꿈꾸던 나

교육대학교 다니던 시절

연변이 초등 교사가 만들어진 평범한 이유다.

"선생님, 해밀초등학교로 발령 나신 것을 축하드립니다."

2020년 8월 11일. 세 번째 터닝 포인트의 신호탄이 울렸다. 발령의 설렘은 잠시, 난생처음 느껴 보는 감정이 온몸을 휘감았다. 10분이 남아 우왕좌왕했던 첫 수업, 학생들의 싸움으로 번진 체육 수업, 'Are you understand?'라는 어록을 남긴 영어 수업까지. 실수로 얼룩졌던 세 번의 실습들이 주마등처럼 지나갔다. 대학생이라는 이름 아래 면죄부를 받았는데 그 울타리에서 벗어나야 한다니. 두려움이 커졌다. 그러나 피할 수 없다. 이렇게 교사라는 새로운 인생이 펼쳐졌다.

사람은 망각의 동물이라고 했던가. 성장 앨범을 덮으며 그 말을 깊이 공감했다. 지금의 나와 과거의 나는 다르다는 것을 깨달았기 때문이다. 처음 무용수를 꿈꾸던 5살의 나도, 포기하지 않고 끝까지 노력한 나도, 새로운 도전을 시작했던 나도, 신규 교사인 나도, 각기 다른 시간 속에서 성장하고 변화한 사람이었다. 출판에 참여한 이유도 바로 이것이다. 해밀초등학교에서 새롭게 생성된 나의 모습을 기록으로 남기고 싶은 욕망이 생겼기 때문이다.

6학년 담임교사가
되다

"안녕하세요. 신규 교사 박경현입니다."

2020년 8월 19일. 떨리는 마음으로 첫 다모임에 참여했다. 어색한 첫인사로 시작한 다모임은 교육과정, 학력에 대한 설명에 이어 기다리던 인사 발표 시간이 되었다. 떨리는 손으로 받아 든 종이. 맙소사, 6학년 담임이었다. 초등학교를 떠올리면 어떤 선생님이 기억날까? 예쁜 선생님? 다정한 선생님? 무서운 선생님? 사람마다 다르겠지만 보통 6학년 담임선생님이라 한다. 바로 그 6학년 담임이라니 큰 산이 가로막고 있는 기분이었다. 교육 실습을 경험하면서 20명이 넘는 아이들을 관리하고 교육한다는 것이 쉽지 않다는 것을 알았기 때문이다.

사방으로 날아다니는 모래 속 덩그러니 자리 잡은 책걸상도 없는 작은 공간, 첫 교실이었다. '이곳이 나의 교실이구나. 어디서부터 정리해야 할까? 9월 1일에 아이들이 학교에 올 수 있을까?' 인사발령 결과를 받고 설레는 마음으로 생각했던 교실과 너무나도 다른 모습에 놀라움을 감출 수 없었다. 정말 아무것도 없는 무無라는 환경에서 시작한다는 기분. 엄습해 오는 막연한 두려움. 그제야 '개교 학교'라는 현실이 실감이 나기 시작했다. 교사라는 새로운 도전을 했던 때가 떠올랐다. 하지만 그때와는 달랐다. 옆에서 응원해 주고 느린 나를 기다려주는 동료가 생겼다. 밀당의 귀재 가람반 선생님, 차분한 매력의 나리반 선생님, 열정맨 라온반 선생님까지. 어벤저스 팀과 함께 6학년 담임교사로서의 첫발을 뗐다.

2020년 9월 1일. 해밀초등학교의 문이 활짝 열렸다. 상기된 얼굴을 한 아이들은 양손 가득 준비물을 가지고 하나둘 등교하기 시작했다. 적막했던 학교는 아이의 말소리와 온기로 가득 찼고, 덩달아 나의 마음도 따뜻해졌다. 설레는 마음으로 6학년 학생을 찾았다. 한 명이라니. 당혹스러움을 감출 수 없었다. 우리 반은 정말 없는 것인가. 놀라움도 잠시 다급한 목소리가 들렸다. "겨울동 공사가 아직 끝나지 않았어요. 저희 교실을 사용 못 할 것 같습니다." 우려했던 사건이 터졌다. 잇따른 비에 9월 완공 예정이었던 공사가 마무리되지 못한 것이었다. 한 명의 학생과 네 명의 선생님. 내 반이 아닌 교실. 기묘한 학기가 시작되었다.

"가람반, 나리반, 다솜반, 라온반이 한 반에서 수업한다고요?"

9월 한 달이 지났지만 네 명의 학생을 끝으로 학생들이 오지 않았다. 한 반에 한 명인 상태로 수업을 하는 것인가? 아이랑 단둘이 무엇을 해야 하지? 참 많은 생각을 했던 것 같다. 하지만 생각하지도 못한 체제가 열렸다. 가람, 나리, 다솜, 라온 각기 다른 반 아이들이 한 교실

에서 수업을 한다는 것이다. 중·고등학교 교사처럼 과목을 분배했고, 담당 과목 시간이 되어서야 아이들과 만날 수 있었다. 기간제 시절 떠올리던 담임교사와는 판이하게 다른 모습에 아쉽기도 했지만 서서히 일상이 되어 가고 있었다.

진정한 교사가
되는 길

학부모와의 만남, 제3의 자아
교사가 되고 나서 가장 두려운 일이 무엇일까. 첫 수업? 행정 업무?

학급 운영? 사람마다 다르겠지만 나는 학부모 상담이었다. 교대 재학 시절부터 선배들에게 들은 수많은 에피소드 속 막장 드라마들이 머릿속에서 사라지지 않았다. 지금에서야 말하지만 전입 오지 않은 6학년 아이들 덕에 한동안 학부모님과 연락을 하지 않아 안도했었다. 그 삶에 조금씩 적응해 가던 9월 29일. 올 것이 오고야 말았다. 노란 포스트잇을 들고 걸어오는 그림자. 다솜반 첫 학생의 등장이었다. 그렇게 기다리던 학생이었건만 얼음처럼 온몸이 굳어 갔다.

"반가워요. 다솜반 선생님이에요. 이름이 뭐예요? 아직 공사가 덜 끝나서 우리 교실은 못 써요. 선생님이 수학, 체육 시간에만 들어가서 오늘은 점심시간에만 보겠네요? 수업 잘 듣고 궁금한 것이 있으면 언제든 이야기해요."

떨려서일까. 학생의 답도 듣지 않은 채 속사포처럼 말을 늘어놨다. 교육대학교 4년간 귀에 못이 박히도록 들었던 말이 문득 떠올랐다. 학생과의 라포르rapport 형성이 무엇보다 중요하며, 학생의 말에 귀 기울이는 것이 관계 형성의 기본이라는 것 말이다. 그 말을 들으며 교사라면 반드시 그래야 하고, 기초적인 소양이라 생각했었다. 그러나 막상 현장에 던져진 초임 교사는 그럴 만한 여유가 남아 있지 않았다. 머릿속에 떠오르는 건 단 하나. 학부모님과의 연락이었다.

교실에 들어서자마자 컴퓨터를 뒤지기 시작했다. 9월 초, 가람반 선생님이 주신 학부모 상담 체크리스트를 인쇄했다. 발열 체크, 공사로 인한 타 교실 사용 안내, 졸업 앨범까지. 알려야 할 내용이 수십 가지가 넘었다. 목을 가다듬고 허공에 무작정 연습하기 시작했다. 더듬더듬 처음 말을 배우는 아이처럼 말이 꼬였다. 무엇부터 이야기해야 하는 걸까? 말 하나는 잘한다고 자부했던 터라 절망감은 배가 되었다. 아무리 생각해도 답이 나오지 않았다. 당장 앞에 펼쳐진 현실에 부끄러움을 무릅쓰고 가람반으로 뛰어갔다.

"선생님, 오늘 처음으로 학부모님께 연락드려야 하는데 어떤 것부터 여쭤 봐야 할까요?"

"바로 용건부터 말하지 말고, 학부모님의 이야기를 들어주고 공감해 주세요. 개교 학교라 학부모님 걱정이 많으실 거예요. 안심시켜 드리고, 하나하나 차분히 이야기하세요. 선생님, 잘하실 거예요."

모두가 아는 것이지만 가장 어려운 일. 공감이 사람 간의 관계에서 무엇보다 중요하다는 것을 다시 한 번 깨달았다. 상담도 하나의 대화인데 왜 일방적으로 전달하려 한 것일까. 마음을 가다듬고 곧장 수화기를 들었다.

교사 인생의 첫 상담은 생각과 다르게 성공적이었다. 가람반 선생님의 말처럼 학부모님의 이야기를 듣는 것으로 시작했기 때문이다. 이렇게 교사로서 상담의 첫 원칙이 세워졌다. 말하는 것보다 듣기. 물론 아직도 학부님과 연락을 할 때 떨리는 초임 교사지만 이제는 당당하게 첫인사를 건넨다.

"안녕하세요. 다솜반 담임 박경현입니다."

"못하는 것은 없어. 연습해."

우리 반 아이들이 가장 많이 하는 말이 있다. "힘들어요." "왜요?" "못하겠어요." 이 모든 질문에 대한 답은 오직 하나. "못하는 것은 없어. 연습해"이다. 아이들의 마음을 모르는 것은 아니지만 느끼게 해 주고 싶은 것이 있기 때문이다.

고백하자면 나는 운동신경이 부족하다. '15년 동안 무용을 전공했는데 운동을 못한다고? 에이, 일반 사람들이랑 비교하면 평균일 거야'라며 믿지 않겠지만 사실이다. 대학 때는 이런 적도 있었다. 교육대학교에서는 다양한 과목을 한 강좌로 운영하고 한 과목이라도 점수가 나오지 않으면 가차 없이 F학점을 준다. 그러나 이 사실을 알지 못한 채로 체육실기 강좌를 수강했다. 체조, 무용, 배구로 합쳐진 강좌였고, 유연성과 무용에는 자신이 있었기 때문에 걱정을 하지 않았다. 그런데 웬걸 배구 강좌를 시작하자마자 나의 운동신경이 탄로 났다. 패스한 공은 중구난방으로 튕겼고, 재시험까지 공은 제자리로 돌아오지 않았다. 이때 교수님께서 하신 말을 잊지 못한다. "학생, 왜 배구를 무용처럼 하나? 자세가 안 좋아. 연습을 더 해. 못하는 것은 없어." 당시에는 노력을 몰라주시는 교수님이라며 원망도 했지만 3차 시험 때 기적이 일어났다. 패스한 공이 정확하게 지점에 도달한 것이다.

'안되는 것은 없구나. 속도가 다를 뿐.' 짧은 순간이었지만 강렬하게 다가왔고, 힘든 일이 있을 때마다 떠올리곤 한다. 반에는 다양한 재능을 가진 아이들이 있다. 노래를 잘 부르는 아이, 그림을 잘 그리는 아이, 공부를 잘하는 아이, 춤을 잘 추는 아이까지. 아이들의 성향에 따라 공부의 출발점이 다르다. 그것을 모르는 것은 아니다. 하지만 다솜 반 아이들에게 믿음을 주고 싶다. 그 어떤 것도 해낼 수 있다는 믿음 말이다. 그래서 오늘도 나는 말한다. "못하는 것은 없어. 연습해."

혼자일 때보다
함께할 때 빛나다

기대와 현실

막상 실제로 경험해 보고 만나 본 6학년 아이들은 생각보다 훨씬 순수한 아이들이었다. 먼저 나에게 다가오고, 교사를 존중하고, 친구들을 배려하는 훌륭한 아이들이었기 때문이다. 중학교라는 새로운 시작점에 서 있는 아이들. 이 아이들과 무엇을 할 수 있을까. 학급 경영이라는 거창한 목표 이전에 아름다운 추억을 남기고 싶었다. 그러나 현실은 이를 허락하지 않았다. 퍼져 버린 코로나19는 우리의 일상을 흔들었고, 아이들에게서 추억을 빼앗아 갔다. 그 흔한 추억 하나 없이 졸업시킬 수 없다. 6학년 어벤저스 팀의 목표가 생겼다.

해밀초등학교 겨울마을 3층에는 어벤저스 팀이 있다. 친구처럼 다정하면서도 생활지도 할 때는 카리스마 넘치는 밀당의 여왕 가람반 선생님을 필두로 부드러운 리더십의 귀재 나리반 선생님, 열정 가득 다양한 교수학습 방법을 가진 만물장수 라온반 선생님까지 신규 교사인 나를 이끌어 주는 고마운 팀이다. 어벤저스 팀과 있으면 놀랄 때가 참 많다. 어디서 떠오르는 건지 생각지도 못했던 아이디어들이 번뜩인다. 1회 졸업생에게 특별한 추억을 만들 수 없을까? 막연한 물음에 어벤저스 팀의 답변이 돌아왔다.

"졸업축제를 아이들이 기획한다고요? 그게 가능할까요?" 가람반 선생님의 아이디어를 듣고 해머로 머리를 맞은 기분이었다. 학급 경영 책에서만 읽었던 그 장면이 현실로 펼쳐졌기 때문이다. 아이들이 직접 만드는 졸업축제는 어떤 모습일까. 그 어떤 모습도 상상이 되지 않았다. 13살밖에 안 된 아이들이 무엇을 할 수 있단 말인가. 아이들을 믿지 못하는 초임 교사. 도전에 대한 설렘을 가지고 미지의 세계로 한 발을 내디뎠다.

"선생님. 기획회의가 무슨 말이에요?"

"졸업축제? 왜 하는 거예요?"

"기획회의에서 오늘 뭐 하는 거예요?"

6교시, 졸업축제 기획회의. 시간표를 확인한 아이들은 일제히 달려왔다. "企劃 꾀할 기, 그을 획" 일을 계획하는 회의. 초등학교부터 대학까지 수많은 회의를 해 왔지만 그 의미를 설명하기가 어려웠다. 말로만 듣던 자치의 첫 시작이니 당연한 결과였을지도 모르겠다.

졸업축제 기획회의 첫날. 학생들이 하고 싶은 프로그램에 대해 토의했다. 공포 체험, 교목 심기, 음식 만들기, 장기자랑, 비즈 공예 등 다양한 답변들이 쏟아져 나왔다. 가장 많이 나왔던 프로그램은 부스 운영. 이유를 들어 보니 다른 반 친구들과 어울리고 싶었다고 한다. 코로나로 인해 변해 버린 아이들의 일상이 안타까울 뿐이었다. 순탄하게 진행되는 회의를 보며 조금씩 아이들에 대한 믿음이 싹트기 시작했다. 아이들이 기획한 졸업축제. 그 회의 결과는 하나둘 6학년 복도에 자리 잡았다.

총괄팀, 음향팀, 디자인팀, 홍보팀. 기획회의가 시작되고 처음으로

해밀의 모두가 참여한 졸업축제의 현장

교사가 참여했던 순간이다. 6학년 전체 학생이 참여하는 졸업축제 행사인 만큼 학생들의 역할 분담이 중요하다고 생각했기 때문이다. 6학년 어벤저스는 각자 한 팀의 지도교사가 되었고, 각 팀에서 해야 할 일을 나누기 시작했다. 첫 팀 회의, 디자인팀에서는 홍보에 쓰일 현수막과 초대장 작업으로 열을 올렸다. 열정으로 가득 찬 아이들과 믿음을 주는 교사. 이들이 모여 막연했던 기대를 현실로 바꾸었다.

"재료가 모두 소진되었습니다. 부스 마무리합니다."

"선생님, 이제 부스 마무리되었어요?"

"내년에 6학년 되면 저희도 졸업축제 하는 거죠?"

기대와 아쉬움을 안고 해밀의 모두가 참여한 축제가 마무리되었다. 교사는 삶으로서 가르치고, 아이들로부터 배운다고 했던가. 한 학급의 담임으로서 내가 처음 바로 서는 느낌이었다.

두레, 학력을 세우다

해밀초등학교에는 4개의 두레가 있다. 두레, 이름마저 낯선 협의체. 해밀초등학교에서만 볼 수 있는 특별한 모임이다. 두레라는 말을 처음 들었을 때 한복을 입고 농사짓는 사람들의 모습이 떠올랐다. 상부상조하기 위해 옛 성인들이 만든 노동모임이라 배웠던 이유 때문인지도 모르겠다. 그래서인지 두레와 학교라는 이질적인 이미지가 머릿속에서 충돌했다. 학교에서 두레라니. 무엇을 하겠단 것인지 감도 잡히지 않았다.

2020년 8월 첫 학년군 마실 날, 네 개의 두레 중 하나를 선택해야 했다. 학교교육, 미래교육, 마을교육, 해밀학력. 초임 교사에게는 너무나 거창한 단어들에 잔뜩 움츠러들었다. TF팀 선생님들의 설명도, 동학년 선생님들의 이야기도 그 어느 것도 들리지 않았다. 고심 끝에 임용교시를 준비하면서 그나마 많이 들어 봤던 학력을 선택했다.

학력두레 첫날, 새로운 협의 방식에 놀라움을 감출 수 없었다. 이전에 경험한 바에 따르면 협의체에서 초임 교사는 단순히 부장교사 회의 결과를 전달받는 존재 그 이상도 이하도 아니었다. 때문에 협의 시간이 되면 졸음을 참기 위한 사투를 벌인 적도 많다. 그러나 해밀초등학교에서 참여한 두레 협의는 달랐다. 초임 교사의 의견을 궁금해했고, 모든 사람의 의사를 반영했다.

해밀학력두레에서 해야 하는 일은 생각보다 참 많았다. 학생들의 협력을 중시하는 수학또래학습, 학생들의 학습 결손을 방지하는 오름반, 해밀초등학교가 지향하는 학력까지. 개교 학교의 일원으로서 학교를 함께 만들어 간다는 느낌이 들었다. 물론 이따금씩 회의 안건에 대한 이해가 부족해 어려움을 겪기도 했지만 초임 교사의 엉뚱한 답변에도 두레 선생님들은 귀를 기울여 주었다.

해밀초등학교를 졸업한 아이라면 무엇을 할 수 있어야 할까. 학력두레가 풀어야 할 가장 큰 관문이었다. 안건을 듣자마자 해밀 학교 구성원이 바라는 인재상을 다시 한 번 떠올렸다. '스스로 배우고 더불어 나누는 어린이.' 학교의 학력이라는 큰 관문에 햇병아리 교사는 다시 한 번 작아졌다. 그런데 맙소사. 막중한 임무가 주어졌다. 해밀학력에 대한 동학년 선생님들의 의견을 묻고 수합해 오는 일이었다.

학년군 다모임 날, 시작부터 끝까지 온 신경이 학력에 쏠렸다. '언제 이야기를 꺼내야 할까. 잘 말할 수 있을까. 의견 정리를 잘 못하면 어쩌지.' 수만 가지의 걱정이 머릿속을 헤집었다. 다모임 안건이 하나둘 끝나고 학력두레 안건 차례가 왔다.

"선생님들, 저희 학력에 대해 이야기해야 해요."

두서없이 내뱉은 한 문장. 당황할 법한 상황에도 학년군 선생님들은 하나둘 의견을 내주었다. 혼자서는 엄두도 나지 않았던 관문의 실마리가 보이는 순간이었다.

11월 9일, 드디어 두레에서 학교의 학력을 세우는 날이었다. 학년의 의견을 공유하며 몰두하는 선생님들. 그 열정에 매료된 날이기도 했다. 지성, 심성, 시민성. 3개의 큰 틀을 가지고 용어 하나하나 세심하게 다듬어 초안을 완성했다. 그 순간 '스스로 배우고 더불어 나누는 사람.' 이상일 뿐이라 생각했던 이 말이 마음을 두드렸다. 해밀 공동체에서 협력을 배웠고, 더불어 의견을 나눈 결과가 눈앞에 펼쳐졌기 때문이다. 아직은 미숙한 동료이지만 언젠가 더불어 나눌 수 있는 교사가 될 날을 꿈꾸며 두레 회의는 끝이 났다.

내가 꿈꾸는 미래

무용수를 꿈꾸던 돌연변이 초등 교사. 그 습성을 못 버린 탓인지 종종 이상한 부분에 눈이 가곤 한다. 쉬는 시간에 몸을 쓰며 노는 학생을 보고 그 유연성에 놀라기도 하고, 음악시간에 고갯짓을 하는 학생을 보며 리듬감에 반하기도 한다. 그런데 우습게도 모든 선생님이 그런 줄 알았다. 이 말을 듣기 전까지 말이다.

두 번째 글 합평이 있던 날, '터닝 포인트'라는 첫 장을 읽은 선생님들의 반응을 잊지 못한다. 신기함과 놀라움. 초등 교사가 예술 고등학교 출신이라니. 물론 현역 시절과 달라진 외관을 보면 예상하지 못하는 것이 당연하다. 나도 내 자신이 신기할 따름이니 말이다. 이런저런 글에 대한 피드백이 이어지고 '교사 박경현'을 고민하게 하는 활시위가 마침내 당겨졌다.

"선생님은 다른 선생님과 보는 부분이 다를 것 같아요. 그 부분을 글로 녹여 보면 어떨까요? 신선한 관점이 될 것 같은데. 나중에 선생님은 무용이랑 연결해서 교육하고 하려나?"

무용과 초등교육이라니. 단 한 번도 생각해 본 적 없던 새로운 방향이었다. 20살, 무용수라는 꿈을 접은 뒤, 무용은 단지 인생에서 취미일 뿐이었다. 스트레스를 받거나 몸이 뻐근할 때 기분전환용으로 하는 취미 말이다. 그 취미가 교사 인생에 어떤 터닝 포인트를 줄 수 있을까. 문득 이런 말이 떠올랐다. 자신만의 무기가 있을 때 해당 분야에서 성공을 할 수 있다. 브랜드를 만드는 것이라고나 할까. '교사 박경현'이라는 네이밍을 하고 싶어졌다.

'질풍노도 사춘기' 6학년 아이들을 표현하기에 이만 한 문장이 없다고 생각한다. 중2의 전유물이었던 사춘기는 어느새 초등학교 아이들까지 내려왔다. 그래서일까. 생각보다 아이들은 자신의 감정을 표현하는 것을 어색해했고, 그 방법을 알지 못했다. 긴 인생은 아니지만 지금까지 살아오면서 감정을 전달하고 조절하는 것이 중요하다는 것을 깨달았다. 세 살 버릇 여든까지 간다. 좋은 습관을 만들어 주고 싶었다.

감정을 표현하는 법. 그 시작은 남들의 눈치를 보지 않는 것이 아닐까. 체육과 수업을 하면서 알게 된 것이다. 부끄러워 숨는 아이, 춤을 안 춘다고 하는 아이, 가만히 서 있는 아이까지. 고학년 아이들과 표현 수업을 하다 보면 종종 이런 모습을 발견할 수 있다. 아이들에게 그 이유를 물어보면 하나같이 대답한다.

"다른 친구들이 제가 춤추는 것을 보는 게 싫어요."

우리는 언제부터 다른 사람의 시선에 신경을 쓰게 되는 것일까. 자신이 하고 싶은 것을 찾고, 우직하게 나아갈 수는 없는 것일까. 이 생각의 끝에 비로소 나만의 교육 철학이 세워졌다. 첫째, 모든 감정을 존중할 것. 둘째, 학생들이 잘하는 것에 초점을 둘 것. 셋째, 자신의 마음을 다양한 방법으로 표현하게 할 것. 이 철학을 교육활동에 어떤 식으로 반영할지 구체적인 형상은 떠오르지 않는다. 다만 처음 무용수를 꿈꿨을 때처럼 포기하지 않으려 한다. 나는 포기하지 않는 아이니까.

2부

해밀초에 낙타가 산다

혁신학교에서 나의 삶의 목적은 학교혁신의 지향을 이루는 것, 이를 위해 직접 실천하는 것과 동료들이 같은 목표를 갖게 하는 것에 있다. 실제로 실천해 왔고, 몇몇의, 혹은 부지불식간에 그 이상의 동료들이 같은 길을 걷게 되기도 했다. 학교혁신의 이상에 한 걸음 가까워졌음이 분명하다. 그러나 치명적인 부작용들도 있다. 자기 것만 살펴본다면 자기확신이 강해진다는 것. 내 말이 맞는다는 확신에서 꼰대. 자기중심적인 사고를 한다는 점에서 어린애. 이 둘은 서로 닮았다. 어쩐지 나이를 먹어도 늘 애 같더라니.

꼰대의 반대말, 어른

고은영

떠난다는
것

초임지이자 고향인 곳을 떠나 부산으로 갈 때에도, 그리고 부산을 떠나 세종으로 올 때에도 남겨진 곳에 남긴 마음은 없었다. 그저 후련함이라고 하면 맞을까, 아마도 이제 그만 떠나고 싶다고 생각했기 때문일지도 모르겠다.

소담을 떠나는 것은 달랐다.

2016년, 세종으로 전입해서 첫 학교였던 소담초는 태초부터 혁신학교였던 곳이다. 미리 준비한 몇몇 교사들과 함께 타 시도 혁신학교 근무 경력이 있는 교사들이 모여 시작했고, 이듬해 혁신학교 지정을 받아 운영해 왔다.

2020년, 그러니까 개교한 지 5년, 혁신학교를 운영한 지 4년이 꽉 차게 됐다. 개교 멤버들을 향한 신뢰랄까, 책임이랄까 하는 스스로와 타인의 마음이 학교 안을 맴돌고 있었다. 뚜렷한 정체를 알 수 없는 그 공기가 소담초의 문화의 흐름을 만들지 않았던가 짐작해 본다.

소담의 첫해부터 지원팀 생활로 교무실에서 살다 2019년에 6학년 담임으로 자리를 옮겼다. 15년 남짓한 교직생활에서 처음으로 헤어진 후에 관계를 이어 가는 동료들을 만난 해이며, 교육활동의 기획과 연구에 가장 공들인 해이기도 하다.

그해 교육과정이 사라지는 것이 아쉽기도 했으나, 함께하고자 하는 동료들이 있어 2020년이 되면 세 개 학년에서 확장 시켜 적용해 보기로 했다. 그래서 2020년 새해가 되자마자 4, 5, 6학년 교사들 스물두 명이 함께 워크숍을 갔다. 학습과 생활, 놀이시간까지 공동 교육과정의 줄기를 기획하고 합의했다. 그런데 2월, 코로나가 나타났다.

단 하나도 시작하지 못한 채, 소담을 떠나 해밀로 왔다. 새로운 시작이라면 설레기 마련이다. 물론 이 설렘은 두근거리는 마음과 두려운 마음을 모두 포함한다. 그런데 어찌 된 일인지 가슴속 일렁임이 없다. 새로움에 대한 기대보다 일을 마무리 짓지 못한다는 아쉬움이 크다.

사실 마무리라는 것은 없다. 5년 동안 근무가 가능하니 5년을 근무해야만 마무리하는 것도 아니며, 공동 교육과정을 기획했다고 해도 그 성패의 책임이 오롯이 나에게만 있는 것도 아니다. 그러나 문제는 한 학기를 남겨 둔 9월, 학년도 도중에 떠나게 되어 버린 일이다.

역시 원망이 남았다. 나는 일종의 고인 물이랄까, 교내 세대교체가 필요하다고 여긴 지 꽤 됐고, 마무리라고 하기에 적절한 때를 찾지 못했기 때문에 크게 괘념할 필요는 없다고 생각했다. 그러나 조금 일렀을까. 어쩔 수 없는 일이라고 생각했지만 역시 미안하거나 안타까운 마음이 든다. 여전히 진행형인 마음이지만, 기어이 털어 내고 새 학교에 집중해야 한다. 두고 온 마음은 두고 온 대로, 가져가야 할 마음은 더욱 단단히 조여야 하는 때다. 그런데 너무 조였나 보다. 어찌 나란 사람, 더욱 강퍅해지는 듯.

꼰대이즘

친한 교사들끼리 단톡방에 머문다. 주로 업무 이야기를 하지만, 이 관계가 좀 더 허물없는 경우라면 사적인 이야기도 서슴없이 나누기도 한다. 가끔 서로의 동질감이나 연대를 확인하거나 비루한 이런 나도 받아들여 줄 텐가 확인하는 의식으로, 또는 부탁으로도 다양한 테스트를 공유하게 된다. 그중 얼마 전 여러 개의 단톡방을 떠돈 테스트가 있으니 이름하여 '꼰대 성향 검사'(KKDTI: KKon Dae Type Indicator라는 키치한 영어 명칭에서도 알 수 있듯이 재미 삼아 해 보는, 그러나 제법 그럴싸한).

테스트의 결과는 결과적으로 누구나 꼰대라는 것이었다. 각 유형이 모두 꼰대에 속하나 1~5레벨로 심각도만 구분한달까. 나는 중간 레벨이 나왔다.

- 동료 또는 부하 직원과 허물없는 관계가 될 수 있다고 믿음
- 주변인에게 독불장군 캐릭터로 비칠 가능성 높음
- 자신의 논리와 경험을 믿는 만큼 남의 의견을 쉽게 납득하지 못하는 경향이 있음

재미로 하는 것이지만 그럴싸하다고 생각하는 것은 바로 결과 때문이다. 뭐, MBTI나 에니어그램 같은 나름 과학적·객관적인 검사 외에 혈액형, 별자리와 같은 통계 역시 듣고 보면 다 내 얘기 같은 것이겠지만. 지나치지 못한 것은, 소담 시절의 끝자락에서부터 교사로서의 삶과 존재에 대한 엄격한 관념과 이를 실천해야 한다는 나의 행동과 주장이 옳다는 생각이 사실은 그야말로 틀린 것은 아닌가 하는 반성이

이어지고 있었기 때문인 듯하다.

사람들은 옳은 사람보다는 좋은 사람과 일하고 싶어 한다고 했다. 역시, 내가 옳다고 생각하는 일을 나 혼자가 아닌 우리가 함께 해야 한다는 생각은 결코 나를 좋은 사람으로 남겨 두지 않는다.

혁신학교는 자발적 참여 기반의 민주적 문화 조성, 교육 목표 달성을 위한 학습공동체의 운영, 공공의 사유와 협력, 책임을 수반하는 생활공동체, 이 모든 외적 요소들의 상호작용으로 펼치는 창의적 교육과정이 존재하는 곳이다. 거꾸로 말하자면, 학교의 본래 역할인 학생의 배움을 위한 교육과정 운영을 위해 구성원들의 민주성, 공공성, 책임, 협력 등이 필요하다는 것이기도 하다. 이 필요에 대한 모종의 의무는 모든 구성원에게 주어진다. 구성원 한 명 한 명이 문화와 공동체, 교육과정으로 이루어진 학교라는 유기체의 세포이며, 이 세포가 개별적으로 건강하게 역할을 수행해야만 유기체 또한 건강할 수 있다. 나 또한 하나의 세포로서 건강하고자 하며, 가능하면 스스로 분열하거나 주변의 세포를 이염시켜 영향력을 확대하고자 한다. 이것이 혁신학교 안에서 나의 삶의 원리이다. 물론 이 원리가 정당성을 갖기 위해서는 나라는 세포가 학교라는 유기체의 관점에서 바라볼 때, 이로운 것이며 건강해야 한다.

혁신학교에서 나의 삶의 목적은 학교혁신의 지향을 이루는 것, 이를 위해 직접 실천하는 것과 동료들이 같은 목표를 갖게 하는 것에 있다. 실제로 실천해 왔고, 몇몇의, 혹은 부지불식간에 그 이상의 동료들이 같은 길을 걷게 되기도 했다. 학교혁신의 이상에 한 걸음 가까워졌음이 분명하다. 그러나 치명적인 부작용들도 있다. 자기 것만 살펴본다면 자기확신이 강해진다는 것. 내 말이 맞는다는 확신에서 꼰대. 자기중심적인 사고를 한다는 점에서 어린애. 이 둘은 서로 닮았다. 어쩐지

나이를 먹어도 늘 애 같더라니.

공산주의도
아니고

민주적인 문화를 지향하는 학교(이하 민주학교)는 그렇지 않은(관료적인, 상명하달식의, 계급에 따른 등) 곳에 비해 구성원들끼리 갈등이 훨씬 다양하고 첨예하다. 이는 구성원 각자 운신의 폭이 넓고 결정권이 보다 강하기 때문이다. 리더만 고민하고 결정했던 것을, 구성원이 함께 고민하고 결정한다는 것은, 각자의 다양한 생각의 존재를 인정하고 존중하는 자세가 필요하다는 것이다. 그러나 우리 몸에 새겨진 관습은 이를 쉽게 허락하지 않는다.

'다른'이란 곧 '틀린' 것인 대한민국에서 수십여 년을 살아왔다. 사람이라면 누구나 자신만의 삶의 데이터가 차곡차곡 쌓여 있어서, 그 삶의 두께가 두꺼워질수록 다른 삶을 받아들이거나 이해하기 어렵다. 요즘 교사라면 더더욱 자라면서 틀렸던 경험은 거의 없었을 것이고, 잘못된 적 또한 드물 것이다. 이 말은 곧 그동안 내 생각과 행동은 늘 정당했으리란 것이다. 타인의 다른 생각을 마주하며 내 생각이 틀렸으리라는 생각은 좀처럼 하기 힘들다. 이는 우리가 토론하는 문화를 만났을 때 적응이 힘든 이유가 아닐까 싶다.

'틀리지 않았다'는 생각은 극히 폐쇄적인 착각이다. 스스로에게 정당성을 부여하나 타인에게는 아집으로 비쳐지기 일쑤다. 늘 다시, 그리고 또다시 상기하건대, 누구도 틀린 것이 아니다. 다를 뿐이다.

각자 체감의 온도 차이는 있겠지만, 해밀초 구성원은 모두 자율성을 갖고 있다. 사실 학교에서의 자율권이란 획득했다기보다 주어진 것이다. 지시함으로써 효율성의 극대화를 최고 가치로 삼지 않기 위해, 지시받음으로써 조직 내 일개 톱니로 전락하지 않기 위해 수평적인 체계가 필요하다. 수직적인 체계가 수평적 체계로 전환된다는 것은 권한을 나눈다는 의미인 동시에 곧 책임도 나누어 진다는 뜻이다. 그러나 우리는 주어진 자율이 당황스럽다. 스스로 생각하고 내 안에서 정의를 세우는 것, 그리고 이에 책임지는 것은 만만치 않은 일이다.

살아온 흔적에서 나는, 해야 하는 일을 했고, 그리고 남은 시간이나 기어이 만들어 낸 여가 시간에 하고 싶은 일을 해 온 것이 아닌가. 주로 주어진 일을 주어진 테두리 안에서 해내는, 마치 숙제를 제출하는 것과 비슷한 인생이 내가 살아온 최선의 삶이 아니었나 돌아본다.

관료제 성격을 가진 학교는 계급(직위)이 높은 사람일수록 더 많은 의사결정 권한을 가지고 있지만, 그 결정에 따른 책임 또한 몰아서 지게 된다. 그래서 역으로 이런 학교에 사는 교사들은 자기 할 일만 잘 해낸다면 책임으로부터 자유로울지도 모른다. 반대로 민주학교는 계급의 위, 아래와 상관없이 의사결정 체제에 모든 구성원이 참여하도록 노력하며, 그 결정에 따른 책임 또한 공동의 것으로 지려고 한다.

권한과 책임의 분배는 일견 아름다워 보인다. 그러나 문득, 몇 주 전 동료들과 이야기를 나누다 누군가가 농담 삼아 뱉은 "우리 학교가 공산주의도 아니고!"라는 말에서 문득 정신이 몸을 탈출하는 느낌을 받았다.

개인과
집단

개인의 다양성 존중에 대한 이야기를 나누던 중에 튀어나온 단어였다. 공산주의는.

철저히 멀리 있다고 생각한 단어를 듣는 순간 당황했지만, 동시에 스스로에 대한 성찰의 바퀴가 빠르게 돌았다. 말을 주고받는 중에 내가 하는 말이 더 옳다는 스스로의 고집을 느껴 나 자신이 불쾌해졌다. 그럼에도 쉽게 인정할 수 없었던 것은 나의 말이 공적인 목적을 갖고 있다는 정당함 때문이었다. 그러나 이 정당함은 누구의 정당함이란 말인가?

요즘 들어 꼰대가 되는 듯한 두려움이 괜한 것이 아니었다는 자괴감. 학교가 지향하는 가치들을 지키려는 노력이 개인의 개성을 억누를 수도 있겠다는 생각이 들었다. 그런데 내가 지향하는 가치가 학교의 그것이 맞나 하는 생각까지 뻗친다. 그 고민의 중심에 공동체주의가 있다.

집단은 그 크고 작은 규모와 상관없이 집단으로서의 목적을 갖고 있다. 기업이라면 이윤을 내는 것, 종교라면 교리를 전파하는 것, 사적 모임이라면 관계를 유지하는 것 등일 것이다. 학교 또한 존재의 이유가 있으니 국가수준 교육과정에서부터 본교 교육과정에 이르러 나타

국가교육과정	세종시 창의적 교육과정	해밀초등학교 교육과정
학생의 일상생활과 학습에 필요한 기본 습관 및 기초 능력을 기르고 바른 인성을 함양	생각하는 사람과 참여하는 시민으로 참여하는 태도를 통해 자신과 세상을 만들어 가는 즐거운 배움	스스로 더불어 삶을 가꾸는 교육(지성, 심성, 시민성, 건강의 하위 요소별 해밀초 학력 달성을 목표로 함)

난 목표는 앞의 표와 같다.

이 목표들은 서로 독립적인 것이 아닌, 상위 교육과정의 그것을 기본으로 지역과 학교의 특색을 담아 마련된 것이다. 그러니까 관내 학교의 교육 목표는 세종시교육청의 그것과 궤를 함께하며, 세종시교육청의 교육 목표 또한 국가교육과정의 교육 목표를 전제하여 세워진 것이다. 달리 말하면, 학교의 목표는 교장 또는 교육과정 담당 교사와 같은 개인의 것이 아닌, 공공의 것이다. 그렇다면 학교가 목적을 달성한다는 것은 무엇인가? 당연히 학생의 교육 목표를 학생이 달성하는 것이다.

학교는 학생의 배움을 위해 존재하는 곳이다. 어른들의 역할은 아이들이 최대한 잘 배울 수 있게 돕는 것, 곧 학교교육과정의 교육 목표를 달성할 수 있도록 지원하는 것이다. 교원이라면 수업과 생활을 통틀어 직접적 교육활동을 펼치는 것이고, 직원이라면 교육활동이 잘 이루어지도록 환경을 지원하는 것이다. 그러나 학교가 아무리 아이들을 위한 곳이라고 해도, 이 집단을 이루는 구성원으로서 교직원 또한 매우 중요하다. 학교는 아이들에게 배움터인 동시에 어른들에게 일터이자 삶터이기도 하기 때문이다.

학교는 아이들의 집합도 있으나 어른들의 집합도 있다. 사람이 모여 집단을 이루게 되면 그 안에는 필연적으로 관계, 계급, 규칙, 갈등, 조화 등이 발생하기 마련이다. 사람은 모두가 각자의 개성과 고유함을 갖고 있으므로 당연한 일이다.

이 집단이 어느 마을의 부족이라고 생각해 보자. 안전하고 건강한 마을에서 나의 가정이 행복하게 사는 것이 주민 모두의 소망일 것이다. 일정한 인간 집단에 고유한 것이, 바로 공통된 것이다.Roberto Esposito, 2003 가정의 행복한 삶이라는 사적 목적이 곧 부족 공동체 전체의 목적이 될 수 있다. 그러나 사적인 개인의 집합체로서의 공동체가 아닌, 공적 집단으로서의 공동체는 개인의 삶의 목적과 별도의 목적을 가진다.

학교 안
공동체

공적 공동체의 구성원은 집단에 속해 있을 때 개인의 삶과 별도로 집단의 목표를 달성하기 위한 공적인 삶이 동시에 존재한다. 사실 집단은 구성원마다의 개인적 삶에 관심이 없는 개체지만, 집단 내 구성원의 개인의 삶과 공적 삶은 완전히 별개의 것이 아니기도 하다. 개인적 삶과 공적 삶, 그리고 I로서의 나와 teacher로서의 나. 이 둘이 밸런스를 잘 맞추는 삶을 '워라밸'[17]이라고 부르고, 한쪽에 치우쳐 있을 때 '워커홀릭'[18] 또는 '퇴준생'[19]이 될지도 모르겠다.

평소 워라밸이란 말을 싫어했다. 대충 일하려는 자의 자기합리화라고 생각했다. 하지만 지금의 나는 지난 5년 동안의 워커홀릭의 삶을 접고 최대한 워라밸을 이루려고 시도하고 있다. 일에 치우친 삶으로 인해 개인의 삶이 사라져 버린 것도 있겠으나, 업무적으로 더욱 엄격해진다는 단점이 있다는 것을 체감했기 때문이다. 곧, 나만큼 일하지 않거나 나와 다른 생각을 하는 것을 받아들이지 못하고 있다는 것을 발견했기 때문이다. 나에게는 워라밸을 추구한다는 것이 곧 삶의 속도

---

17. 일과 삶의 균형이라는 의미인 Work-life balance의 준말.
18. workaholic, 일 중독자.
19. 퇴사와 취업준비생을 조합한 신조어, 이직을 위해 퇴사를 마음먹고 천천히 준비하는 이.

를 타인과 엇비슷하게 맞추려는 시도이다.

다시 공적 공동체로 돌아와서, 학교는 교육을 목표로 하는 기관으로, 아이의 성장을 지원하는 것이 곧 학교와 그 구성원들의 공통의 성질이다. 따라서 학교 안에서 교사의 역할은 학생이 교육 목표를 달성하도록 최대한 효과적으로 지원하는 것이겠다. 이에 주어지는 '권한'은 교육의 기획이며 '책임'은 운영에 따른 결과가 될 것이다. 대부분의 교사들은 개인으로 존재할 때 자기 나름대로 교육 기획과 운영 및 평가를 심혈을 기울여 해낸다. 그러나 집단은 단순한 게 아니어서 교사를 개인으로만 존재하게 하지 않는다. 동시에 공교육기관의 교사로서, 모든 아이에게 동질의 교육 이상을 제공해야 하는 의무가 있기 때문에 교사가 오롯이 독자적 교육과정을 운영하는 것도 마땅한 일이 아닐 수 있다.

학교가 공통의 목표를 달성한다는 결과값을 얻기 위한 과정을 기획-운영-평가의 순환이라고 본다면, 이 모든 과정에서 구성원 간의 소통과 협력이 일어나는데, 이는 필수적이면서도 필연적이다. 이 과정이 띠는 성격이 학교의 문화가 되며 이는 아이의 배움에까지 영향을 미치며, 넓게는 학교가 속한 마을의 문화까지 연결된다.

예를 들어 학교가 학생들에게 등수를 매기고 서로가 비교하고 경쟁하는 것을 학습의 동기유발의 도구로 삼는다면 교사는 국가에서 제공한 교과서와 지도서의 내용을 그대로 전수하고 그 안에서 시험 문제를 출제하는 수준의 역할만 해도 될 것이다. 여기서 협력이나 공동 연구 같은 것은 필요 없다. 사실 교사로 살기에 가장 편한 방법이다. 반대로 자발적 참여와 협력을 통해 함께 성장하는 힘을 길러 주려 한다면 교사 혼자서는 도저히 할 수 없다. 성장이라는 것은 1+1=2처럼 정해진 답이 없기 때문이다. 학생의 삶 전반에서 일어나는 수많은 경험들의 집합과 상호작용으로 이루어지는 것을 시험지에 답 적듯이 외워서 공부할 수는 없는 것이다. 따라서 교사들의 공동 연구가 반드시 필요하다. 이렇듯 공동체는 개인주의의 축소와 배분의 강화의 특성상 자칫 공산주의 또는 사회주의의 산물인 것으로 오해받기 쉬우나 사실은 우리가 관습을 뒤로하고 교육적으로 미래 지향적인 삶을 향유하기 위한 필요 불가결의 단위인 것이다.

그래도
혁신학교

세상은 혼자보다 여럿이 낫다고 하지만 어찌 된 일일까. 학교 안에서 여럿은 혼자보다 훨씬 힘들게 느껴진다. 기획, 생산도 오롯이 혼자할 수 없고 타인의 의견을 반영해야 하고, 뭔가를 결정하는 것도 늘여러 번의 회의를 거쳐야 한다. 혼자 하면 뚝딱 처리할 수 있는 일도여럿이면 굽이굽이 고개를 넘는다. 게다가 혁신학교에서의 삶은 더욱고되고 어렵다. 시키는 일을 잘하면 되는 것이었던 삶만 살다가, 끊임없이 요구되는 성찰과 실천을 스스로 해야 한다는 것만으로도 충분하다. 그런데 이 과정에서 타인과 부딪히고 서로 깎고 깎이며 어우러져가는 과정은 그야말로 살을 깎는 것처럼 괴롭다. 개인적으로 가장 힘든 것은 민주적인 문화를 만드는 일이었다.

학교 안에서 교사의 역할이 학생의 배움을 위한 치열한 고민이 전부는 아니다. 수업은 매우 중요하지만 교사들은 이 외에도 많은 것들을 해내야 한다. 그 중심에 교사와 교사의 만남이 있다. 함께 연구하는 동료로서, 크고 작은 현안을 함께 고민하고 결정하는 토론자로서,

후배에게 본이 되는 선배로서, 학교와 학년에서 역할을 하는 부장교사로서 등. 교사가 아이들을 가르치는 존재라면, 그 자신의 삶이 아이에게 전수하려는 삶 그 자체여야 한다고 나는 믿는다. 아이들을 민주시민으로 기르고자 한다면, 어른들이 먼저 민주적인 삶[20]을 살아야 하는 것이다.

민주적인 삶이란 주체적 참여와 토의·토론을 통해 함께 하는 의사결정, 그리고 사회적 기여가 핵심이다. 소통과 협력이 얼마나 잘 이루어지는가의 문제는 교내 크고 작은 공동체들의 활발한 작동에 대한 문제다. 작은 공동체 안에서 단 한 명이라도 협력의 관계에서 멀리 있다면, 이 공동체는 공통의 목표를 위해 작동할 수 없다. 학교는 집단이기도 하지만 교사 개인마다 자율성이 존중되는 곳이기도 하며, '책임'에 대한 범위를 각각 달리 해석하고 있기 때문이다. 그러나 각자의 생각을 하나로 맞추려다 보면 이 또한 억압과 독재에 가까워질 수 있다. 예전에는 공동체가 공동의 목표, 공동의 도덕과 신념이 강조되었다면 현재는 그 구성 원리로 다원성과 특수성이 점차 부각된다고 한다.[21] 공동체가 공통의 목표를 지향한다는 당연한 원리에서부터 공동체 자체의, 그리고 공동체 간 상호작용의 개별성, 다양성 그리고 특이성의 엮임들로 사유를 확장해야 하겠다.

혁신학교는 그 규모가 클수록 성공하기 어렵다고들 한다. 학교가 크다는 것은 사람이 많다는 것이고, 사람이 많다는 것은 개성도 갈등도 더욱 다양하기 때문일 것이다. 각자 다른 생김새, 각자 다른 생각. 각자 다른 꿈과 희망. 학교라는 단위에서 성공을 가늠하기 전에 나는 이

---

20. 여기서 '민주적'이란 단어는 정치 용어가 아닌 삶의 성격을 말한다.
21. 김형주·최정기, 「공동체의 경계와 여백에 대한 탐색」, 전남대학교 5·18연구소의 5·18민주화운동 34주년 기념 학술대회(2014년 6월).

다양함을 얼마나 존중할 수 있는지가 개인적인 워라밸의 달성 여부를 가늠하지 않을까. 그리고 나 개인의 워라밸은 분명 우리 공동체에 선한 영향을 끼칠 것이다.

"우리를 뜻하는 말이 있었으면 좋겠어요."

한 선생님의 제안에 여기저기서 동의하는 소리가 들렸다. 야수파, 입체파 등 여러 화파처럼 우리도 우리의 이름을 가지고 싶었다. 아무 말이나 던지며 우리의 이름을 찾는데 갑자기 한 선생님이 맞은편의 선생님들을 보고 뜬금없이 말했다.

"선생님, 근데 다들 낙타 닮은 것 같아요."

선생님들은 웃음이 터졌고 서로가 낙타를 더 닮았다며 떠밀었다.

"그럼 우리 이름을 '낙타파'로 하면 어때요? 칸딘스키와 마르크가 기사와 말, 청색을 좋아해 지은 이름 '청기사파'처럼 우리도 그렇게 지을 수 있잖아요?"

뻔한 동물이 아니라 좋다며 우리의 이름을 '낙타파'로 정하는 것에 모두 동의했다.

해밀초에 낙타가 산다

김현영

미술 교육 연구회의
시작

신설 학교에서 그것도 신규 교사가 연구회를 만든다고?

"선생님, 미술에 관심 많으시니까 미술 교육 연구회를 함께 만들어 보는 것 어때요?"

그 말을 시작으로 동학년 선생님과 연구회 계획서를 작성하고 함께 할 선생님을 모집했다. 선생님들의 적극적인 도움을 받아 미술에 뜻이 있는 다른 선생님들을 만날 수 있었다.

"신설 학교인데 어렵지 않나요?"

신설 학교에서 자발적으로 연구회를 만드는 것은 쉽지만은 않은 게 현실이다. 새로운 학교 체제에 적응하기도 한창 바쁘기 때문이다. 하지만 함께하기로 한 선생님들의 응원에 용기를 낼 수 있었다. 혼자가 아니라 다 같이 하는 것이기 때문이다.

신규 교사가 연구회를 꾸린다는 것은 의미하는 바가 크다. 어느 조직에서나 배울 것이 많은 신규가 한 조직을 꾸리기는 쉽지 않다. 교장 선생님을 시작으로 민주적인 학교 분위기가 모두에게 기회를 만들어

준 것이다.

연구회 첫 모임에 참여한 선생님은 총 8명이다. 연구회를 통해 무엇을 연구하고 싶은지, 어떻게 연구할 것인지 논의하며 연구회의 방향을 세웠다. 함께 내린 방향은 크게 두 가지였다. 미술 교과서 속 표현 기법을 분석하고 그것을 작품으로 표현하는 것이었다. 교사가 실기 경험을 많이 쌓으면 학생들을 지도하는 데 도움이 될 것이라고 다들 확신했다.

"우리를 뜻하는 말이 있었으면 좋겠어요."

한 선생님의 제안에 여기저기서 동의하는 소리가 들렸다. 야수파, 입체파 등 여러 화파처럼 우리도 우리의 이름을 가지고 싶었다. 아무 말이나 던지며 우리의 이름을 찾는데 갑자기 한 선생님이 맞은편의 선생님들을 보고 뜬금없이 말했다.

"선생님, 근데 다들 낙타 닮은 것 같아요."

선생님들은 웃음이 터졌고 서로가 낙타를 더 닮았다며 떠밀었다.

"그럼 우리 이름을 '낙타파'로 하면 어때요? 칸딘스키와 마르크가 기사와 말, 청색을 좋아해 지은 이름 '청기사파'처럼 우리도 그렇게 지을 수 있잖아요?"

뻔한 동물이 아니라 좋다며 우리의 이름을 '낙타파'로 정하는 것에 모두 동의했다. 덧붙여 끈기를 가지고 사막을 걸어가는 낙타는 아이들과 함께하고자 하는 우리의 인생과도 닮았다고 생각했다.

이렇게 순식간에 '낙타파'가 탄생했다.

"기왕에 낙타파 전시회도 열어 봅시다. 낙타파 전시회이니 '낙타파전'이 되는 것이죠!"

한 가지 주제로 다양한 사람들이 소통하는 것을 보여 주면 학생들도 표현활동에 자신감을 가질 것이라는 의견이 모였다. 연구회의 결과

물로 전시회가 되는 것이다.

이름이
낙타라고요?

"다모임에서 연구회를 소개해 주세요."

해밀초에는 한 달에 한 번 전 교직원이 모이는 다모임이 있다. 다모임에서 연구회를 소개하는 발표를 하게 되었다. 발표 내용은 전문적학습공동체의 활동 과정과 기대 효과 등이었다.

한참 연구회에 대한 설명을 하고 있는데 여러 선생님들의 웃음이 터졌다. 이유는 '낙타파전展'을 전시회가 아닌 '낙타라는 연구회에서 파전을 먹는 것'으로 오해했기 때문이었다. 발표 당시에는 당황했지만 작은 오해가 불러온 웃음은 여러 선생님의 관심과 흥미를 끌어당겼다.

연구회에 대한 발표가 끝나고 그날 저녁, 한 선생님의 문자를 받았다.

'낙타파에 입단할 수 있나요? 너무 매력적이에요.'

별것 아니라고 생각했던 발표가 한 명의 마음을 움직인 것이다. 낙타파를 소개하기 위해 리허설까지 하며 열심히 준비한 기억이 머리를 스쳤다. 발표가 있고 난 뒤 교무실에서도 관심이 커졌다. 연구회에서 하는 전시회는 어떻게 구성할 것인지, 앞으로의 계획에 대해 질문이 많이 들어왔다.

다모임 시간에 연구회 발표

가장 많이 받은 질문 TOP 3

Q. 연구회에서 하는 일?
A. 초등학교 미술 교과서를 연구하고, 교과서 속 표현 기법을 이용해 작품을 제작한 뒤 전시회를 여는 것입니다.

Q. 전시회를 여는 계기가 무엇인가요?
A. 한 가지 주제로 다양한 사람들이 미술로 소통하는 것을 보여주며 학생들이 표현 활동에 자신감을 갖게 하고 싶었습니다.

Q. `낙타파`란 무엇이죠?
A. `낙타파`는 해밀초 미술교육 연구회에 소속된 낙타를 좋아하는 선생님들을 일컫는 말입니다. 끈기를 가지고 사막을 걸어가는 낙타처럼 아이들과 묵묵히 함께하고자 는 의미를 담고 있습니다.

가장 많이 받은 질문

낙타파전을
열다

전시회에 출품만 해 봤지만 전시회를 주최한 적도 없고 전시회 준비 과정을 지켜본 적도 없었다. 주변 선생님들도 마찬가지였다. 전시회에 가 본 개인적인 경험을 살려 연구회 선생님들과 함께 전시회 도록, 조명, 받침대 등을 준비하기 시작했다.

"견적서 비용의 두 배가 된다고요?"

여러 선생님의 도움을 받아 간신히 예산을 확보했지만 또 다른 난관에 봉착했다. 도록 디자인을 마치고 업체에 인쇄를 맡겼는데 의사소통 과정에서 오해가 있었다. 일반적인 크기의 도록을 제작하려면 예산의 2배 가격이 든다는 것이다.

결국 도록의 크기를 줄였다. 뜻하지 않았지만, 상대적으로 작은 크기의 도록이 만들어지다 보니 빈 공간이 메워져 더욱 완성도 있는 도록이 제작되었다.

"낙타파전에 학교 외부 손님도 초청하나요?"

해밀마을의 교육을 실현하고 확장한다는 의미에서 학교 밖 손님들도 초청하고 싶었다. 하지만 여러 선생님들과 논의한 결과 코로나19에 대한 우려로 손님들은 초청하지 않기로 결정했다.

완성된 도록을 들고 돌아다니며 여기저기 전시회 홍보를 했다.

"선생님, 전시회도 하세요? 신기해요!"

아이들은 선생님들이 모여 미술 교과서를 연구하고 작품을 전시한다는 것에 놀라워했다. 아이들은 주로 수업을 하거나 생활지도를 하는 선생님의 모습만 봤지 전시회를 여는 선생님을 본 적이 없었기 때문일 것이다.

"재밌네요. 아이디어도 재밌고, 직관적인 작품을 보는 것도 재밌고, 갓 개교한 학교에서 이런 전시회를 하는 그 자체가 재밌네요. 아이들도 분명 재밌을 겁니다. 아이들도 이 정도(?)의 전시회를 열고 싶어 할지도 모르겠네요."

"짧은 시간에 전시회가 완성되어서 놀라워요."

9월 개교부터 12월 전시회까지 3달의 짧은 시간 동안 작품 제작과 전시회 개최까지 무척 노력한 것이 느껴진다는 평이 많았다. 도록부터 방명록까지 전시회에 있을 법한 것들을 가져다 놓으며 전시회의 완성도를 높였다.

"이후 활동 계획이 있나요?"

낙타파 회장으로서 많이 듣는 질문이다.

전시회 방명록과 도록

하고자 하는 선생님이 계실 때 함께할 계획이다. 다만 다음번에는 좀 더 여유 있는 기간 동안 연구가 이루어지고 전시회에 마을 손님도 초청하면 좋겠다.

낙타파 회원들의 단체 사진

기존 학교와 차별화되는 해밀초의 학교 공간은 특혜처럼 느껴지지만 구성원인 우리에게는 많은 과제를 던져 준다. 실제 설계를 반영한 시공이 어려워서 이전 학교에서 발견하기 어려웠던 하자도 많아 몇 달간은 하자 찾고 보수하느라 시간을 많이 보냈다.

학년군 교육과정의 실현, 유·초·중·고·마을과 연계되는 교육, 미래교육 체제와 에듀테크 도입, 교육 거버넌스 구축, 학생 공간 중심의 학교교육과정 구성, 학교 3주체의 학교자치에 대한 고민 등을 풀어 나가야 한다. 해 보지 않아서 걱정되기보다 오히려 설레는 이유는 해밀초 공동체는 풀어 나갈 힘이 있다는 믿음이다. 이전에 해 봤듯이.

보통명사 김현진

김현진

22세기의
학교

5년 전 '엄마의 마음으로 만들고자 했던 학교 만들기 프로젝트'를 2020년 상반기에 종료하고, '앞으로 만나게 될 미래학교 프로젝트'를 시작했다. 이전에 만들었던 학교가 전통적 방식의 학교와 달리 학생을 위해 학부모와 교사가 협력하는 민주적인 학교의 모습을 갖추었다면 새로 만들게 될 학교는 창의적인 공간에서 민주적인 절차와 방식으로 삶의 공간이 확장되는 모습을 꿈꾸었다.

쉽게 말하면 2020년 9월에 근무하던 학교에서 새로운 학교로 이동했다는 의미다. 학년도를 완전히 종료하고 이동하지 못한 죄책감과 남은 사람들에 대한 미안함은 여전히 있다. 그러나 새로운 것에 대한 호기심과 먼저 시작하고 싶은 성급함, '살까 말까 생각하면 사고, 말할까 말까 생각하면 말하고, 할까 말까 생각하면 하라'는 나의 경험주의 철학이 그 감정들을 누르고 새로운 일을 시작하고야 말았다.

새로운 학교를 만들기 위한 공간을 모색했다. 코로나19를 겪으며 학교교육의 공간과 시간의 한계를 넘어서야 한다는 생각으로 인해 세종시 5생활권에 조성될 스마트시티를 눈여겨보았다. 새로운 학교의 교육 환경을 바꿔야 한다는 것은 '19세기 교실에서 20세기 교사들이 21세기 아이들을 가르친다'나 '영어를 배우려면 영어문화권 나라에서 살면 된다'는 통속적인 의미도 있다.

4차 산업혁명과 AI, 빅데이터, 코딩 등은 내가 필요한 것이 아니라 그러한 환경에서 살아갈 아이들에게 더 필요하기에 '20세기 교사들이 21세기의 아이들을 22세기의 환경에서 가르쳐야 할 필요'를 느꼈던 것이 가장 큰 이유이다.

하지만 부산과 세종에 건립되는 스마트시티는 여러 가지 이유로 안개 속에서 실체를 감추고 있고 언제 진행될지 미지수였다. 그러던 중에 세종시 6생활권의 해밀마을 마스터플랜을 들으며 미래 학교의 모습을 구상할 수 있었다.

해밀초는 마스터플랜을 짤 때부터 건축 전문가의 친환경적이고 교육 중심의 아이디어가 투여된 것으로 유명했다. 실제 마스터플랜에 참여한 유현준 교수는 토크 프로그램 등에 나와 현재 학교 건축물 등이 학생의 사고를 죽이는 방식의 건축 방식임을 비판한 적이 있다.

전통적 학교 건축물에 대한 비판적 시각과 생태 중심적 사고, 학생들의 자유로운 활동을 고려하여 이전과는 다른 공간이 탄생 중이었다. 창의적인 학교 건물에 상상력을 담아 민주적인 절차로 운영되게 하는 것에 매력을 느꼈다. '그래, 해밀초 너로 정했다.'

학교 정문에서 본 해밀

또 새로운
학교

새로운 학교를 만드는 방식은 다양하다. 신설 학교에 처음부터 들어가서 새로운 시스템을 공동체와 함께 만드는 방법이 있다. 혹은 운영되고 있는 학교에서 전문적학습공동체를 구성하여 학교 공동체 사람들과 함께 공부하며 체계를 재구축하는 방법이 있다. 전자는 개교 업무와 함께 새로운 학교 시스템을 구축하는 어려움이 있고, 후자는 기존 체제를 유지하려고 하는 사람들과 체제를 바꾸려고 하는 사람들 간의 갈등을 극복해야 하는 어려움이 있다. 신설 학교에 대한 두려움은 없었다. 수습교사로 우연히 신설 학교 개교 팀에 참여했던 것이 첫 경험이었다.

두 번째는 새로운 학교 연구회에서 혁신교육을 공부하며 함께 공부하던 팀과 '우리가 함께 학교를 만들어 보자'라며 공모를 통해 개교 팀으로 선발되어 만든 경험이 있었다. 과중한 업무와 일을 만드는 성격으로 인해 '혁신학교의 이슬'[22]로 사라질 뻔했지만 한 달여의 입원 끝에 다시 복귀하였고 짱짱하게 생활하고 있다. 주변 사람들은 내가 다시 아프게 될까 봐 걱정하지만 나는 오히려 더 두려움이 사라졌다. '이전에는 없던 새로운 학교를 만들어야겠다'와 '해 보지 않은 일을 해 보자'는 생각이 더 분명해졌다.

동기
이론

새로운 학교를 만들고자 하는 사람들의 동기는 무엇일까? 세상에는 많은 학교가 있고 20~30년 차 교사들도 신설 학교를 경험할 일이 많지 않다. 학교를 이동하면 책상, 의자, 교탁, 정보 기자재 들이 수업을 할 수 있을 정도로 모두 갖추어져 있고, 컴퓨터가 작동이 잘 안되거나 잉크가 없는 등의 사소한 결핍이 존재한다.

이러한 결핍은 신설 학교의 결핍과는 비교가 되지 않는다. 신설 학교는 정말 뼈대만 있는 학교이다. 책걸상을 구매하는 일부터, 블라인드의 치수를 재고, 과학실 비커 등의 교구나 기자재를 모두 선정하여 구매해야 한다. 처음 맡는 업무를 하는데 이전 문서 생산이 0으로 기

---

22. 신설 학교 업무와 정보방과후부장, 1학년 담임을 하다가 친정 엄마 생일날 뇌출혈로 쓰러졌다. 『어쩌다 혁신학교』, 213쪽 참고.

록되어 있어 참고 자료도 없다. 하나부터 열까지 시작에서 끝을 개교팀에서 해야 한다.

3월 개교를 하게 되면 겨울방학이라는 두 달여의 시간이 주어지고, 이전 근무 학교의 업무를 종료하고 개교 준비를 한다. 9월 개교는 그것도 어렵다. 올해처럼 여름방학이 2주밖에 되지 않았을 때는 더욱. 개교 업무의 과중함과 현재 근무 학교의 수업과 업무를 모두 수행하면서 개교 업무를 더해서 하는 어려움과 더불어 중간에 학교를 이동하는 것에 대한 심리적인 압박도 있다.

현재 맡고 있는 학급의 아이들을 떠나야 하는 미안함과 마무리하지 못했다는 죄책감뿐 아니라 개교 팀 공모에서 반드시 채택된다는 보장이 없어 교장 추천서를 받을 때에 민망함도 느낀다. 그러한 부담감과 어려움에도 불구하고 교사들이 신설 학교에 지원하려는 동기는 무엇일까?

현실적으로 승진이 동기가 될 수 있다. 신설 학교 개교 팀을 2명 모집할 때가 있었다. 전통적인 학교 업무 구조상 학교의 리더는 체계를 담당하는 교무부장과 내용을 담당하던 연구부장이 맡았는데 이들의 수고로움을 고려하여 승진 점수도 주어졌다. 승진 점수가 필요해서 교무, 연구의 보직을 선점하기 위해 개교 팀에 지원하던 시절이 있었다. 물론 전부가 그렇다는 뜻은 아니다.

혹은 신설 학교 근무자들에게 주어진 아파트 특별공급 청약권(특공)이 그 동기가 될 수 있다. 신설 학교가 생긴 지 5년 내에 발령받은 교사들에게는 본인의 의도와 관계없이 특별공급분양권(특공)이 주어졌다. 이로 인해 많은 신규 교사들이 내 집 마련을 하게 되었으나 더불어 하우스 푸어 신세를 면하지 못했다. 세종시 아파트 값이 고공행진을 함과 동시에 학교 신설 5년 동안 근무자들에게 주어지던 특공이 개교 팀 교사들에게만 주어진다는 소문이 돌았다. 교사 월급으로 내 집 마련이 어려워지고 있는 지금 특공은 세종시에 근무하는 교사들에게 절실해졌다. 해밀초를 기점으로 신설 학교 개교 팀에게 주어지던 특공은 종료되었다.

또 다른 동기는 학교 전출이 될 수 있다. 현재 근무하는 학교에서 이동하기 위한 확실한 방법 중 하나가 개교 팀 교사가 되는 것이다. 신설 학교 개교 팀으로 근무하면 우선 전출할 것인지 여부를 묻는다. 중간에 학교를 떠나고자 하는 여러 이유를 막론하고 학교 체계를 만들던 사람이 들어가서 일하는 것이 당연하다 생각된다.

이런 현실적인 동기 외에도 심리적(이상적)인 동기도 있다. 교사 집단만큼 윤리적이고 헌신적이며 보람이라는 눈에 보이지 않는 동기로 움직이는 집단도 없다. 보람이 그들의 동기가 된다. 신설 학교를 찾아다니는 교사들은 공통적으로 "신설 학교 일을 할 때는 정말 초과근무를 밥 먹듯 하고, 우리 집 애들은 내팽개치고 일을 하는데 그래도 일이 안 끝나더라. 그런데 학교가 안정되고 아이들이 학교 오는 것을 좋아하고, 교사들이 고맙다고 말하면 그렇게 보람될 수가 없다"라고 말하며 남들이 힘들어하는 일, 아무나 할 수 없는 일이라고 여기는 일들을 하면서 보람을 느낀다. 또한 근무하던 학교에서 수직적인 문화나 부당함을 경험하고 이것이 반면교사가 되어 학교를 변화시켜 보겠다는 다짐이 동기가 될 수 있다.

음악가는 음악을 만들고 화가는 그림을 그리고 시인은 시를 써야만 궁극적인 행복을 얻을 수 있다. 인간은 자신의 본능에 진실해야 한다. 그것이 자아실현의 욕구이다.

에이브러햄 매슬로(Abraham H. Masslow)

신설 학교의 경험으로 '신설 학교로 이동하는 교사의 동기'를 분석해 보았다. 현실적 동기와 심리적(이상적) 동기로 나누어 보았다. 매슬로의 말처럼 인간 행동의 동기는 개별적인 이유가 아니라 복합적으로 발생하기에 하나로 구분 지어 신설 학교에 지원하는 동기를 파악하기는 어렵다. 그리고 하위 욕구가 충족되어야 상위의 욕구로 나아갈 수 있고 그것은 바로 자아실현으로 연결된다. 위 이야기는 논리적이거나 과학적인 가설이 아니라 소위 내피셜이다.

그렇다면 분석의 결론은 무엇일까? '누구의 동기도 묻지 말라. 물었으면 흘려들어라'는 것이다. 흔히 신설 학교 개교 팀에 지원하여 선발된 교사들끼리 일면식도 없는데 처음 만났을 때 어떤 이야기를 나누게 될까? 대체적으로 신상을 파악하고 난 다음에 던질 질문은 '왜 지원하셨어요?'일 것이다.

초기에 질문을 던지는 사람은 본인의 동기를 순수하다고 믿는 이가 될 가능성이 크고 대답을 하는 사람들은 대부분 현실적 동기를 속물적이라고 생각하고 숨기게 된다. 어차피 서로 물으나 마나, 들으나 마나 한 질문이다. 나도 노련하지 못했을 때는 내 동기를 아주 고귀하고 가치 있는 것으로 포장하고 타인의 동기를 속물이라는 판단을 했었는데 지금 생각해 보면 의미 없다.

사람이 생존, 안전의 욕구를 충족하게 되면 관계와 자아실현의 욕구를 충족하려고 한다. 관계와 자아실현의 욕구를 이루기 위해서 공동체를 바라보게 되고 모인 사람들의 입에서 공동체라는 말이 자연스럽게 나오게 된다. 그렇다고 지금이 노련한 것도 아니다.

3의
법칙

개교 팀에 지원할 마음을 먹은 후, 사람을 모으고 생각을 맞추어 나갈 일을 고민했다. '소주에 밥 말아 먹을 것' 같은 첫인상[23]을 가졌던 고은영은 혁신교육의 좋은 리더였고 오랫동안 합을 맞춰 온 사이였다. 후에 글을 쓴다면 '고은영 관찰기'를 하나의 장으로 쓰려고 한다. 강한 듯 여리고, 단호하며 친절하다. 불친절하게 내뱉는 그녀의 말은 공의와 대의적이라서 반박이 어렵다. 혁신학교나 자치학교의 민주적 방식이 때로는 자율과 방임으로 인식되어 멋대로 새어 나가는 것을 막아 주는 역할을 한다.

좋은 리더가 있을지라도 새로운 일을 도모하는 데 둘은 부족하다. 조직이 움직이기 위해서 세 명은 필요하다는 것을 우리는 경험적으로도 알고 있지 않은가? EBS 실험에서 같은 행동을 하는 세 사람의 영향력에 대해 실험한 적이 있다. 인파가 붐비는 횡단보도에서 한 사람이나 두 사람이 하늘을 보면 반응하는 사람이 거의 없었고, 세 사람이 손으로 하늘을 가리키며 쳐다볼 때 많은 사람들이 동조하는 현상을 보았다. 이것을 3의 법칙이라고 한다. "사람 셋이 모이면 없는 호랑이도 만들어 낼 수 있다"는 삼인성호三人成虎나 "같은 행동을 하는 사람이 셋이면 다른 사람들이 그에 동조하는 현상"을 말하는 밀그램의 3의 법칙처럼 조직을 움직이는 데는 초기에 동조하는 사람 셋이 필요하다. 없는 말도 만들어 내서 사람들을 홀리는 거나 불건강한 방식이

---

23. 이전 학교 동료로 만난 고은영 선생님의 첫인상을 묘사한 표현. 학보사 기자 시절 늦은 시간까지 시국에 대한 걱정을 하면서 소주를 마시고 아침에 일어나서 또 소주를 마시던 선배가 떠올랐다. 『어쩌다 혁신학교』, 238쪽 참고.

아니라 방향을 맞추어 나갈 수 있고 사익보다 공익을 추구하며 학교의 중심을 잡을 수 있는 셋이 구성원이라면 바람직하다.

그 셋 중에 한 명은 반드시 우호적 성격으로 공감 능력이 있고 사람들을 아우를 수 있어야 나중에 오는 구성원과 동화될 수 있다. 이런 구성원을 만들기 위해서 미래교육 체제와 새로운 학교를 공부할 사람들을 업무 메일로 모집했다. 그렇게 모집된 사람들과 학교를 설계한 건축가의 강의를 챙겨 보며 공간을 이해하고 구상도를 보며 학교 위치를 이해했다. 미래교육과 교사의 역할에 대해서 강의를 듣고 학교의 내용은 어떻게 채울 것인지 협의했다. 개교 팀 공모 제안서를 내기 전에도 모여서 공부를 했고 낸 후에도 그랬다.

연구회원 모두가 해밀초에 온 것은 아니다. 해밀초에 오고 싶지만 "현재 우리 반 아이들과 잘 마무리하고 내년에 가겠습니다"라며 2021년을 기약한 사람도 있다. 새로운 학교 체제에 대해 알고 현재 학교에 머물며 작은 모임으로 학교를 변화시키려고 노력하는 사람도 있다. 그리고 현재 함께 근무하게 된 동료들도 있다. 모두 함께하게 된 것은 아니지만 6개월간의 연구회 활동이 개교 학교의 안정화에 도움이 되었던 것은 자명하다. 신설 학교를 준비하는 사람들에게 전문적학습공동체를 구성하여 연구하는 모임을 추천한다.

교사
생활공동체

개교 팀이 구성되고 과한 열정으로 처음부터 민주적인 학교 운영과 미래형 학교 체제를 구축하려는 시도는 일을 그르치게 된다. '그 사람이 어떤 사람인지'를 서로 알아 가는 경험이 더 중요하다. 초기에는 서로의 인생에서 교육적 경험을 나누고 학교에 대한 생각과 어떤 교사이고 싶은지 말하는 데 시간을 투자하는 것이 좋다. 혁신학교 언어로 생활공동체가 되는 것이다.

교사도 직장인이고 학교에서 '일로 만난 사이끼리' 그렇게까지 서로의 사생활을 공유해야 할 필요가 있느냐고 묻는다면 할 말은 없다. 우리가 아이들에게 배움이 삶이 되고, 삶이 곧 배움인 것을 강조한다면 학교에서 '일로 만난 사이끼리' 가르침이 삶이 되는 경험도 필요하지 않겠냐고 반문하고 싶다.

스무 살에 학보사 기자가 되면서 '총화'[24]를 통해서 내 개인의 삶이 학생에서 어른으로 변하는 계기가 되었음을 이제야 고백한다. 그 시절에는 굳이 왜 내가 저 사람의 슬픈 이야기를 들어줘야 하나 의문이긴 했다. 20년이 지나서야 그것이 나를 학보사의 일원으로 받아들이는 통과의례였고 '총화'를 통해 내 삶의 스토리를 고백한 것이 선배들과 동기들에게 내 행동을 끊임없이 이해하고 용서할 수 있도록 해 주었다.

해밀초의 초기 구성원들이 학교에서의 경험을 나누고 변화가 필요한 부분을 이야기하면서 어떤 학교를 만들 것인지 논의했던 경험도 좋았지만, 근황 토크와 자신의 성격에 대한 이야기가 서로를 이해하는 폭을 넓혀 주었다. 초기 구성원뿐 아니라 후에 합류하는 구성원과도 생활공동체를 먼저 구성하는 것이 필요하다. 해밀초에서는 학년군 모임이 생활공동체의 핵심이 될 것이다.

---

24. 현재의 주제 돌림 말하기나 신뢰서클 프로세스, 한자리 대화모임, 다모임처럼 둘러앉아서 근황이나 주제에 대해서 이야기를 하는 것을 그 시절에는 '총화'라고 불렀다.

평교사 공모
교장

해밀초가 예비혁신학교와 자율학교로 지정되며 내부형 공모 교장 대상 학교가 되었다. 쓸데없이 세종의 첫 번째 평교사 교장은 누가 되어야 할까를 오랫동안 고민해 왔다. 나의 후보군에 있던 사람들 중 일부는 장학사가 되었거나 현재 교감 선생님이었다. 박순걸 교감 선생님이 공모 교장으로 제안을 받았지만 이미 관리자인 사람이 지원하는 것은 그 취지에 맞지 않는 것 같아 고사했다는 소식을 SNS에 밝혔다. 취지에 맞는 사람이 하는 것이 좋겠다 싶었다. '세종의 1호 평교사 교장이 누가 되는 것이 좋겠는가?'라고 물었을 때, 누구나 한 분을 떠올렸다.

내 후보군의 맨 위에 있었지만 아끼던 동료 교사이기에 가시밭길을 걷지 않기를 바랐다. 공모 계획서를 내고 면접을 준비하는 과정을 지켜봤다. 그는 좋은 교사이기에 좋은 교장이 되리라고 믿었다. 동화를 쓰는 그는 아이들에게 항상 진심이었고 학교에 대한 상상력을 가지고 있었다. 동료의 잠재력을 일깨우며, 타고난 융통성과 담대함으로 일을 추진해 나가는 사람이었다. 이혁규 교수는 『한국의 교육 생태계』라는 저서에서 "좋은 교사가 좋은 교장이 될 수 있다고 생각하지 않는다. 좋은 교사는 좋은 교장이 되기 위한 필요조건이지 충분조건은 아니다. 학교 경영자로서 리더십, 조직 관리 능력, 의사소통 및 갈등 관리 능력, 장학 및 컨설팅 능력, 학습자의 교수-학습 신장을 돕는 프로그램 개발과 실행 능력 등 다양한 능력이 필요하다"라고 하였다. 그의 조직가로서의 면모를 가까이에서 지켜봤기에 좋은 관리자가 되기에 충분하다고 확신했다.

그는 지금 해밀초 교장이 되었다.

그래서 그가 좋은 교장이 되었느냐고 묻는다면 대부분은 그렇고 일부는 아니라고 답할 것이다. 너무 상상력이 풍부해.

학교라는
공간

해밀초에 첫눈 오는 날이었다. 아이들은 내리는 눈을 잡느라 폴짝거리고 쌓인 눈을 발로 쓸고 다니며 아예 드러누워서 손과 발로 날갯짓을 하며 파닥거렸다. 전교생이 1층의 운동장으로 가야만 맞을 수 있었던 눈을 1학년은 운동장에서, 2학년부터는 교실 앞에 있는 해밀이 놀이터에 나와서 눈을 맞았다. 건축가의 의도대로 아이들은 자연으로 바로 통할 수 있는 빠른 길을 갖게 되었다. 눈을 맞는 것 외에도 아이들은 쉬는 시간에는 2층 해밀이 놀이터에서 술래잡기, 무궁화 꽃이 피었습니다, 피구를 한다. 졸업생이 '너희는 해밀초에 오길 잘한 줄 알아. 이런 시설을 가지고 이렇게 자유로운 곳은 없어'라고 한 말처럼 보통의 학교는 아이들에게 자신을 잘 내어 주지 않는다. 우리 어린 시절 학교는 어땠을까?

산업화 사회에서 사람들은 먹고살기 위해서 공장이 있는 도시로 몰려든다. 부모가 직장에 있는 동안 아이들을 수용하기 위해 학교가 곳곳에 존재하게 되었다. 사람들의 주거 형태가 아파트로 변하며 한 지역에 몰리는 학생 수도 많아졌다. 학교는 점점 많아졌고 규모도 커졌다.

내가 다니던 학교도 그랬다. 1980년대에 우리 학교는 복도와 운동장을 막고 증축 공사를 했다. 공사가 끝나기 전까지 오전, 오후반으로 한 반을 나누어 운영했다. 오전반 45명 오후반 40명이었다. 오전반은 점심 먹기 전에 마쳤고 오후반은 점심을 먹고 학교에 등교했다. 친구도 너무 많아 동네 친구를 제외하고는 이름도 기억나지 않는다. 내가 살던 곳에서 학교가 있는 곳까지 가려면 버스로 두 정거장 혹은 걸어서 40분이 걸렸다. 반대 방향으로 가도 비슷한 거리에 다른 학교가 있었다. 우리 집은 학교와 학교 가운데에 있어서 어딜 가도 애매한 위치였다. 3년만 지나면 산 위에 학교가 생긴다고 했지만 그 시간은 멀어 보였다. 엄마는 6시만 되면 버스비를 식탁에 올려놓고 출근을 했다. 버스비는 방방을 타거나 군것질에 사용되었다. 학교에서 집까지 걸어오는 길에 참새가 방앗간 들르듯, 볼에 욕심이 가득 들어 있는 할아버지네 방방 가게를 들렀다.

선생님은 아침 조례 시간에 출석을 불렀고 출석하지 않은 친구들은 줄을 그어 표시했다. 가끔 대답하지 않는 아이들이 있으면 "현진이 안 왔니? 왜 안 왔는지 아는 사람?"이라고 물어봤지만 대답하는 아이들은 없었다. 특별한 일 외에 결석하는 아이들은 없었다. "아파도 학교에 가서 아프고, 죽어도 학교에 가서 죽어"라는 가정교육을 받고 자란 아이들이 태반이었다. 수두나 홍역을 앓는 아이들도 얼굴에 분홍 연고가 마를 즈음이면 학교에 나타났다.

수업이 끝나면 책상을 뒤로 밀고 모두가 나서서 청소하기에 바빴고 청소가 끝나면 빨리 교실을 비워 줘야 했다. 청소를 하던 중에도 오후반 아이들이 들어왔다. 우리 반 청소 시간인지 오후반 청소 시간인지 알 수가 없었다. 오전반 아이들이 책상을 뒤로 밀면 오후반 아이들이 책상을 앞으로 밀고 앉아 수업을 받는 장면이 연출되었다. 남학생 번호는 1번부터 시작이 되었고 여학생의 번호는 41번부터 시작되던 시절이었다. 선생님 그림자도 고귀하게 여겼고 '선생님 오신다'는 소리면 학습 분위기는 당연히 조성되었다.

2학년 받아쓰기를 하던 날이었다. 선생님은 4교시만 되면 거울을 보고 화장을 했다. 아이들은 '선생님, 데이트 가나 봐'라며 속삭였고, 똑똑한 반장이 받아쓰기를 불렀다. 초록색 책상의 가운데는 연필로 줄이 그어져 있었다. 금을 넘어가면 지우개도 반 토막이 되었고 책도 찢겨졌다. 짓궂은 짝을 두게 되면 연필, 지우개를 가져가 버리기 십상이었다. 책으로 문제를 가리며 한 글자 한 글자 써 내려갔다. 9번까지 부르는데 마치는 종이 쳤다. 10번을 황급히 부른 반장은 책상을 뒤로 밀라고 하였다. 다 쓰지 못하고 일어나서 책상을 미는데 문제가 생각나지 않았다. 아이들이 청소하는 동안 선생님은 점수를 매기고 청소하다가도 이름이 불리면 나가서 틀린 만큼 손바닥을 맞았다. 학교는 출석과 수업, 받아쓰기와 청소로 기억되었다.

4학년이 되면서 집 근처에 새로운 학교가 생겼다. 학구가 분리되면서 나는 100년 전통의 학교에서 신설 학교의 학생이 되었다. 학교는 깨끗하고 모든 것이 새로웠다. 교장 선생님과 인사하기 위해 운동장에 오와 열을 맞추어 줄을 섰고 교장 선생님은 까마득히 올려다보는 사열대 위에 서서 흐트러짐 없이 줄을 잘 서고, 물건을 아껴 쓰며, 벽에 낙서하지 않을 것을 주문했다. 학교는 깨끗하고 모든 것이 새로워졌지만 우리가 함부로 만지면 안 되는 것들이 더 많아졌을 뿐이었다. 벽에 난 연필과 신발 자국은 지우개로 깨끗이 지워야 하고 깨끗한 바닥은 더 깨끗할 수 있도록 왁스칠을 했으며 창문을 닦다가 낙상하는 사고도 발생했다. 중앙현관은 선생님과 손님들만 출입할 수 있었고 큰 수족관의 잉어는 누가 먹이를 주는지 몰라도 통통하게 살만 올라 갔다.

학교 운영의 3주체가 교사, 학생, 학부모라는 사실을 알게 된 것은 초등 교사가 되어 학교에서 '일'하게 되면서이다. 학생으로 학교에서 살 때, '학생이 학교의 주인이다'라는 말은 '학생은 학교를 열심히 청소해야 한다'는 말과 동급이었다. 쥐가 다니던 쓰레기 소각장에 쓰레기를 버리러 갈 때, 학교에서 폐지와 유리병을 모을 때, 학교 이름으로 이웃돕기 성금을 모을 때, 고3 학생들이 졸업하고 그 교실을 청소하러 갈 때, 그때야 주인 행세를 할 수 있었다. 학교가 가르쳐 준 것은 말 잘 듣고 선한 노동자가 되는 것이었다. 학교에서 무엇을 했던 경험도 오래 머무른 기억도 없었다. 학교는 그저 아침에 눈뜨면 가고 종치면 돌아오는 곳일 뿐이었다.

　　30년 후의 지금 학교는 어떠한가? 지금도 아이들은 학교 마치면 학원으로 내몰리기에 바쁘다. 강당과 운동장, 도서관은 배정된 날이 있어서 그날에 가지 못하면 일주일 동안 이용하기 어렵다. 강당도 온전히 우리 반만 쓰는 경험을 하기 어렵다. 두 반이 반을 나누어 사용해야 한다. 운동장은 어떤가? 미세먼지 경보가 뜨면 운동장을 이용하지 못한다.

　　1학년 교실은 돌봄 교실이나 방과후 교실로 내어 주어야 하기에 종례를 할 겨를도 없이 수강생들이 들어온다. 각각의 사정으로 학교에 더 머물러야 하는 아이들, 학원 시간을 기다리거나, 부모를 기다리는 아이들은 교실에 머무를 수 없다. 친구와 조금 놀거나 동아리 활동을 하거나 작당을 하기에 학교는 충분한 시간과 공간을 내어 주지 못하고 있다. 학교는 오직 수업과 급식으로만 이루어지는 것이 현실이다. 학교의 경직성은 코로나19를 경험하며 더욱 심화되었다. 책상이나 급식실에서도 투명 가림판으로 서로 간 경계를 두었다. 40분이던 수업 시간이 30분으로 단축되면서 학교에 머무는 시간이 줄어들었고 아이들의 놀 권리를 보장하기 위해서 제도적으로 마련되었던 놀이시간 30분은 소리 없이 사라졌다. 학교에서 머무는 시간은 더욱 줄어들었고 거리 두기로 인해 특별실이나 도서관도 문을 닫았다.

미시권력의
사회

"현진아, 일어나. 오늘은 학교 가는 날이야."

엄마의 목소리에 눈을 떴다. 코로나19가 퍼지며 학교는 일주일에 한 번만 가면 된다. 일주일 하루 일찍 일어나면 되기에 늦잠이 습관이 되었다. 학교 정문의 열화상 카메라를 통과하고 교실로 곧바로 간다. 다른 학년과 만나지 않도록 길이 분리되었다. 가림막이 있는 자리에 앉아서 아침 자습을 했다. 친구들과는 눈인사로 안부를 전한다. 쉬는 시간에는 간단히 화장실을 갔다 올 수 있고 대화를 나누면 안 된다. 복도에는 방역 도우미 선생님이 계신다. 줄을 서서 화장실에 가고 한 명씩만 들어갈 수 있다. 점심시간 발열 체크를 하고 급식실로 이동했다. 급식실에도 가림막이 있다. 밥을 받고 앉아 마스크를 벗었다. 집에 가기 전까지 마스크를 벗을 수 있는 유일한 시간이다. 숨을 몰아쉬고 밥을 먹는다. 급식시간에 입은 밥을 먹을 때만 열어야 한다. 5교시는 과학시간이다. 거리 두기 때문에 특별실 수업은 전부 교실 수업이다. 선생님의 실험 시범 후에 마친다.

코로나19라는 특수한 상황이 있어서 아이들의 동선은 더욱 축소되었지만 그 이전에도 별반 다르지 않았다. 학교에서 아이들이 주로 머무는 공간은 교실이다. 그다음이 급식실, 화장실, 특별실, 강당, 도서관 정도이다. 허용되는 공간을 제외하고 스스로 선택해서 가는 공간은 화장실과 도서관 정도가 될 것이다. 학교에서는 화장실을 가는 것조차 허락을 받아야 할 때가 있다. 유현준 교수는 『어디서 살 것인가』에서 학교와 교도소가 가진 공통점에 대해 언급하며 규제가 전체주의적 사고방식을 가지게 한다고 하였다. 미셸 푸코는 『감시와 처벌』에서 학교를 개인을 통제하는 감옥이라고 하였다. 푸코는 왕권주의 시대의 중앙집권적 권력을 유지하기 위한 공포정치가 근대에 와서는 훈련, 감시, 규범화를 통해 인간이 질서에 순응하게 하는 미시권력으로 전환되었다고 한다. 일반적으로 우리가 생각하는 '권력', 예를 들어 국가 체제나 헌법, 법률 등 큰 규모로 모두에게 적용되는 권력을 거시권력으로 정의한 반면 우리의 일상생활에서 발생하여 계층 구조를 만들고 그에 속하는 사람들에게 영향을 미치는 것을 미시권력이라고 하였다. 예를 들어 인도의 카스트 제도에 의한 사회 통치는 거시권력이지만 한국의 가부장제나 남성우월주의, 학교에서 교사와 학생 사이의 관계의 우월 등은 미시권력이라고 볼 수 있다. 근대에는 미시권력에 대한 사회 통제로 경제적으로는 노동에 적합한 인간, 정치적으로는 순종적인 인간을 양성하고자 했다. 이는 공교육 체제의 근대 학교의 등장과 명맥을 함께한다.

학교의 권력은 누구에게 있는가? 그 답은 학교 규율과 학급규칙을 정하는 사람이 정해져 있는 것, 생리적 현상을 허락을 받고서 해결하는 것, 인사를 하는 사람과 받는 사람이 주로 정해져 있는 것, 수학 문제를 틀린 개수대로 맞는 사람과 때리는 사람의 모습을 보면 알 수 있다. 교사에게 묻는다면 교장에게 있다고 말할 것이고 학생이나 학부모는 교사라고 답할 것이다. 이러한 일상적인 사례 외에도 푸코는 학교에서 작동하는 미시권력을 학교의 공간 분할, 학생 활동의 통제, 규범화된 제재, 이 세 가지로 설명한다.

학교의 공간 분할은 위에서 말한 대로 학생들이 자율적으로 사용할 수 있는 공간이 거의 없다는 것만을 말하는 것은 아니다. 우리 어린 시절을 떠올려 보자. 3월과 12월에 가정환경 조사를 한 적이 있었다. 보통 가정통신문이나 구두의 형태로 '집에 TV가 있나?', '자동차가 있나?', '부모님 직업은 무엇인가?' 등을 조사했다. 이 조사 결과는 학교 구성원 통계 조사로 사용되었겠지만 주로 새 학기 반 배정 등에도 활용이 되었다. 성별, 성적, 품행, 가정환경 등과 함께 분류되어 반의 구성원이 결정되었다. 그렇게 분류된 아이들이 분할된 공간으로 나뉘어 들어가 생활한다. 지금은 사라졌겠지만 성적순으로 학급의 자리를 정하거나 '수준별 수업'이라는 이름으로 우열반으로 나누어 수업을 했던 것, 상위 20등까지 도서관에 따로 공간을 두고 '서울대반'을 운영했던 것도 학교 안의 미시권력이 작동한 예라고 볼 수 있다. '학생이라는 죄로 학교라는 교도소에서 교실이라는 감옥에 갇혀'라는 시가 학생들의 심정을 대변했다고 보면 학교 안의 미시권력이 옛날 말이나 지나간 일이라고 넘길 일은 아니다.

기초기본교육과 기본생활습관 형성을 담당하는 초등교육에서 미시권력이 무조건 나쁜 것은 아니다. 사회적 약속을 지키는 준법정신을 가진 윤리적인 민주시민을 양성하기 위해 학생과의 합의에 의한 교육은 반드시 필요하다. 다만 교사가 '배운 방식'으로 어떠한 각성 없이 권력을 부리는 것은 경계해야 한다. 아이들을 통제, 감시, 처벌하기 위한 폭력적 방식의 훈육은 부당한 권력이다.

공교육의 교사들은 교육을 통해서 학생들이 인간으로서 존엄을 유지하고 자주적 인격체로서 인간다운 생활을 영위하는 데 필요한 자율적 능력을 갖추도록 조력해야 한다. 또한 교육을 통해서 민주적 가치가 실현되고 민주 공동체의 삶의 수준이 고양되는 데 기여할 수 있어야 한다.이혁규,『한국의 교육 생태계』

좋은 부모는 자신이 양육된 방식으로 자녀를 양육하지 않고 좋은 교사는 자신이 가르침을 받은 대로 학생들을 가르치지 않는다고 한다. 변혁하는 미래 사회의 교사와 부모의 역할은 지금껏 경험한 것과는 다른 방식이 되어야 한다. 학교에서 권력의 이양과 힘의 균형을 통해 민주적 가치를 실현하기 위해 나는 어떤 교사가 되어야 할까?

학교 공간,
아이들을 품다

살펴보면 이러한 미시권력이 학교 건축에도 그대로 녹아 있다. 담을 둘러싼 수직적인 구조, 감시가 가능하도록 높이 세운 교단, 교직원과 손님들이 드나들 수 있는 학교 로비, 서울에서 부산까지 비슷한 교실 면적이다. 건축은 짓는 사람의 의도도 중요하지만 결국 사용자의 입장에서 지어져야 한다. 유치원이나 학교는 주 사용자가 아이들인데 우리는 지금까지 아이들의 의견을 들어 설계하지 않았다. 서울에 있는 학교나 부산에 있는 학교도 지역만 다를 뿐 형태는 똑같다. 도시이건 촌락이건 모두 네모난 형태를 가지고 있다. '네모의 꿈'이라는 유행가의 가사처럼 "네모난 책가방에 네모난 책들을 넣고, 네모난 버스를 타고 네모난 건물 지나, 네모난 학교에 들어서면 또 네모난 교실 네모난 칠판과 책상들"을 보면서 창의적이고 다양한 사고, 남과 다른 생각을 하라고 강요하고 있다. 학교 건축물은 언제부터 이렇게 표준화되었을까?

1960년대 이후 지속적으로 증가하는 학생 수에 대비하기 위해 1975년 서울시 교육위원회에서 표준설계도를 마련하고 교실의 표준 규모를 $67.5m^2$로 정했다. 학급당 학생 수가 줄어서 현재는 그보다 작은 규모이긴 하나 전국이 비슷한 방침을 따르고 있다. 열린 교육 바람이 불면서 교실 벽을 허물고 공간의 가변성을 도모했다. 그 시절에 교생실습을 나갔다. 교실의 칠판과 게시판이 있는 앞과 뒤를 제외하고 복도의 벽을 다 허물었다. 공간은 앞서갔지만 교육과정과 교수 방법, 교사 공동체가 그러한 변화를 받아들이기에 준비가 되지 않았다. 내가 갔던 학교에서는 접이식 커튼을 설치해서 닫아 두었다가 장학수업을 할 때는 열어 두었다. 열린 교실 대표 수업을 하던 옆 교실 아이들은 운동장에 체육을 하러 가는 모습도 연출되었다. 그때 열린 교실은 다시 벽을 세워서 원상 복구가 되었다. 학교 공간 변화에 대한 시도는 그때로 끝나는 듯했다.

혁신학교 운동과 더불어 4차 산업혁명 시대와 인구 구성의 변화, 학령기 인구 감소 등으로 인해 '학교 공간 재구조화'에 대한 이야기가 나오기 시작했다. 학교교육과정과 수업을 학생 중심으로 설계하면서 아이들 삶의 공간을 확장하고 마을교육공동체 운동으로 폐쇄적이던 학교 공간에 대한 개방성과 공공성이 학교 설계에 반영되기 시작했다.

"누구나 좋은 곳에 살 수는 없지만, 누구나 좋은 학교에서 공부할 수는 있다." 국가가 아이들의 성장에 알맞은 가정환경을 제공할 수는 없더라도 교육환경은 아이들에게 적합하게 제공할 수 있다. 12년간 좋은 교육환경에서 지낸 아이들은 다를 것이고 예상된다.

유현준 교수는 해밀마을 마스터플랜을 짤 때, '아이들에게 자연을 돌려주자'는 콘셉트였음을 『어디서 살 것인가』라는 저서에서 밝혔다. 규제에 막혀 모든 것을 실현할 수 없었으나 현재 구현된 건물을 보았을 때, 그의 설계 방향이 상당수 재현된 것으로 보인다. 마을 가운데의 큰 운동장을 중심으로 유·초·중·고, 복합커뮤니티센터가 펼쳐져 있고 학교 건물을 분절하여 저층화해서 운동장이나 공원의 접근성을 높였다.

보통 학교 건물은 한 개의 판상형 구조나 ㄱ자 형으로 두 개의 건물이 붙은 형태로 설계되는데, 해밀초 건물은 아이들의 동선에 따라 6개로 나뉘어 있다. 해밀초 공동체는 ABC로 되어 있던 건물 이름을 학교 교육과정의 사계절 프로젝트에 맞추어서 봄, 여름, 가을, 겨울과 '해밀'의 뜻인 맑은, 하늘로 지었다. 그리고 동을 아이들이 생활하는 마을이라고 개념화했다. 봄마을은 1, 2학년이 함께 생활하는 공간이 되고 여름마을은 3, 4학년 교실과 과학, 기술, 프로젝트가 생성되는 공간으로 구성되어 있다. 가을마을은 5학년 교실과 관리실 및 도서관으로 이루어져 있고, 겨울마을은 6학년 교실과 특별실, 학생자치실, 동아리실, 돌봄센터가 있다. 맑은마을은 시청각실과 급식실, 하늘마을은 강당과 드라마실, 주차장이 있는 곳이다. 6개의 마을은 개별 출입문이 있어서 독립된 공간이 될 수 있지만 1층은 복도로 2층은 야외 데크로 연결되어 있어서 서로 간 접근성이 뛰어나다.

학교에 처음 오게 되면 낯선 방식으로 설계되어 학교 구조가 잘 이해되지 않는다. 학교 초대의 날을 통해 개교 전 학교를 방문한 학부모는 "유현준 교수는 아이들이 교실 문을 열면 야외로 바로 나갈 수 있도록 설계했다고 했는데, 왜 아닌 것 같죠?"라고 질문하기도 했다. 학교를 둘러보면 1층에 있는 교실은 1학년 교실밖에 없기 때문에 할 수 있는 질문이기도 하다.

1층에는 1학년, 2층에는 2, 3학년, 3층에는 4, 5, 6학년이 생활한다. 1층에도 야외 공간이 있지만 2층에는 야외 데크가 있어 2층에서는 문을 열면 바로, 3층에서는 한 층만 내려오면 야외이다. 뿐만 아니라 내부 계단으로도 통행이 가능하지만 3층에 외부 계단이 또 있어 교실마다 다른 계단을 선택할 수도 있다. 기존 학교의 구조와 달라 이해가 어려우면 직접 방문도 환영한다.

야외 데크의 끝에서 근린 체육시설인 대운동장과 해밀동 복합커뮤니티센터와 연결된다. 대운동장은 인조잔디가 펼쳐져 있어서 아이들이 마음껏 발산하는 공간이 되고, 복합커뮤니티 시설은 마을 연계 교육을 가능하도록 해 준다. 복합커뮤니티 주차장 옥상에는 길을 건너지 않고 안전하게 학교로 올 수 있는 통학로도 있다.

내부적으로 보았을 때, 교장실 등의 관리실 대신 도서관과 프로젝트실이 학교의 중심에 위치한다. 9월 1일 개교를 해서 모든 학생이 전입생이다. 학교의 구조가 복잡하여 초반에 길을 잃는 경우도 있다. 교장 선생님은 전입생들에게 "학교에서 길을 잃으면 도서관을 찾으렴"이라고 말할 정도로 도서관은 학교에서 이정표가 되는 곳이다.

도서관 앞 넓은 복도에서는 모든 건물과 연결되어 통해서 어디든 갈 수 있다. 도서관은 전면 개방의 폴딩 도어로 외부와 연결된다. 바람 선선한 가을에 창문을 개방하고 도서관 마루에 앉으면 공원에서 책을 읽는 기분과 '지식은 책에서 배우고, 지혜는 자연에서 배운다'는 말의 의미를 경험할 수 있다. 도서관 담당자로서 해리포터 도서관이나 지혜의 숲, 별마당 도서관과 같은 분위기를 재현하고 싶었다. 아이들이 도서관 문을 열고 들어오면 앨리스가 이상한 나라로 들어가듯이 동화 속으로 들어가는 듯한 상상에 빠지게 하고 싶었다. 설계와 시공에 도서관 인테리어가 반영되어 가구를 배치하는 데에서 그쳤지만 도

도서관

프로젝트실

눈이 오면 1학년 아이들은 운동장으로 나온다

눈 내린 날, 2층 해밀이 놀이터로 나온 4학년 아이들

서관 빈백 의자에 앉아 책을 읽는 아이들을 보면 흐뭇하다.

개인적으로 프로젝트실을 도서관과 더불어 해밀초의 상징적인 공간으로 생각한다. 학생들이 과학실에서 기초과학을 공부하고 해밀마루(워킹스페이스)에서 모둠별 프로젝트 학습을 실행한다. 메이킹 룸에서 현실로 구현하고 그것을 프로젝트실에서 발표하거나 전시한다. 현재 공간 혁신 사업으로 공모 계획서를 낸 상태이다. 채택되어 사업이 완성되면 아이들의 오후 학교생활의 중심이 되고 마을 사람들의 공유 공간이 될 수 있을 것이다.

그 외에도 '요즘 초등학교의 클래스'라는 제목으로 포털에 떠돌던 해밀초 사진이 있는데, 바로 2학년 교실에 있는 누다락이다. 허클베리 핀의 오두막집처럼 교실 안에 꽤 넓은 다락방이 있다. 이것은 봄마을의 층고가 높은 편이라서 구현될 수 있었다. 1학년 교실의 온돌과 개수대와 앉아서 신발을 갈아 신을 수 있는 신발장, 따뜻한 인테리어 요소는 보육에서 교육으로 넘어오는 아이들에게 조금 더 안정감을 줄 수 있다.

기존 학교와 차별화되는 해밀초의 학교 공간은 특혜처럼 느껴지지만 구성원인 우리에게는 많은 과제를 던져 준다. 실제 설계를 반영한 시공이 어려워서 이전 학교에서 발견하기 어려웠던 하자도 많아 몇 달간은 하자 찾고 보수하느라 시간을 많이 보냈다.

학년군 교육과정의 실현, 유·초·중고·마을과 연계되는 교육, 미래 교육 체제와 에듀테크 도입, 교육 거버넌스 구축, 학생 공간 중심의 학교교육과정 구성, 학교 3주체의 학교자치에 대한 고민 등을 풀어 나가야 한다. 해 보지 않아서 걱정되기보다 오히려 설레는 이유는 해밀초 공동체는 풀어 나갈 힘이 있다는 믿음이다. 이전에 해 봤듯이.

지난날 기록과 기억은 내 삶의 궤적이 남긴 실루엣이다. 기록과 기억이 온전한 나일 수는 없지만 그렇다고 내가 아님도 아니다. 분명한 것은 기억이 기록이 되고, 그 기록은 다시 기억으로 남는다. 기억과 기록이 오가는 그 어디쯤 내가 있다.

나중에 내 기억과 기록 속에 해밀초가 있듯이 다른 사람들의 기억과 기록에도 해밀초가 있을 것이다. 많은 사람들의 기억과 기록이 합쳐질수록 온전한 해밀초의 모습이 될 것이다. 또한 많은 사람들에게 해밀초가 기억되기 위해서는 당연히 함께 공통의 경험을 통해 만들어 가야 한다. 우리 학교가 되는 것이 모두의 기억과 기록에 남기는 것이라고 믿는다. 우리들의 기억과 기록 사이 어디쯤 해밀이 있다.

기억과 기록 그리고 미래

유우석

인생
기억

"내가 쓴 일기를 보다가 기억이 잘못되었다는 걸 알았어. 깜짝 놀랐어. 확실하게 기억한다고 생각했던 일이 사실이 아니라니."

친한 동료에게 이런 말을 들었을 때는 대수롭지 않게 여겼는데 막상 지난 일을 돌이켜 보니 내 기억에 대해 의심이 들었다. 지난 기록을 뒤져 봤다. 발령받자마자 지역 신문사에 '교단일기'를 연재한 기록을 발견했다. 2년 동안의 기록은 분량이 꽤 되었고, 잊어버린 기억도 많았다. 그리고 가끔 편지를 썼다. 학부모에게 편지를 썼고, 아이들에게 편지를 썼다. 동료들에게는 지리산 편지를 썼다. 틈나면 이곳저곳에 교육 관련 칼럼도 썼다. 저장을 하긴 했지만 잃어버린 글들도 많다.

기억을 역으로 거슬러 올라가다 초등학교 6학년에서 멈췄다. 아무래도 이 기억은 '인생 기억' 정도 되나 보다. 돌이켜 보면 '초등 교사의 꽃은 담임, 담임은 6학년!'이라는 생각도 이때의 기억 때문인지도 모른다.

이것은 거의 20년 가까이 지난 후에 다시 기록한 글이다. 그래도 지금 기억보다는 사실에 가깝다.

잃어버린 기록(2006년 학급 운영 사례 발표 중 일부)

초등학교 마지막 겨울방학을 앞두고 학급 문집을 만들자고 선생님이 제의했다. 물론 학급 문집을 본 적은커녕 들은 본 적도 없었다. 무작정 하자고 시작한 작업은 그리 간단하지 않았다. 먼저 우리는 글을 써야 했다. 정확한 기억은 아니지만 써 놓았던 글도 있었고, 또 문집을 위해 부랴부랴 쓴 글도 있었다. 담임선생님은 그 글을 모아 타자기로 쳤다. 컴퓨터가 일상화되기 전이었는데 담임선생님은 꽤 좋은 타자기를 사용했다. 타자 작업은 저녁까지 이어졌다. 덕분에 우리는 저녁에 남아 선생님 말벗이 되어야 했다.

한 달 가까이 걸려 제법 근사한 문집이 만들어졌다. 문집의 첫머리에는 담임선생님이 쓴 시가 걸려 있었다.

다소곳한 침묵으로/ 더 큰 말을 하고 갔구나/ 하루에도 몇 번씩/ 흐트러지는 책상줄을 꾸짖으며/ 책상줄을 정돈함으로써/ 너희들의 정돈을 안심하던/ 나는 참으로 바보였구나/ 정돈되는 것은 너희들이 아니라/ 단지 책상들이었다는 것을/ 너희들이 없음으로 해서/ 흐트러질 것도 없이/ 잘 정돈된 책상줄을 보며

오인태, 「청소 끝난 교실에서」

나는 문집을 받고 이 시를 되뇌었다. 읽을수록 이 시가 무척이나 마음에 들었다. 이때부터 전문가를 동경했다. 문학이나 바둑, 자동차 정비…. 전문가에게서 나는 향은 아름다웠다.

어쨌든 첫머리를 선생님의 시로 장식하고 다음 장부터는 우리 글이 실렸다. 내가 쓴 글은 당시 우리 집 형편을 소개한 글과 우리나라의 형편을 소개한 글이 실렸다. 우리 집 형편 소개란 몸져누운 아버지와 도와주는 이웃들, 그래서 아버지가 빨리 낫고, 나도 자라면 다른 사람을 도와줘야지 하는 내용이었다. 다른 글은 왜 우리나라가 갈라져 있어야 하는지, 아무런 이유가 없는데 왜 그럴까 하는 내용이었다.

그렇게 활자화된 문집을 방학식 날 몇 부씩 나누어 주었다. 방학을 하고 선생님은 연수를 떠났다.

열심히 놀던 방학 중 어느 날, 동네 이장네 집으로 오라는 연락을 받았다. 무슨 일일까 싶어 갔더니 방 안에는 마을 어른들이 병풍처럼 둘러앉아 있었다. 어른들 속에는 아버지도 있었다. 그 당시 아버지는 몸이 좋지 않은 상태였다. 어른들의 모습은 평소 농사짓는 그 어른들이 아니었다.

나는 저절로, 아주 자연스럽게 무릎을 꿇고 앉았다. 어른들의 손엔 문집이 들려 있었다.

"학교에서 이런 거 가르쳐 주더냐?"

나는 그날 무슨 말을 했는지, 어떻게 그곳을 빠져나왔는지 기억이 없다. 아버지가 어른들 속 어느 자리에 계셨는지, 또 어떤 표정을 지으셨는지 전혀 기억이 없다. 다만 '네가 이런 거 배우면 큰일 난다'라는 말을 들었던 기억만 난다.

통일에 대한 글은 지극히 상식적이었는데, 당시에는 그렇게 보이지 않았나 보다. 이 사건으로 선생님은 연수에서 중도 하차했다고 들었다. 다른 학교로 옮기고….

못내 안타까운 것은 지금 그때의 문집을 찾을 수 없다는 것이다. 몇 번 찾아보려고 노력을 했는데 끝내 찾지 못했다. 얼마 전 그 선생님과 연락이 닿았는데, 나를 소개하자 첫마디가 '아, 그때 그 필화사건!'으로 시작되었다.

그때 그 문집의 오롯한 기록이 궁금하다. 기억과 기록은 다르다. 마음속에 켜켜이 쌓이는 것도 좋지만 기록으로 남겨 두는 것도 멋있는 일이다.

같은 날은
없다

교사가 되며, 다짐했던 세 가지가 있다. 별것도 아닌 일도 10년[25]을 하면 그 조직을 바꿀 수 있다는 말을 들은 이후였다. 그중 하나가 아이들과 여름, 겨울 방학 때 여행을 떠나는 일이었다.

이 여행은 정체가 불분명한 것이라 상황에 따라 수련회라 부르기도 하고, 야영이라 부르기도 하고, 캠핑이라 부르기도 했다. 장소 역시 바닷가를 다녀오고, 지리산을 다녀오고, 찜질방을 다녀오고, 숲속의 집을 다녀오고, 시골집을 다녀오고, 민박집을 다녀왔다. 가끔 시골 버스를 타기도 했고, 기차도 타고, 내 차에 오밀조밀 태우기도 하고, 오랫동안 걷기도 했다.

수학여행 식 여행은 싫었다. 그래서 몰래 가기로 맘먹었다. '맘대로 여행'인 셈이었다. 정해진 것이 있다면 방학하는 날, 오후에 조퇴를 하고 여행을 떠나는 것이었다. 여러 번은 교장 선생님 몰래 다녀왔고, 또

---

25. 마음먹은 나머지 두 가지는 '문집 만들기'와 '지리산 가기'였다. 결과적으로 다 성공하지는 못했다. 그나마 지리산은 15년 이상 꾸준히 가고 있으나 빼먹은 해도 더러 있었다. 지리산은 반드시 아이들과 같이 가는 것은 아니었다. 일 년에 한 번 이상은 종주를 하거나 둘레길을 찾으며 지리산 정기를 받으려 했으나 쉽지 않았다.

여러 번은 결재를 받아 다녀왔다. 결재를 득한 이유는 처음에는 들켜서 그랬고, 나중에는 사람 가려 가며 '몰래'와 '결재'를 가렸다. 물론 아이들과 부모님에게는 동의를 받고, 때로는 지원도 받았다. 지금 돌이켜 보면 꿈같은 얘기다.

더 나이가 들어도(2005년 여름방학 파도리 해수욕장에서)

살아가면서 소중하게 여겨야 하는 것들은 많다. 그 소중한 것들이 전부 교과서에 있는 것만은 아니다. 오히려 교과서에는 그야말로 '교과서 같은 내용'들만 있어 지식 자체로서의 의미만 지니기도 한다. 우리에게 정말 필요한 것은 앞으로 평생을 같이 살아야 하는 사람들 속에서의 나의 발견과, 나를 둘러싼 주변이 아닐까 생각한다. 나는 우리 아이들이 스스로를 찾을 수 있는 기회 중 한 번이 되기를 희망한다(2005년 야영을 계획하며).

"시상에 이렇게 더운 날은 첨이네."

우리 집에서 나와 왼쪽으로 돌면 바로 보이는 식당 앞에 앉아 계시던 할머니가 혼자 중얼거렸다. 햇볕이 강하게 내리쬐는 것 같지는 않은데 세상이 꼭 큰 찜통 같다. 할머니의 말을 곱씹다가 의문이 하나 생겼다. 환갑은 한참 지나 보이는 할머니이니, 적어도 사계절이 바뀌는 것을 육십 번 이상은 겪으면서 살아왔을 터이다. 그렇다면 지금보다 더 더운 날씨도 수없이 견뎌 왔을 것이다. 그런데 새삼 날씨가 더운 것을 탓하다니. 괜히 해 보는 말일까? 아니면 실제 그렇게 느끼는 것일까?

방학하자 바로 아이들이랑 야영을 다녀왔다. 관광버스를 빌려 가면 한 시간 반이면 될 것을 일부러 대중교통을 이용했다. 야영 장소인 태안 파도리에 도착하자마자 짐을 풀고 조별로 방을 정했다. 멋진 민박집을 예상했지만, 시골 민박집이라 아이들은 실망했다. 하지만 민박집에서 몇 발자국만 움직여도 수평선이 보여 평소 바다를 잘 볼 수 없는 아이들에게는 그 자체만으로도 충분한 볼거리였다. 바람을 쐴 겸 바다로 뛰어나갔는데 아이들은 푸르고 맑은 바다를 보자 하나둘 바다로 뛰어들기 시작했다.

정작 더 큰 문제는 신나게 놀고 온 다음이었다. 씻을 곳이 두세 군데밖에 없었다. 아이들은 많은 사람들과 같이 바닷가에 온 적이 없어서 씻는 문제가 생기리라고는 생각지 못했을 것이다. 모든 아이가 다 씻는 데는 시간이 한참 걸렸다.

씻는 전쟁 다음은 먹는 전쟁이었다. 그래도 어찌어찌 설거지까지 마무리되자, 다음은 모기와의 전쟁이었다. 그래도 방마다 친구들끼리의 이야기로 밤은 그렇게 흘러갔다.

다음 날 오전에는 해수욕을 즐기고 짐을 싸 태안 읍내로 가서 점심을 먹었다. 예정 시간을 훌쩍 넘기고 다시 예산으로 향하는 버스를 탔다. 아이들은 버스에 오르자마자 누가 먼저랄 것도 없이 곯아떨어졌다. 나도 잠을 청할까 하고 고개를 젖혔을 때 내 옆에 앉은 아이가 묻는다.

"선생님, 나중에 나이가 더 들면 이런 거 안 할 거죠?"

아무런 대꾸도 하지 않고 그냥 자는 척했다. 그렇지만 아이의 말이 자꾸만 머릿속에서 맴돌았다.

집 근처 식당 앞에서 덥다고 중얼거리던 할머니처럼 사계절을 수십 번을 경험해도 똑같은 날은 없다. 그 할머니에게서는 삶에 대한 새로움이 느껴진다.

6학년 담임으로
살기

항상 6학년은 특별했다. 내가 6학년 시절에 겪은 특별한 경험 때문에 그럴지도 모른다. 아무튼 6학년은 그냥 보내면 안 되는 학년이다. 사고를 치더라도 기억할 만한 뭔가 하나는 있어야 한다. 나는 6학년 담임을 주로 하며 살 줄 알았다. 교직 첫해는 학교에서 정해 주는 대로 4학년을 했다. 이듬해부터는 자원해서 6학년을 했고, 그다음 해도 6학년을 했다. 그러다 점점 의도치 않게 다른 역할을 맡으며 2학년도 했고, 전담도 했다. 중간에 2~3년은 학교를 떠나 다른 일을 하기도 했다. 결국 돌아보니 생각만큼 6학년을 많이 맡지는 못했다.

너 6학년 4반이지?(2005년 10월 17일)

단축 수업으로 오후 수업이 없는 날이었다. 출장 시간과 점심시간이 애매했다. 6학년은 거의 마지막에 먹으니 좀 일찍 먹을 방법을 생각해야 했다.

"자, 오늘 너희들에게 임무를 주겠다. 선생님은 너희들이 임무를 훌륭하게 완수할 수 있을 거라 생각한다."

일부러 군사용어를 섞어 분위기를 조성했다.

"오늘 점심은 너희들이 알아서 먹는다. 물론 이렇게 먹는다는 것은 누구에게도 비밀이다. 그리고 절대 들켜서도 안 된다. 아, 그리고 오후 한 시까지 먹고 교실로 들어오는데, 그때까지 한 명이라도 먹지 못하는 사람이 있으면 오후에 수업을 하겠다."

우리 학교는 학생 수가 많아 반별로 정해진 시간에 가지 않으면 뒤에 먹는 반은 점점 밀리게 된다. 더구나 우리 반은 가장 마지막에 먹기 때문에 점심을 먹기 전에는 쉬는 시간이 많지만 먹고 난 후에는 휴식 시간이 거의 없다. 늦게 먹는 데 불만이 많은 아이들도 이런 작전이라면 어느 정도 문제가 해소될 것이라고 기대를 했다.

점심시간이 되자, 나는 일부러 자리를 피해 교무실로 왔다. 어느 정도 시간이 지난 뒤 식당 쪽을 기웃거리자, 몇몇 남자아이들이 임무를 완수했다며 의기양양하게 운동장으로 뛰어갔다.

그때 몇몇 여자아이들이 몰려오기 시작했다. 이유인즉 먹긴 먹었는데 들켰다는 것이다. 식당의 식탁에는 아이들 40명 정도(한 반이 같이 먹을 수 있게)가 앉을 수 있다. 그런데 우리 반 아이들이 한꺼번에 우르르 몰려 식탁 의자를 차지하는 바람에 다른 반 아이들이 앉을 자리가 없어져 결국 들키고 말았던 것이다. 아이들의 사연은 구구절절했다. 패잔병이 말이 많은 것처럼.

작전을 자세하게 알려 주지 않았다고 불만을 말하는 아이, 우르르 몰려 앉은 아이들이 멍청했다는 아이 등등 갑자기 말이 많아졌다. 그러면서 이제 들켰으니 아직 못 먹은 친구들은 어떡하느냐고 울상을 짓는 아이들도 있었다.

아이들에게 작전 실패를 알리며 아직 못 먹은 사람은 원래대로 가장 마지막에 먹는다고 했다. 급식실 주변에서 아직 먹지 못하고 기웃거리는 아이들이 아홉 명이었다. 차마 다른 반 사이에 끼지 못하고 마음만 졸인 아이들이다. 느지막이 밥을 다 먹고 오는데 한 아이가 '선생님!' 하면서 뛰어왔다.

"너 밥 먹었어?"

이 아이도 쉬이 먹을 수 있는 친구가 아닌데 용케도 먹었다고 한다.

"선생님, 근데요. 어떤 선생님이 우리보고 '너 6학년 4반이지? 이런 거 시킬 사람은 너희 담임선생님밖에 없어!' 이러면서 혼냈어요."

혁신학교를
만나다

한번은 교원이 열 명쯤 되는 작은 학교에 혁신학교 중간평가단으로 참여했다. 평가가 끝나고 마지막 소감을 나누는 자리였다. 이름을 말하고 지난 2년 동안 혁신학교 운영을 하며 느낀 점을 얘기하는 자리였다.

"저는 ○○○입니다. 저는 지난 2년 동안 혁신학교를 운영하…."

말을 잇지 못했다. 순간 울컥한 것이다. 지난날이 떠올랐나 보다. 그렇게 돌아가며 한마디씩 했는데 대부분 울컥하며 눈시울을 붉혔다. 공통적인 내용은 '우리가 더 잘 지낼 수 있었는데 그러지 못했다, 갈등이 많았다, 내 잘못이다, 오해했다, 미안하다'는 내용이었다.

"혁신학교는 내가 누구인지, 어떤 교사인지 생각하게 해 줘요. 어떤 연구학교, 어떤 시범학교도 하지 못한 일이에요. 교사가 스스로 본질을 돌아보게 한다는 것이 혁신학교의 가장 큰 성과예요."

돌아오는데 같이 갔던 평가단 팀장이 한 말이다. 동의한다.

3주체의 성장과 연대(2019년 8월 4일 대한민국 컨퍼런스 발제 중)

그동안 일련의 사건들이 있었지만 특히 세대를 넘어선 촛불혁명, 세월호 참사 등은 최근 우리 사회의 거의 모든 분야에 영향을 미치는 새로운 전환점을 만드는 계기가 되었다.

교육도 예외가 아니었고, 학교도 마찬가지로 변화의 움직임이 수면 위로 올라왔다. 새로운 전환점의 방향을 어디로 잡아야 할 것인가 논의가 활발하다. 그 중심에는 교육자치, 학교자치가 자리 잡고 있다. 이는 어느 날 갑자기 올라온 것이 아니라 지금까지 그러한 논의와 과정이 있었다.

1991년 3월 8일 「지방교육자치에 관한 법률」이 제정되었다. 이미 그 전에 풀뿌리 교육 운동이 있었다는 것을 의미한다. 그 후 열린 교육은 성공이냐, 실패냐, 혹은 오롯이 실패는 아니다 등의 많은 이야깃거리를 남겼다.

1996년에 학교운영위원회가 구성되었다. 단위학교의 교육자치를 실현하고 지역의 실정과 학교 특성에 맞는 다양한 교육을 창의적으로 실시하기 위해 교육개혁의 일환으로 도입된 제도이다. 학교운영위원회는 설명 중 '교육자치'를 언급하고 있으며, 구성을 보면 훌륭한 거버넌스 기구이기도 하다.

이렇게 학교운영위원회의 역사는 벌써 20년이 넘었다. 여전히 많은 교사들의 학교운영위원회를 바라보는 시선은 곱지 않다. 여기에는 잘 못된 운영 방식, 역할에 대한 이해 부족 등과 함께 관료주의가 큰 몫을 했다. 원래 취지인 교원대표, 학부모대표, 지역사회대표로 구성하여 참여와 협력을 통해 교육과정을 책임지라는 취지를 살리지 못했던 것이다.

2009년 교육감 보궐선거에서 김상곤 교육감이 혁신학교 운영을 공약으로 당선되었다. 2010년 지방선거 후 6개 지역 혁신학교 운영에서 2014년, 2018년 지방선거를 통해 더욱 많은 지역에서 혁신학교가 운영되었다.

시도마다 약간의 차이는 있으나 혁신학교가 민주적 문화를 기반으로 전문적학습공동체, 생활공동체를 통해 더욱 창의적인 교육과정을 운영하는 것을 기본 과제로 설정하고 있는 맥락은 비슷하다. 이는 흔히 교육 3주체라고 말하는 학생, 학부모, 교사를 자치회의 이름으로 교육의 주체 전면으로 나오게 만들었다.

지방교육자치 법률 제정이나 학교운영위원회 구성, 혁신학교 운영 및 확산 그리고 정책화 등은 누구에게 기대지 말고 '나' 혹은 '우리'로 살자는 여러 목소리를 모아 놓은 결과물이다. '삶의 주인은 나'라는, 그리고 '내 삶을 책임지겠다'는 운동과 제도의 산물이다.

혁신학교를 넘어 자치학교로

혁신학교는 교육 운동으로 시작해 지금은 제도화로 가고 있다. 교육 운동 성격이 강하지만 분명 제도화 쪽으로 점점 무게 추가 옮겨 가는 것은 어쩔 수 없다. 당연하다. 제도화란 매듭을 짓는 일이기도 하고, 매듭은 다시 운동의 출발점이 된다.

즉 혁신학교의 출구 전략이 자치학교라고 볼 수 있겠다. 혁신학교를 통해 새로운 움직임을 정책화하는 과정을 경험 삼아 좀 더 제도화된 기반 속에서의 자율적인 학교 운영, 학교의 운영이 학교를 둘러싼 주변 여건(지리, 시설, 문화 등)과 구성원이 내용을 구성하는 주체로서 작동되는 학교가 자치학교이며, 이를 뒷받침하는 제도적·정책적 지원이 학교자치일 것이다.

현재 혁신학교가 영역을 넓혀 나가고 있는 교육활동(기획, 운영, 평가), 예산, 인사, 감사 등에 대한 확장판이며, 이 같은 사안들에 대해 위계가 아닌 수평적 관계에서의 경쟁과 협력, 성장과 연대, 견제가 이루어져야 한다. 그 주요 기구는 각 주체의 자치회, 그리고 자치회 간의 협의기구인 자치위원회가 될 것이다.

학생자치회

학생자치회는 민주시민의 요람 중에서도 요체다. 학교생활은 민주시민으로서 성장하기 위해 중요한 통과의례이다. 이 과정 중에 욕망의

'절제'보다 '표현'을 배워야 한다. 지금까지는 욕망의 표현보다 절제를 배움의 미덕으로 삼았다. 여전히 많은 교사들과 부모들은 이런 입장을 견지하고 있다. 그러나 '내 삶의 주체로서의 욕망 표현'을 통해 타인의 욕망 표현도 알아야 한다. 즉 부딪힐까 봐 절제된 표현이 아니라 부딪히는 경험을 통한 절제를 알아 가야 한다.

학생자치회에 대해서 지지와 지원이 필요하다. 자치회가 학생의 욕망을 기획하고 실현하는 기구가 되어야 한다. 그리고 학교는 교육과정에 대한 적극적인 지원과 지지를, 부모는 가정 내에서 지원과 지지를 해야 한다.

쉽지 않다. 욕망에 대한 '표현'이라는 형식은 빌리되 내용은 '절제'를 위한 도구로 활용할 가능성이 많다. 학생자치회의 운영 여부는 교사, 학부모가 바라보는 학생자치회에 대한 시선, 그만큼에 머물기 때문이다.

학부모자치회

우선 학부모자치회는 제도적 보완을 통한 법적 지위 확보와 민주적 절차를 통한 대표성 확보가 관건이 될 것이다. 법적 지위를 확보한다는 것은 권리뿐만 아니라 의무와 책임을 부여한다는 의미이다. 많은 학교에서 학부모회가 구성, 운영되고 있지만 아직 법적 지위를 얻지 못하고 친목모임 정도로 여겨지기도 한다. 그러니 민주적 절차를 통한 대표성을 얻기도 어렵다.

학부모자치회는 학부모를 대표하는 기구이므로 대표 소통 창구로서의 역할뿐만 아니라 학교교육과정 운영의 협력자로서 권리와 의무를 함께해야 한다.

학부모자치회는 말 그대로 자치회다. 즉 민주적 의사결정 기구인 것이다. 따라서 의사결정에 대해 책임지는 체계가 필요하다. 대표단, 임원진, 대위원회 등을 구성하여 공식적으로 협의하고 운영함으로써, 안건을 공식화하는 일이 계속 진행되어야 한다.

그런데 학부모회가 온전히 홀로서기는 어렵다. 논의할 수 있는 시간과 공간, 이것을 활용한 주요 활동은 학교의 적극적인 협력 없이는 거의 불가능하다.

교직원회(또는 교사회)

교직원회의 민주적인 운영, 특히 민주적인 의사결정 구조가 중요하다. 비전 중심의 학교 업무의 조직(받아서 하는 업무는 관료적일 수밖에 없는 태생적 한계를 지님), 업무의 성격에 따른 세분화·정례화된 협의체, 협의 결과에 따른 존중과 배려에 기반을 둔 결정 과정의 절차가 확보되어야 한다.

이러한 바탕 위에서 교사는 학생자치회와 학부모자치회의 연결고리가 되어야 한다.

연결의 단단함을 결정하는 가장 중요한 요소는 교사가 학생자치회, 학부모자치회를 바라보는 시선의 '따뜻함' 정도이다. 교사는 아이들이 살아가는 공간으로서 지역사회와의 협력을, 넓고 깊은 교육과정 운영을 위해 전문가의 결합도 고민해야 한다. 교사 자체가 교육과정 플랫폼이다.

교육 주체의 협력

협력의 고리로 학교장의 역할이 필요하다. 더 정확하게 말하면 학교장의 리더십이다. 학교장은 학교를 대표하고 비전을 실현하고자 하는 책임자이기도 하다. 이 같은 위상을 통해 각 주체의 연결고리가 되어야 한다. 서로 연대할 수 있는 공식적인 통로로서 자리매김해야 한다.

학교장은 학교 비전 실현의 책임자로서 비전 실현을 위한 경로를 알고 경로에 맞는 운영체계를 갖추어야 한다. 그에 반해 보직교사는 경로의 운영체계 속에서 기획력을 발휘할 수 있어야 한다. 함께하는 집단지성이 발휘되도록 기획뿐만 아니라 운영, 평가에도 적극적으로 활용할 수 있어야 한다.

교육 주체가 함께하는 자치위원회가 그 역할을 할 수 있다. 운영위원회도 이런 역할을 기대하고 만들어진 기구이다. 아무튼 자치위원회는 각 주체의 만남이다. 자치위원회는 서로의 계획을 수립하고, 운영하고, 평가한다. 그 과정에서 서로 협력하기도 한다. 협력의 단위는 학급이나 학년 단위가 될 수도 있으며, 학교 단위의 협력이 될 수도 있다. 다양한 형태의 협력이 있을 수 있다. 물론 학부모자치회, 학생자치회를 넘어서 전문가(집단)와의 협력, 지역사회(시설)와의 협력도 가능하다.

교육 주체들은 학교 비전을 중심에 둔 교육활동과 예산, 인사에 대한 자율성을 확보해야 한다. 그리고 확보하기 위한 예측 가능한 프로세서가 공유되어야 한다. 이러한 과정에서 수립된 결과물들은 교육과정 수립 과정 속에 들어가야 한다.

즉 학교 공통으로 합의된 범위 내에서의 교육과정 편성, 그에 따른 예산 사용이 자유로워야 하며, 학부모자치회의 계획, 학생자치회의 계획이 반영된 계획이 교육과정에 편성되어야 한다.

즉, 다음과 같은 일정을 만들어 낼 수 있다.

	12월			1~2월	2월	3월	7월
학교	교육과정 평가회	내년 인사	예산 수립 (실사용자)	교육과정 수립	학교교육과정 수립 (각 주체의 계획 반영)	각 주체별 계획 안내	평가회
학부모	평가회	내년 대표 선출		학부모회 계획 수립			
학생	평가회	내년 대표 선출		학생회 계획 수립			

'자치'라는 말 자체가 동시대를 살아가는 우리에게 부여된 과제이다. 그것을 스스로의 삶에서, 학교 내에서 실현시켜 나가는 것이 '우리 아이들이 스스로 삶을 살아 내는' 데 기여를 하는 것이다.

자치의 역사는 '결정 수준'과 '결정권에 대한 존중'의 과정이었다. 다행스럽게도 어지러운 길에서 길을 잃지 않고 우리에게 왔다.

내가 바라본 해밀초(2020년 6월 4일)

2014년으로 기억한다. 당시 근무하던 사무실 벽에 세종시 동지역 개발 예상 지도가 걸려 있었다. 제법 큰 지도에 1~6생활권으로 나눠 아파트, 학교, 관공서 등이 들어설 자리가 표시되어 있었다.

"여기는 유치원, 초등학교, 중학교, 고등학교가 같이 모여 있고 조그만 길을 건너면 복합커뮤니티센터도 있어."

"여기도 있네. 개발 순서상 우선 여기에서 유·초·중·고가 연계되는 혁신학교를 경험하고, 다시 여기로 모이는 거야."

당시 같은 사무실 동료와의 대화였다. 첫 번째는 3생활권에 있는 소담초였고, 두 번째는 6생활권 해밀동에 있는 해밀초등학교였다. 6생활권 해밀초는 부지 밑그림만 있는 상태였다.

내가 이 길을 걸을지 몰랐다. 어쩌면 이런 것이 운명인지 모른다. 3생활권 소담에서 좋은 동료들을 만나고, 좋은 이웃들을 만났다. 세종시 큰 지도를 보며 남겼던 말대로 또 동료 몇 명과 해밀초로 왔다. 운명처럼 왔으니 운명처럼 살아야겠다.

해밀초등학교 공모 교장 계획서(자기소개서) 중 일부(2020년 6월 4일)

학교는 아이들을 위한 성장의 공간이고, 그 성장을 위해 끊임없이 고민하는 곳입니다.

학교에 다니는 아이들이 있고, 그 아이들의 성장을 지원하기 위한 교사들을 비롯한 교직원, 학부모, 지역사회가 있습니다. 저마다 다양한 생각과 의미를 부여하며 학교를 바라보고 있습니다. 그 다양한 생각과 의미만큼이나 고민도 생겨납니다. 생각과 고민은 실천으로 이어지고, 그것을 실천하는 장소가 학교입니다.

학교는 수많은 고민을 품는 곳이며 그 고민을 풀어내는 공간입니다.

아이들의 결정을 존중하겠습니다

우리는 '한번 해 봐', '그거 좋은 생각인데'라는 말보다는 '하지 마!', '안 돼'라는 말을 더 자주 합니다. 이런 아이들의 안전과 예상되는 갈등을 미리 막고자 하는 마음에서 비롯한 어른들의 말입니다.

우리는 경험하며 성장합니다. 친절한 설명과 안내가 필요합니다. 마음껏 상상을 펼치고 활동하되, 내 주변을 생각하며 스스로 절제할 수 있도록 도와주어야 합니다. 어른들은 옳은 결정을 알려 주는 것이 아니라 아이들이 스스로 생각하고, 결정할 수 있도록 지원해야 하며, 시행착오를 두려워하지 않도록 안전판 역할을 해야 합니다.

학교는 아이들의 실수를 품을 수 있는 곳입니다.

이런 학교로 가꾸겠습니다

아이들은 저마다 고유한 성격, 특성, 관심, 흥미, 취미, 적성을 가지고 있습니다. 아이의 선택과 상관없이 주변의 여러 가지 환경에 영향을 받을 수밖에 없습니다.

학습 문제뿐만 아니라 친구와의 관계, 생활 습관 등의 문제를 잘 해결하지 못할 때 우리는 그 아이가 가지고 있는 켜켜이 축적된 내재된 문제와 그 주변 상황을 잘 살펴보고 지원해야 합니다.

교사가 중요한 역할을 할 수밖에 없습니다. 우선 교사가 이러한 역할을 할 수 있는 여건을 만들겠습니다. 아이들을 잘 볼 수 있도록 업무 합리화, 전문적학습공동체 운영 지원 등 행정적 지원과, 그것을 더 공감하고 성장을 도모했을 때 교사로서 자부심을 가질 수 있는 환경을 만들도록 힘쓰겠습니다.

학부모는 협력자 혹은 교육의 동반자로 협력하겠습니다. 학부모는 아이들에게 가장 큰 애정을 가진 어른입니다. 교사와 함께하여 아이들의 성장을 도울 수 있는 최고의 협력자로 만들어 가기 위해 학부모의 참여를 제도적으로 열어 가는 시스템을 갖추도록 지원하겠습니다.

마을은 아이들이 미래의 전 생애를 바라볼 수 있는 공간. 어린아이부터 어른, 그리고 그들이 살아가는 세계를 몸으로 배우는 공간입니다. 정보화·세계화 시대에도 땅을 딛고, 오며 가며 일상적으로 만나는 사람들의 영향을 많이 받을 수밖에 없습니다. 지역사회는 그 자체로서 훌륭한 교육과정의 장입니다.

학교장은 비전과 철학을 실현하기 위해 교사, 학부모, 마을을 연결하고 서로 협력할 수 있도록 이어 주는 이음새 역할을 하여 아이들이 각자 이야기를 만들도록 지원하겠습니다.

새로운
학교

2020학년도 9월에 개교하는 혁신학교에서 교장 공모를 했고, 공모 과정에 대해 어느 단체에서 '의혹'을 제기했고, 그 의혹에서 비롯된 논란은 제법 컸다. 처음에는 제기된 '의혹'이 사실이 아니라 크게 신경 쓰지 않았다. 하지만 지역 맘카페나 지역 언론에서 받아쓰기 시작했다. 의혹에 '실명'을 쓴 보도 자료와 언론 보도, 그리고 최소한 열몇 개의 언론에서 보도될 때 정작 '나'에게는 어떤 물음도 없었다. 속상했다.

지금은 생각이 좀 바뀌었다. 현장 가장 가까운 곳에서 새로운 도전(교육과정)과 실천을 할 수 있으며, 만약 희망이 현실이 된다면 나는 그 가장 가까운 곳에서 함께하는 사람이 될 것이기 때문이다.

한 번쯤은 같이 시도라도 해 봐야지(2020년 11월 어느 날)

문득 오랫동안 잠자고 있던 개인 블로그를 찾아봤습니다. '2006년 10월, 동무들에게'라는 제목의 편지를 찬찬히 읽어 보았습니다. 읽다가 오글거려 몇 번을 쉬었다 읽었습니다. 마치 독립운동이라도 나갈 것 같은 기세입니다.

"우리가 대학생일 때 조그만 자취방에 모여 앉아 낭만을 가득 담아 밤새 참교육을 이야기했던 시절이 있었어. 그 밤새 이야기했던 내용을 한 번쯤은 시도라도 해 봐야지. 내가 살고 있는 여기는 전교생이 30명 정도 되는 조그만 학교야. 두세 명만 있다면 우리가 얘기했던 학교를 만들 수 있을지 몰라. 어때?"

당시 일부러 시골 학교를 찾아갔습니다. 타 시군 전보를 낸 후 '다른 사람이 가고자 하는 곳 말고, 바다가 가까운 곳'에 보내 달라고 청탁(?)까지 했습니다. 굳이 이렇게 얘기했던 이유는 승진 가산점을 받는 '벽지 학교'가 대부분 바닷가 주변이라, 혹시나 진짜 청탁으로 받아들일지 모른다는 염려도 되고, 진심으로 '바닷가 가까운 시골 학교'를 찾아가는 의기 서린 청년이고 싶었습니다.

그렇게 발령받은 학교는 복식 학급으로 전체 4학급을 겨우 유지하고 있었고, 대부분의 교사가 2년을 넘기지 못하고 떠나는 학교였습니다. 발령받는 해 전체 교사 4명 중 3명이 타 시도 발령자였으니 학교로서 유지하기도 어려울 정도였습니다.

당시 마을에서는 학교 살리기 운동 차원에서 초등학생을 둔 가정은 마을 바지락 양식장에서 일을 할 수 있도록 조건을 걸었고, 그 덕택에 여러 가정이 정말 이사를 왔습니다. 다음 해에는 전교생 30명이 조금 넘었고 다행히 복식을 벗어나 6학급의 모습을 갖추었습니다.

당시 전국적으로 '작은 학교 살리기 운동'이 한창이었고, 그 학교는 마을이 학교 살리기 운동에 적극적으로 발 벗고 나서는 이색적인 모습이었습니다. 게다가 주변에는 존경받는 열혈 교육 선배들이 여럿 있었습니다. 저도 여기에 동참하고자 친구들에게 편지를 보낸 것입니다. 당시 학교 옮긴 지 2년째 그 학교에 머물고 있었고, 다음 해에도 머물기로 했으니 학교의 '터줏대감'이 될 수 있는 상황이었습니다. 젊음으로 호기롭게, 멋모르고 대학교 친구들에게 같이 근무하자고 편지를 보낸 것입니다.

이후 여러 사건들이 있었지만 지금 적절한 이야기는 세종 내부형 공모 1호 그리고 논란. 오늘은 이 얘기를 하고 가려고 합니다. 정작 여러 논란과 고민이 있었고, 그 끝에 스스로 내린 답은 '의기 서린 청년인 나'를 만나는 것이었습니다. 의기 서린 청년의 시간적·물리적 환경은 변했지만, 그래도 길을 잃지 않았다는 약간의 안도감이 있습니다. 속상한 일도 여럿 있었지만 언론, 온라인 게시판, 전화, 문자 등의 응원과 격려를 받았습니다. 대부분 저를 아는 분들입니다. 불특정 누군가에게 오는 화살보다 나를 아는 사람이 보내는 마음이 더 소중했습니다. 이렇게 스스로 정리되자, 가장 우선순위가 '해밀교육공동체와 함께하는 시간'이었습니다.

해밀초에서 아이들을 정성스럽게 만나려고 합니다. 해밀초 동료들과 새로운 이야기를 만들어 가는 과정에 진심을 담으려고 합니다. 그 과정에서 사소하지만 사소하지 않은 교장의 역할을 찾으려고 합니다.

그 젊은 청년은 편지 끝에 이런 말도 남겼습니다.

"같이 고민하고, 같이 도와주고 또 같이 계발하며 그렇게 살면 좋겠습니다. 평생을 함께 근무할 수 없지만 한 번쯤은 같이 시도해 볼 만한 가치가 있으니 그렇게 해 보자는 겁니다."

적어도 4년 동안은 학교를 사랑한 그 청년을 가까이 두겠습니다.

기록이 기억을,
기억이 기록을

지난날 기록과 기억은 내 삶의 궤적이 남긴 실루엣이다. 기록과 기억이 온전한 나일 수는 없지만 그렇다고 내가 아님도 아니다. 분명한 것은 기억이 기록이 되고, 그 기록은 다시 기억으로 남는다. 기억과 기록이 오가는 그 어디쯤 내가 있다.

나중에 내 기억과 기록 속에 해밀초가 있듯이 다른 사람들의 기억과 기록에도 해밀초가 있을 것이다. 많은 사람들의 기억과 기록이 합처질수록 온전한 해밀초의 모습이 될 것이다. 또한 많은 사람들에게 해밀초가 기억되기 위해서는 당연히 함께 공통의 경험을 통해 만들어 가야 한다. 우리 학교가 되는 것이 모두의 기억과 기록에 남기는 것이라고 믿는다. 우리들의 기억과 기록 사이 어디쯤 해밀이 있다.

표준화 교육을 넘어 개별화 교육으로

초등학교 6학년 해밀이의
월요일 일상을 상상하며

해밀이는 해밀초등학교 6학년이다. 월요일인 오늘은 수업이 총 6시간이며, 오전에는 수학 2시간과 사회 2시간이 있고, 오후에는 '지구별 원정대'라는 프로젝트 수업이 있다. 지구별 원정대 프로젝트는 환경을 주제로 여러 과목이 함께 들어간 수업으로, 해밀초등학교에서는 전 학년이 공통으로 하지만 주제는 모두 다르다.

지구별 원정대 프로젝트에는 '물을 살리자', '미세먼지 줄이기', '일회용품 대신', '하천 살리기' 등 10여 개 주제가 있는데 나는 8명의 친구들과 하천 살리기 프로젝트에 참여 중이다. 이 프로젝트에는 해밀 온마을학교에서 환경 공부를 한 친구 엄마가 도우미 선생님으로 도와주고 있다. 나중에 이 프로젝트 결과에 대해 발표도 하고 전시도 해야 한다.

좀 더 공부하고 싶은 마음에 선생님과 상담하여 오후에는 환경과 관련한 방과후수업 '재활용품 활용 생활 도구 만들기'에 참여하기로 했다. 알아보던 도중에 해밀동 복합커뮤니티센터에서 주민 프로그램

(해밀동 하천 가꾸기) 행사가 있다는 것도 알게 되었다. 그래서 어린이도 참여할 수 있는지 알아보고 가능하다면 참여할 생각이다.

이 로드맵은 '모두를 위한 교육'을 위한 장기 프로젝트로(5년)로 학교 선생님들과 논의를 하고 있다. 설계 과정으로, 향후 2020년 2학기와 2021학년도 1학기 동안에는 다듬는 준비 과정을 더 가질 예정이다. 제대로 잘 작동되려면 서로의 공감대가 중요한데, 이를 위해 해밀교육공동체 안에서 꾸준한 논의를 해 나갈 것이다. 무엇보다 성급하게 성과를 내기 위해 '서두르는 것'을 경계할 것이다.

1탄에서 말한 바와 같이, 고도화된 지식정보화 사회인 지금은 지식과 정보의 양보다는 이 정보를 어떻게 구성하고 고유한 콘텐츠를 만들어 낼 수 있는지가 중요하다. 이러한 힘은 스스로 내 삶을 살아가는 데 도움이 될 것이다. 물론 향후 진로에서 '나만의 고유한 콘텐츠를 만드는 힘'이 미치는 영향은 매우 클 것이다.

평면적인 아이? 입체적인 아이!

열정적인 보건 선생님과 가볍게 대화를 나눈 적이 있다. 그 선생님은 '몸 튼튼 교실(학생 다이어트 교실)'을 운영해야 하나 고민하고 있다고 했다. 주변의 많은 보건 선생님이 운영하고 있다고 했다. '내 역할을 하지 않음'에 대한 허전함이 있다고 했다.

"혹시 그런 프로젝트를 열어 성공했거나 성공했다는 사례를 들은 적이 있나요?"

없다고 했다. 그럴 것이라 예상했다. 왜냐하면 '다이어트'라는 것이 쉬운 일이 아니기 때문이다. 그야말로 '아이'의 환경, 특히 부모님과 선생님의 완벽한 협력이 이루어져야 그 가능성이 높아진다. 나아가 급식, 운동, 보건 등 여러 전문가와 협력한다면 성공할 확률이 훨씬 더 높아질 것이다. 그렇다고 성공이 보장되지는 않는다. 보건 선생님과 '사소하지만 작은 성공'이 필요함과 서로 신뢰를 기반으로 한 협력 관계에 대해 한참 이야기를 나눴다.

이 정책은, 정책이라기보다는 하나의 '프로그램'이다. 하나의 프로그램이 유행처럼 번져 나가는 경우가 있다. 유행의 이면에는 '누구(옆집 아이, 옆 학교 등)는 하는데 우리(우리 집 아이, 우리 학교)는 왜 하지 않나요?' 이러한 '상대적인 결핍'이 있다. 이것은 의미를 담지 못하고 형식적 운영이 되는 경우가 많다. 의미는 '스스로' 담을 수밖에 없기 때문이다. 우리가 아이들에게 '의미'를 부여하고, 함께하는 지원자가 되어야 성공(?)의 가능성이 높아진다.

'아이'는 매우 입체적이다. 하나의 행동이 하나의 사건으로 인해 형성되지 않는다. 다시 말해 복합적이며 다양한 자극이 동시에 이루어져

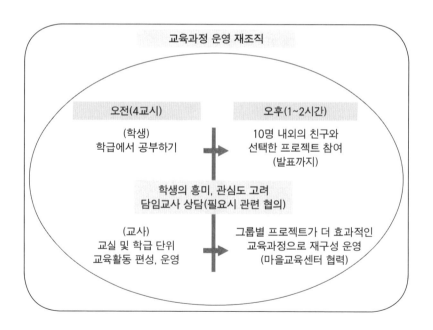

야 한다. 핵심은 '아이'에 대한 적극적인 관심으로 협력하는 팀을 구성하여 진단하고, 진단한 결과를 바탕으로 교육과정을 운영하고, 개선하고, 성찰하는 과정을 시스템으로 구축하는 것이다. 이 교육과정은 학습, 교우관계, 사회성, 적성, 개성 등의 전인적 측면으로 지원 체계가 마련되어야 한다.

내용이나 형식이나 구조를 바꾸지 않으면 관성의 힘을 이기기 어렵다. 구조에 변화를 주기 위해서 주어진 여건인 해밀교육단지의 공간적 특성과 현재 운영 중인 '학년군제'를 적극 반영할 필요가 있다.

초등학교의 '학년군제'는 1~2학년을 저학년군, 3~4학년을 중학년군, 5~6학년을 고학년군으로 묶어 학교의 상황(아이들의 흥미, 발달 정도, 공간적 특성, 교사 구성 등)을 고려하여 교과 및 창의적 체험활동 운영을 '집중 이수', '학년을 벗어난 교육활동' 등을 할 수 있도록 묶어 놓은 제도이다. 이는 이미 2009 개정 총론, 2015 개정 각론으로 제시되어 있고, 제도적으로 훌륭하지만 잘 적용하지 못하는 것이 현실이다.

해밀교육단지는 학교의 공간 범위를 넓힐 수 있는 조건이다. 예를 들어 우리가 수업을 한다고 하면 교실(특별실 포함), 복도, 운동장, 여기서 벗어나더라도 학교의 울타리 범위 내를 말한다. 그러나 해밀교육단지는 그 울타리 자체가 다르다. 해밀 유·초·중·해밀동복합커뮤니티센터, 근린공원이 실질적으로 안전하고 다양한 수업이 가능한 물리적인 학교 울타리가 될 수 있다.

나아가 이러한 물리적인 환경을 바탕으로 확장되는 마을교육공동체의 모습은 무궁무진하다. 그래서 해밀교육단지는 마을교육공동체의 모습이 아니라 마을교육공동체의 모델인 교육마을공동체로 조성될 조건을 갖추고 있다.

해밀개별화
교육과정이란?

특수학급과 영재학급에는 그 아이들을 위한 개별화 교육과정이 있다. 각각 다른 특성을 가진 대상이지만 공통적으로 개별화 교육과정이 운영된다는 점은 주목할 만하다. 다시 말하면 같은 과목 영재반 아이라도 각각 다르며, 다름을 바탕으로 한 교육과정을 운영한다는 것이다. 특수학급도 마찬가지다. 얼마나 현실적으로 교육과정이 잘 운영되는가에 대한 평가는 다를 수 있지만, 충분히 눈여겨볼 대목이다.

특수교육에는 개별화 교육 지원팀이 있다. 학교 관리자, 담임, 특수교사, 학부모가 기본으로 구성되어 아이에 대해 진단하고 그에 맞는 교육과정에 대해 협의한다. 영재교육에도 개별화 교육 지원팀이 있으나 현실적으로 활발히 운영은 어렵다고 한다. 대부분 일반 학급의 담임교사가 영재학급을 맡고 있어 물리적인 시간이 어렵고, 특수학습보다 지원팀의 역할에 대한 기대가 크지 않다는 점도 있다.

하지만 영재학급에는 기본 공통이수 시간과 개별화 교육과정을 위한 이수 시간이 있다. 예를 들어 총 100시간이 있다면 20시간은 기본 교육과정 공통이수 시간이며, 나머지 80시간은 개별화 교육과정을 위한 팀별 프로젝트를 기획, 운영, 평가하는 시간이 있는 것이다.

이제 우리 아이들도 모두 개별화 교육이 필요한 시대가 왔다. 개별화 교육은 개별 교육(혹은 1:1)과는 다르다. 그 아이가 지닌 특성을 잘 살릴 수 있도록 공교육 내에서 개별화 교육을 어떻게 실현할 것인가에 대한 고민이다. 담임교사의 물리적인 시간, 학급당 학생 수 감축, 개별화 교육을 위한 다양한 지원(사람, 예산 등)이 절대적으로 필요하지만 이러한 부분들은 학교 단위에서 해결하기 어렵다.

그럼에도 현재 해밀교육단지에 들어간 해밀초는 시도를 해 볼 수 있는 여지가 있다. 그것의 핵심은 교육과정 연구를 통한 '교육과정 운영 재조직'이며, 두 번째는 단단한 마을교육이 중심이 되는 가칭 '해밀 온마을학교'의 구성 및 운영이다.

'학교와 마을이 결합한 교육과정 운영' 상상

학교에서 수업이 끝난 후, 아이들은 돌봄이나 방과후, 혹은 태권도, 피아노, 각종 교과 관련 학원에 간다. 아직 개청하지 않았지만 보통 주민센터에서는 복합커뮤니티 건물을 활용한 주민 대상 평생교육 프로그램을 운영한다. 흔히 수요를 조사하여 다수가 원하는 프로그램이 많이 운영된다. 가정에서는 자녀가 어린 경우에는 어린이집 혹은 스스로 육아를 한다.

이러한 일련의 활동들은 배움을 쫓아가기도 하지만 맞벌이 등으로 인한 그야말로 '돌봄'이 필요한 경우가 많으며, 주민자치 프로그램은 '수요'에 방점이 찍혀 있다. 말 그대로 각개전투가 이루어진다. 다시 말하면 거의 동일한 공간인 해밀동이라는 마을에서 각개전투를 치르고 있는 셈이다. 만약 서로 머리를 맞대고, 전략을 세우고, 협력한다면 '생각하는 삶을 위한 평생교육'으로 운영될 수 있다.

마을 속에서 이루어지는 평생교육 관련 프로그램을 모으고, 이를 좀 더 체계적으로 구성하는 방식이다. 마을의 평생교육 관련 정보가 집적될 것이다.

'마을총회' 등을 거쳐 철학을 세우고, 마을평생교육의 방향을 정하며 이에 따른 프로그램을 구성하고 운영하는 것이다. 학교와 주민센터가 협력하는 시스템으로 작동하면 자연스럽게 교육기관과 주민생활

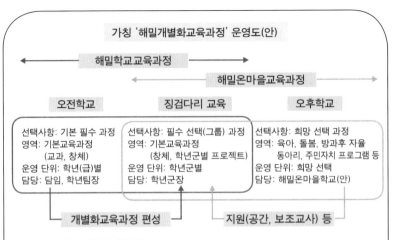

가칭 '해밀개별화교육과정' 운영도(안)

해밀학교교육과정

해밀온마을교육과정

오전학교	징검다리 교육	오후학교
선택사항: 기본 필수 과정 영역: 기본교육과정 　　　(교과, 창체) 운영 단위: 학년(급)별 담당: 담임, 학년팀장	선택사항: 필수 선택(그룹) 과정 영역: 기본교육과정 　　　(창체, 학년군별 프로젝트) 운영 단위: 학년군별 담당: 학년군장	선택사항: 희망 선택 과정 영역: 육아, 돌봄, 방과후 자율 　　　동아리, 주민자치 프로그램 등 운영 단위: 희망 선택 담당: 해밀온마을학교(안)

개별화교육과정 편성

지원(공간, 보조교사) 등

- 철학을 담은 해밀온마을학교
  육아, 돌봄, 방과후, 청소년 프로그램, 주민자치 프로그램을 '마을교육 총회' 등을 통하여 철학을 담은 마을교육과정으로 재구성하여 운영하는 마을학교(수요자 중심의 평생교육 넘어 생각하는 삶을 위한 평생교육으로)

- 마을교육을 넘어 해밀교육마을로
  학교의 교육과정 재구성력과 해밀온마을학교가 함께 성장해야 가능한 구조로 점진적으로 시행

예상되는 향후 일정

구분	2020년 하반기	2021년	2022년 이후
학교 교육 과정	• 학교교육과정(학년군) 　수립 • 학습공동체 문화 조성 • 학부모회 구성	• 학년군 교육과정 연구를 통 　한 프로젝트 운영 • 가능한 프로그램 시범 실시	개선 및 보완 확대
해밀 온마을 교육 과정	• 2020년 9월 1일 해밀 　3개교 개교 • 유·초·중 협의회 운영 • 12월 학부모회 구성 　(예정)	• 해밀동교육마을협의회 확대 　(해밀 3개교, 입주자대표, 　주민센터 등) • 해밀온마을학교 준비모임 　(가능한 개교) • 마을교육 총회 실시 • 시범 프로그램 운영	개선 및 보완 확대

※ 입주자 구성은 11월 말 입주 완료 후 구성
※ 해밀동주민센터 완공은 2021년 6월 쯤 예정, 이후 개청 예상

행정기관의 협력이 될 것이다. 이곳은 마을교육센터가 될 것이다. 여기에서는 가칭 '해밀온마을학교'라고 부르며, 이곳에서 운영되는 과정을 '해밀온마을교육과정'이라 부른다.

좀 더 나아간다면 학교교육과정과 '해밀온마을교육과정'이 서로 협력하는 관계를 만들어 내면 그 협력 지점을 통해 '해밀개별화교육과정'을 훨씬 더 풍성하게 구성할 수 있을 것이다. 그 협력 지점을 이어준다고 하여 '징검다리 교육'이라고 부르며, 이 징검다리 교육은 학생의 적성, 흥미, 담임교사(필요시 학부모)의 의견을 종합하여 그룹별 프로젝트를 운영하는 시간이다.

물론 해밀유치원, 해밀초등학교, 해밀중학교가 함께하고 있는 매월 1회 협의회를 활성화하고, 이 협의회가 마을교육과정과 연계하여 운영된다면 해밀 학교만이 할 수 있는 말 그대로 '해밀교육마을'이 될 것이다.

유쾌한 상상의 조건

먼저 교육과정 연구이다. 이를 위해서 절대적으로 시간이 필요하다. 실제 2015 개정 교육과정은 '학년군' 교육과정으로 운영하게 되어 있다. 학년군이란 1~2학년, 3~4학년, 5~6학년을 한 학년군으로 묶고, 함께 교육과정을 편성하여 운영하는 것으로, '선택과 집중', '수준과 흥미를 고려한 다양한 형태의 수업'이 가능하다. 하지만 '교과서', '학년별 성취기준'의 강력한 장애물과 오랫동안 '학년' 단위로 운영되어 온 관성을 이기기 어려운 것이 현실이다. 행정적인 것은 행정으로 풀고, 관성은 동료들과 협력하여 푸는 수밖에 없다. 여기에는 많은 시간이 필요하다.

두 번째는 지원이다. 학교교육과정의 재조직 운영을 전면적으로 펼치는 것은 어려우나 '시범적'으로나 일정한 기간을 정해 놓고 운영하는 것은 어렵지 않게 가능하다. 그렇지만 학교교육과정만으로 이 상상 속 미래교육을 실현하는 데에는 한계가 있다. 그러므로 '해밀마을교육과정'이 운영되어야 한다. 서로의 협력이 있어야 아이들에게 더 많은 지원을 할 수 있다.

즉 마을교육과정 운영을 위해서 학교는 학교대로 할 일이 있고, 교육청과 시청의 협력이 절대적으로 필요하다. 학교는 온마을교육과정을 위한 준비 과정으로 학교 내 업무조직을 재정비할 것이며, 이에 교육과정 재구성 연구도 진행해 나갈 것이다.

온마을교육과정이 지속적으로 이루어지기 위해서는 시청과 교육청의 예산과 인력 지원이 있어야 한다. 그러나 현재 운영되는 범위 내에서 조금 더 확장되는 것이므로 그리 큰 예산이 필요하지는 않다. 중요한 것은 방향과 협력이다.

평생교육은 마을에서 이루어지는 것이 가장 효과적이며, 그 마을 총회를 통해 평생교육의 내용을 정하고, 그 프로그램을 마을 주민이 기획하고 운영하고 개선하는 과정이 곧 민주시민교육이다. 이는 교육의 목표인 '민주시민 양성'과 '시민주권 세종'이라는 세종시 철학과도 부합한다.

가장 필요한 것은 '서두르지 않음'이다. 당장 편한 것, 당장 쓰임이 있는 것, 당장 활용이 가능한 것을 찾다 보면 모든 것들이 '소비'된다. 사람도 소비되어 지쳐 멈추게 된다.

또한 우리 마을을 위해 '기여'하는 보람을 바탕으로 지속성을 확보할 수 있게 서로를 '소비', '활용'으로만 보지 말고 건강한 마을을 만들고자 하는 마음으로 '함께하는' 협력자로서 다가서는 마음가짐이 필요하다. 그래서 이 프로젝트의 이름을 5년 장기 프로젝트라고 부른다.

그중에 절반 이상은 협력자로서 서로 존중하고 배려하는 마음, 기꺼이 시간을 같이 보내는 마음일 수 있다. 서로 '협력자'가 되었을 때 가능한 일이다.

고학년에서는 수학 단원에 따라 수학또래학습을 적용하기 어려운 단원도 있다는 이야기가 있다.

그러면 해밀학력두레에서 함께 방안을 토의하고, 다시 학년군으로 가서 그 방안을 적용해 본다. 수학또래학습에 대한 토의는 계속 이루어지고 있다. 앞으로 해밀초만의 수학또래학습 수업 방법이 정착될 것이다. 수학뿐 아니라 다른 과목에서도 수업 방법의 변화를 계속 토의할 것이다.

수업의 판을 뒤집자!

신규 선생님에게 수학 수업 시간에 경력 있는 옆 반 선생님이 함께 수업에 들어오는 것이 부담스럽지 않으냐고 물어봤다.

"수업 시간에는 옆 반 선생님이 있는지 모를 정도로 시간이 지나가요. 수업이 끝나면 그때 부끄러운 마음이 들어요. 그래도 괜찮아요. 함께하니까요."

신규 선생님답지 않은 그녀의 대답은 너무 멋졌다.

그래! 우리는 함께 삶을 나누고 있는 해밀 공동체다. 오늘도 스스로 더불어 삶을 나누었구나!

동행

윤지영

학교와
나

"해밀! 비 온 뒤 맑게 갠 하늘! 그 하늘은 얼마나 깨끗하고, 상쾌하고, 존재 그 자체일까?"

나는 2명의 자녀가 있는 엄마이자 초등 교사이다. 십여 년 넘는 교사 생활을 담임교사로 보내면서 해마다 맡은 반 아이들에게 최선을 다하였다. 그 아이들, 학부모와 소통하며 행복하게 한 해를 마무리하는 것으로 보람을 느꼈다. 다행스럽게 학급 운영에 큰 어려운 해는 없었고, 감사하며 한 해 한 해 살아왔다.

내 시야는 우리 반 아이들을 향했고, 이 친구들의 미래가 반짝반짝 빛나는 삶이 되는 것에서 내 역할의 의미를 찾았다. 학급, 학교, 나아가 마을공동체라는 것은 이론적인 이야기였다. 나는 관심을 나의 학급, 내가 맡은 아이들에 올인했다. 학교에서 온 에너지를 쏟고, 집에 와서 두 아들을 챙기다 지쳐 잠자리에 드는 것이 나의 반복적인 일상이었다.

"우리는 다양성을 인정하지 않습니다. 나와 생각이 다르면 틀렸다고 생각하는 경향이 있어요. 졸업하고 나면 대기업에 취직하려고 해요. 큰 조직의 일부가 되었을 때 안정감을 느끼는 거지요. 저는 이런 전체주의적 사고의 주범이 학교 건축이라고 생각해요. 학교 건물은 교도소와 같아요. 교도소 같은 학교에서는 아이들이 창의력을 기르지 못합니다."

평범한 일상 속에서 유현준 교수의 학교 공간에 대한 연수를 듣게 되었다. 그 의미를 담은 스머프 학교를 세종 해밀마을에 짓는다는 소식을 들었다. 학교 공간에 10분 쉬는 시간에도 아이들이 나가서 뛰어놀 수 있게 테라스를 만들어야 한다고 확신을 가지고 이야기하는 유현준 교수의 강의가 좋았다.

이곳으로 입주할 예정이라 해밀초가 더 와닿았다. 시작부터 함께하고 싶은 마음에 해밀초 개교 TF에 지원하게 되었다. 우리 집 아이들이 다닐 초등학교이고, 학생들은 우리 아이 친구이다.

내가 조금이나마 도움을 줄 수 있다면 나에게도 우리 가족에게도 나아가 우리 마을에도 의미 있는 시간이 되지 않을까 생각했다. 해밀초에 근무하는 5년의 시간이 나의 교직 경력에 잊지 못할 시간이 되리라 확신이 들었다.

서류를 접수하고 해밀초 TF팀 결과 발표까지 한 달여 동안 설렘 반 걱정 반의 시간을 보냈다. 다행히 합격하여 TF팀 12명의 선생님과 만날 수 있었다. 모두 선한 인상이었다. 새로운 학교를 시작한다는 기분 좋은 설렘으로 선생님들과 여러 회 만남을 이어 갔다. 이제 해밀초는 내 직장이자 삶과 생활을 함께 나누는 생활공동체가 되었다.

6개의 건물에는 봄, 여름, 가을, 겨울, 맑은, 하늘 마을이라고 이름을 붙였다. 다락방이 있는 교실, 온돌 교실, 천장이 높은 교실, 다양한 형태의 여러 공간들, 2층의 모든 건물이 연결된 테라스 같은 데크 공간

등 지금껏 근무했던 학교 중 단연 처음 겪어 보는 학교 공간이다. 그러니 학교에 새로운 것들이 많다.

예비 혁신학교로 시작하고 다음 해에 혁신학교가 될 해밀초이기에 혁신에 대한 철학과 비전을 연수로 함께 나누었다. 우리 해밀초를 졸업하는 아이들은 어떤 모습이면 좋을까, 그러면 우리는 어떻게 준비해야 할까에 대해 이야기를 나누었다.

내 아이들이 이 학교를 졸업하고 중학생이 되는 모습을 생각해 보았다. 이 선생님들과 함께라면, 이러한 생각과 철학을 품고 있는 해밀초와 함께라면 기대가 되었다. 믿음이 생겼다. 해밀초에 아이를 보낼 학부모 입장에서도 안심이 되었다.

틀에서 벗어난 자유로운 삶, 있는 그대로 나 자신을 찾고, 진정한 나와 소통하는 삶, 선한 영향력을 나눌 수 있는 삶에 대한 생각을 많이 하고 있는 요즘이다. 해밀초의 혁신학교 개념은 그러한 나의 화두들과 일맥상통하였다.

"우리 학교 급식에 나오는 소고기는 다 1등급인데 우린 왜 이렇게 3등급 이하가 많을까?"

오마이뉴스 오연호 대표와 함께한 연수 중 『우리도 행복할 수 있을까』 책에 대한 부산의 한 여고생의 독후감 내용이다.

등급에 대한 평가가 아닌 다양성을 인정하는 교육이 되어야 한다. 운동장에서는 축구 잘하는 아이들만이, 교실에서는 공부를 잘하는 아이들만이 주인공이 되어서는 안 된다. 모두가 자신의 빛을 낼 수 있는 꼭지를 찾고, 주인공이 되는 경험을 해 봐야 한다. 그러한 경험을 해 본 아이들과 그렇지 않은 아이들은 분명 삶을 살아가는 데 차이가 있을 것이다. 그것이 학교라는 공간에서부터 시작하여 삶과 연계되어야 한다.

오연호 대표가 번역한 책『삶을 위한 수업』을 읽고 함께 나누는 시간은 큰 울림을 주었다. 이 책은 덴마크의 훌륭한 교사들은 어떻게 가르치는가를 다루고 있다.

덴마크는 행복지수 세계 1위다. 이런 덴마크 교사의 수업에 대한 이야기와 마음을 꿈틀거리게 만든다고 해서 세운 오연호 대표의 '꿈틀리 인생학교'에 대한 이야기는 나의 마음도 꿈틀거리게 했다. 기존 체제를 답습하던 안정 지향적인 나의 마음에 새로운 도전도 겁내지 않고 담대하게 해 볼 수 있게 하는 용기의 창을 만들어 주었다.

1학기에 근무한 학교의 선생님들도 오연호 대표와 독후 나눔 시간을 함께하고 나서 학교로 돌아가 자체적으로 '꿈틀리 1기'를 만들어서 활동하고 있다. 자연스럽게 종이에 물이 스며드는 것처럼 상생의 침습이 해밀에서 자연스럽게, 다양하게, 계속적으로 일어나리라 생각한다.

유례없는 코로나19 시기, 홍수로 인한 자연재해 등 2020년은 전 세계적으로 많이 힘든 한 해였다. 2020학년도 2학기에 개교한 해밀초에 아이들을 보낼 때 학부모 입장에서 많은 염려가 있었을 것이다.

지금은 자연이 스스로 그리함으로써 자연을 정비하고 있는 시간이 아닐까 생각한다. 자연을 닮은 아이들과 그 아이들을 함께 보살필 학부모님과 선생님들, 마을공동체들 모두 자연 속에서 하나가 될 것이다. 그러한 해밀 공동체의 모습이 벌써 기대가 된다.

"어서 와! 해밀 아이들아. 너희들이 온다고 비 온 뒤 하늘이 맑게 개었구나!"

미밴드
2만 2천 보

핸드폰을 들고 10월 달력을 열어 본다. 검색어로는 '10월 손 없는 날'이라고 쳐 본다. 검색된 화면을 보니 내일 월요일이 손 없는 날로 나온다. 월요일과 손 없는 날의 컬래버레이션이라니! 일요일 잠자리에 들 시간, 내일은 보통날이 아닐 것 같다는 직감이 들었다. 아침 6시 알람보다 먼저 눈이 번쩍 뜨인다. 샤워실로 가려는데 핸드폰 6시 알람이 울린다. 나도 모르게 긴장했구나.

가족들과 아침 식사를 하고 학교 갈 준비를 한다. 8시 전에 도착한 학교에는 이미 교무실 선생님 절반 이상이 나와 있다. 피곤해 보이지만 그래도 웃음 가득한 얼굴들을 보니 반갑다. 한참 전입해 오는 학생들이 많고, 학교 시설이나 물품들, 학년군 살이 지원들에 손이 갈 곳이 많다.

손 없는 월요일답게 아침 일찍부터 전입해 오는 가족들이 줄을 선다. 잔뜩 긴장한 아이들의 표정도, 틀리지 않게 전입서류를 꼼꼼히 작성하는 부모님들도 모두 반가운 해밀 얼굴들이다. 나에게는 익숙한 일이지만 처음 오는 이 친구들에게는 모두가 낯선 시작이라는 것이 표정만 봐도 느껴진다.

주변 아파트에 입주하는 이사 시간은 9시, 12시, 15시의 3타임으로 정해져 있다. 아이들 등교 시간에 맞추기 위해 세종이나 타지에서 부랴부랴 짐을 챙겨서 아침 일찍 나섰을 것이다. 지금 열심히 서류를 작성하고 있는 부모님들도 어젯밤을 설쳤겠지, 혼자만의 동병상련의 감정을 느껴 본다.

아이들이 반 배정을 받고, 교무실 선생님들이 가정마다 등교하는 길을 안내한다. 해밀초는 건물이 6개라 '몇 학년 무슨 반으로 찾아가세요'가 되지 않는다.

"학교가 복잡해서 아이들이 길을 잃어버리겠어요."

길을 안내할 때마다 학부모들이 가장 많이 하는 말이다. 여러 날을 지내다 보니 그건 어른들의 걱정이었다. 아이들은 생각보다 잘했다. 새로운 친구들이 전학 올 때마다 도와주는 해밀 가이드 역할을 잘 수행했다.

어제 전학 온 친구들은 첫날의 어색함이 있는데, 다음 날 또 전학생이 오니 자기가 먼저 온 학생이라고 새로운 친구를 챙긴다. 뒷번호 친구가 왔다고 좋아하는 남학생을 보니, 이게 군대에서 후임병이 와서 좋아하는 심리와 같은 것일까?

전학 오는 첫날은 부모님과 함께 오지만 다음 날은 아이 혼자서 등교해야 하기에 실내화를 갈아 신는 장소부터 교실 찾아가는 동선 안내를 시작한다.

지금껏 추이를 봤을 때 월요일에 가장 많은 전학생이 왔다. 오늘은 더구나 손 없는 날과 월요일의 조합이니 교무실 선생님들 모두 안내를 해도 시간이 많이 걸렸다. 등에서 땀이 난다.

평소 운동을 하지 못하는 내가 오늘도 근무하면서 운동을 하게 해주는 해밀초등학교는 분명 교직원들의 건강까지도 챙기는 멋진 학교다. 실제로 이 무렵 가을이면 항상 이비인후과를 몇 차례 다니곤 했다. 평소에 안 하던 야근도 많아서 몸살이 날 법도 한데 아직 몸이 쌩쌩하다. 아마 해밀교육의 네 가지 영역인 지성, 심성, 시민성, 건강 영역 중 건강 영역을 몸소 체험하는 것인 듯하다. 그것을 위해 해밀초 공간이 뒷받침해 주는 게 아닐까? 유현준 건축가도 해밀초를 설계할 때 그런 빅 픽처를 가지고 한 게 분명할 거야.

남편과 아들 둘이 쓰는 미밴드 중에 새로운 버전으로 업그레이드한다며 안 쓰는 미밴드가 집에 있었다. 미밴드는 손목에 착용하는 밴드 형식의 핸드폰과 연동되는 건강관리 보조기계다. 걸음 수, 수면 데이터 분석, 전화나 문자가 왔을 때 알람, 시계 등의 기능이 있다. 며칠 전부터 미밴드를 착용하고 다녔다.

요즘은 전입생 아침맞이로 6~7천 보를 걷고 있는데, 오후 시간쯤 미밴드를 확인하면 1만 5천 보 이상이 나온다. 왠지 건강해지는 느낌에 걸음 수를 확인하는 재미에 빠져 있다.

오늘 저녁 퇴근 때 확인한 미밴드 숫자는 22,461이다. 오늘도 많이 걸었구나. 그만큼 해밀초에 전학 온 학생들이 많았고, 이 아이들이 각자 교실 속 삶으로 들어가는 길잡이가 되었다. 학교가 안정화되기 위해 무언가 열심히 했구나! 그럼 됐다.

전문적
학습공동체

"두레가 뭐예요? 농촌에서 농사지을 때 하는 그 두레예요?"

업무분장을 물어볼 때 많이 들었던 질문이다. 지금껏 생활했던 학교 체제는 교장, 교감, 교무부장, 연구부장, 생활부장 등의 부장들이 있고, 그 부장 아래 계원이 있다. 비부장이면서 초등 담임교사로 있으면 아이들과 있는 수업 시간에는 수업에 집중하고, 아이들이 하교하면 자신에게 주어진 업무를 처리한다. 그 업무가 어떤 계획을 세워 추진하고 예산까지 주어진 업무이면, 오후 시간 행정실, 담당 부장, 교감, 교장 선생님을 찾아가서 업무 의논을 한다.

책임감이 있고 맡은 일을 잘하고 싶은 일반적인 사람들의 심리로 계획을 하나 세울 때도 심혈을 기울인다. 혹시 관련 일이 학부모나 지역위원까지 모여 위원회를 열어야 하는 일이면 더 신경이 쓰인다.

그래서 12월 교내 인사철이 되면 업무분장으로 무척 예민해진다. 업무분장이 발표되는 날 눈물을 보이는 선생님도 종종 있다. 초등에서 담임을 하며 부장까지 했을 때는 더 눈코 뜰 새 없이 바빴다.

해밀초에는 업무지원팀이 있다. 부장의 수직적 관계를 없애기 위해 큰 업무를 중심으로 4개, 즉 학교교육두레, 마을두레, 미래두레, 해밀학력두레로 나누었다.

그 업무를 맡은 사람을 두레장이라 한다. 학교의 업무를 다 지원하고 전담 교사로 근무하는 부장교사이다. 난 해밀학력두레장을 맡았다. 학력, 수업, 전문적학습공동체 등이 주요한 업무이다.

학년에는 두 개 학년씩 묶어 학년군을 지원하는 학년군장이라는 부장교사 업무도 있다. 6학년은 6학년 고유의 업무를 위해 6학년장이라는 부장교사가 있다.

"해밀학력두레에 어떻게 오게 되었어요? 가위바위보를 한 것 아니에요?"

"설마, 아니에요. 학년에서 가고 싶은 두레를 정했는데 저는 평소 학력에 관심이 있어 선택했어요! 저의 자발적 선택이었어요."

'자발적 선택'이라고 말할 때 나의 착각인지 힘주어 말하는 것처럼 느껴졌다. 가위바위보에서 져서 오게 되었다고 하는 것보다 훨씬 멋진 대답이었다.

각 학년이 4개 학급으로 시작했기에 4명의 담임선생님이 모두 4개의 두레 중 하나에 들어갔다. 학년장 선생님은 학교교육과정과 학년군 교육과정의 맥을 같이하기 위해 학교교육두레에 소속되었다.

해밀학력두레 모임을 하면 두레장과 1~6학년의 담임선생님이 한 명씩 해밀학력두레에 와서 함께 토의하고, 학년으로 돌아가 학년군 마실에서 두레 결과를 공유하고 학년에 적용한다. 마치 씨줄과 날줄이 서로 보태고 엮으며 어우러지는 것처럼 말이다.

해밀초에서는 두레처럼 전문적학습공동체를 크게 네 가지 형태로 운영하고 있다. 두레와 학년군 마실, 주제별로 희망 교직원을 모집하여 만든 주제별 전학공 2개(초등 미술, 학생자치), 일과 후 운영되는 교직원 동아리다. 이중 퇴근 시간 이후 운영되는 교직원 운동 동아리는 코로나로 인해 잘 이루어지지 않았다.

다른 세 가지 전문적학습공동체인 두레, 학년군 마실, 주제별 전학공 운영으로 개교 학교의 기틀을 마련하는 데 기여했다.

"혁신학교 가면 좋은데, 회의가 많아서 너무 힘들어. 매일 회의로 시작하고 회의로 끝나. 그냥 딱 이렇게 하라고 정해서 알려 주면 일도 빨리 진행되고 안 둘러 갈 수 있는데 말이야."

어떤 선생님이 혁신학교에 대해 한 이야기였다. 혁신학교 경험이 없었던 나는 이 소리를 들었을 때 이런 이미지가 떠올랐다. 풀어진 눈, 의욕 없는 분위기에서 한두 명이 계속 이야기하는 장면이다. 그러다가 서로 싸우고 해결이 안 되는 장면 말이다.

내가 경험해 보니 아니라고 확실히 말할 수 있겠다. 모든 선생님의 눈빛이 살아 있고, 의욕적이다. 처음 그렸던 혁신학교 이미지와의 차이점은 자발성이다. 내가 주체가 되어 삶과 연계된 이야기를 나누니 이건 형식적이고 시켜서 하는 회의가 아니라 재미가 있는 것이다. 그러니 자발적으로 참여한다.

"참여를 하지 않으면 참견을 하게 된다"라는 아이디어 뱅크 선생님의 명언이 참말이라는 것을 매일 느끼는 하루다.

수학
또래학습

"오늘은 7일이니까 7번, 17번, 27번 나와서 수학 문제 1, 2, 3번 풀어 봐. 친구들이 알기 쉽게 풀이 과정을 잘 써야 해!"

"휴, 다행이다."

교실 여기저기서 안도의 한숨 소리가 들린다. 오늘이 7번이라서 일어나 앞으로 나가는 내 친구는 수학을 정말 싫어한다. 그 친구는 그날 이후로 숫자 7은 행운의 숫자가 아니라 불행의 숫자라고 생각한다.

수학 과목은 그렇다. 답이 딱딱 떨어지고 빤히 보이는데 왜 이걸 이해하지 못하느냐고 답답해하는 아이가 있다. 반면, 살면서 한 번도 써먹지 못할 원뿔의 높이는 왜 배우느냐며 수학 시간을 수면 보충시간으로 활용하는 아이들도 있다. 아이들 간의 학습 차이가 많이 나는 과목을 뽑으라고 하면 단연 수학이다.

일반적인 교실에서 평소의 방법대로 수학을 공부하는 모습을 보면 수학적 원리를 이야기나 구체물 등을 통해 설명하고, 그것을 적용하는 문제를 푼다. 그리고 수업 시간 내에 수업 활동이 일찍 끝난 학생들은 수학 익힘책을 풀거나 시간이 부족한 학생들은 과제로 수학 익힘책을 해결한다.

한 단원이 끝나면 단원을 정리하는 정리 문제를 풀어 본다. 미리 수학적 개념을 알고 오는 학생들은 수학 문제를 해결하는 속도가 빠르다. 반면 기초 연산도 되지 않는 학생들은 누적된 결손으로 오늘의 수학 수업 차시도 따라가기 힘들다.

각 반의 담임선생님은 그 모든 학생을 한 차시 수학 수업 목표에 모두 도달시키기 위해 고군분투 노력한다. 그래도 아이들이 많이 힘들어하고 수학을 어려워하면 맥이 빠지기 일쑤다. 그건 아이들도 마찬가지다.

해밀초 개교를 준비하는 TF 선생님들과 해밀초를 세울 때 해밀초의 비전, 해밀초의 학생상, 학부모상, 교사상을 정립하고 공통 교육활동을 함께 수립할 때였다.

수업 방식의 변화에 대해 함께 토의하면서 수학또래학습이 자연스레 거론되었다. 열정적인 선생님이 이미 이전 혁신학교에서 수학또래학습을 고학년에서 해 본 경험을 들려주었다. 수학 과목에서의 긍정적인 성취뿐 아니라 고학년의 생활지도까지 다 이룰 수 있었다는 생생한 경험 이야기였다.

해밀초가 추구하는 스스로 더불어 삶을 가꾸는 교육과도 맥을 같이하기에 수학또래학습이 1~6학년의 수학 수업에서 공통 교육활동으로 선정되었다.

9월에 개교하고 9월에 새로 발령받은 선생님들과 함께 수학또래학습 연수를 받았다. 수학또래학습은 두 명의 선생님이 짝을 이루어 수학 수업에 들어온다. 그 시간의 담임선생님은 주교사가 되고, 짝꿍 선생님은 보조교사가 된다. 사전에 코티칭하는 두 반씩 묶어 담임교사의 수학 시간과 짝꿍 선생님의 전담 시간표를 맞춘다. 1~2학년은 조이맘 선생님과 수학 코티칭을 한다.

수학 수업이 시작되면 처음 5분 정도 수학 교과서의 문제를 풀어 본다. 그러고 나서 담임교사가 낸 핵심 문제를 풀어 보고 차시별로 자신이 자신의 역할을 정하여 허니콤보드에 작성해서 칠판에 붙인다.

역할은 세 가지가 있는데 스스로, 배움이, 나눔이다. '스스로'는 시간이 더 주어진다면 그 시간의 수학 문제를 스스로 해결해 볼 수 있다 하는 것이다. '배움이'는 도움이 필요한 학생, '나눔이'는 도움을 줄

수학또래학습

수 있는 학생이다.

아이들이 정한 역할을 보고 담임교사는 짝을 지어 준다. 짝을 지어 줄 때는 평소 학생 간의 관계를 보며 담임선생님이 매시간 적절하게 연결시켜 준다. 또래학습 시간을 가지며, 스스로 제일 먼저 해결한 학생은 원리를 묻는 심화문제를 풀어 본다.

그것이 해결되면 교실 앞의 채점 자리에 그 학생이 앉아 다음 아이들의 채점을 해 준다. 담임교사는 또래학습을 계속 관찰하며 적절한 도움을 준다. 코티칭으로 들어온 옆 반 짝꿍 선생님은 수학 부진 학생을 전담하여 지도해 준다.

해밀학력두레장으로 두레를 운영할 때 우리 두레에서 핵심 주제는 수학또래학습과 해밀학력이었다. 처음부터 모든 학년이 바로 코티칭까지 이루어지지는 않았지만 학기 말인 현재 시점에는 모든 학년이 코티칭을 하고 있다.

1~6학년 모두 공통의 교육활동으로 수학또래학습을 해 보면서 학년 선생님들과 만나면 자연스럽게 아이들이 이야기의 중심이 된다. 모두 실생활의 수업 나눔이 수시로 이루어진다고 한다.

수학또래학습을 하면서 학년별로 공통적으로 적용하기 어려운 사례들이 나온다. 예를 들어 1학년 학생들은 반에서 배움이를 희망하는 2~3명을 제외하고는 모두 나눔이를 지원한다. 스스로를 지원하는 학생은 거의 없다.

고학년에서는 수학 단원에 따라 수학또래학습을 적용하기 어려운 단원도 있다는 이야기가 있다.

그러면 해밀학력두레에서 함께 방안을 토의하고, 다시 학년군으로 가서 그 방안을 적용해 본다. 수학또래학습에 대한 토의는 계속 이루어지고 있다. 앞으로 해밀초만의 수학또래학습 수업 방법이 정착될 것이다. 수학뿐 아니라 다른 과목에서도 수업 방법의 변화를 계속 토의할 것이다.

수업의 판을 뒤집자!

신규 선생님에게 수학 수업 시간에 경력 있는 옆 반 선생님이 함께 수업에 들어오는 것이 부담스럽지 않으냐고 물어봤다.

"수업 시간에는 옆 반 선생님이 있는지 모를 정도로 시간이 지나가요. 수업이 끝나면 그때 부끄러운 마음이 들어요. 그래도 괜찮아요. 함께하니까요."

신규 선생님답지 않는 그녀의 대답은 너무 멋졌다.

그래! 우리는 함께 삶을 나누고 있는 해밀 공동체다. 오늘도 스스로 더불어 삶을 나누었구나!

해밀
학력

"혁신학교 가면 공부를 안 하고 매일 놀아요?"

"혁신학교 가면 아이들이 재밌게 잘 지내서 좋지만 학력이 많이 떨어진다고 하던데, 걱정이에요. 정말 그런가요?"

혁신학교를 바라보는 시각에 언제나 등장하는 질문은 학력에 관한 것이다. 혁신학교라 자유롭게 아이들이 하고 싶은 활동을 많이 해서 재미있게 학교를 다니는데, 재미로 끝난다는 것이다. 결국 배워서 남는 것은 없다는 우려의 목소리이다. 배우는 것이 무엇일까? 학력이 무엇일까?

9월 1일 학교를 개교하고, 학군의 아파트는 입주 시기가 9월 말부터라서 개교 시점부터 전입하는 학생이 많지는 않았다.

대신 학교를 궁금해하고 미리 방문해 보고 싶어 하는 가정이 많았다. 아이디어 뱅크 선생님의 계획에 따라 학교 초청의 날을 마련해서 학교 방문을 희망하는 가정 신청을 받았다. 오후 시간, 주말 시간 등을 이용해 학교를 안내하는 시간이 있었다.

1차로 교장실에서 교장 선생님과의 만남을 통해 학교 소개를 받았다. 2차로 학교 투어에 능통한 학교 선생님이 학교 전체를 안내했다. 교장실에서 학교 안내를 할 때 교장 선생님이 만든 안내 자료 중 일부이다.

Q. 혁신학교는 정말 시험이 없고, 공부도 다른 학교보다 적게 가르치나요?

A. 시험이 없는 학교는 없습니다. 살아가는 데 필요한 지식 처

리, 창의적 사고, 의사소통, 자기관리 등 다양한 역량을 평가하기 위해 가르치고 배운 내용에 대해 학년별, 교과별에 따라 단원평가, 수시평가, 수행평가 등의 다양한 평가를 합니다.

또한 가장 잘못 알려진 것 중 하나가 '적게 가르친다'는 것입니다. 국가수준에서 가르쳐야 하는 내용과 기준이 있습니다. 대한민국의 모든 공립학교에 적용됩니다 혁신학교는 나아가 훨씬 더 다양한 방법으로 가르칩니다. 온작품 읽기, 또는 다른 다양한 프로젝트를 통해 각 교과를 통합하기도 합니다. 통합적인 사고를 키우기 위함입니다. 지금은 혁신학교뿐만 아니라 다른 학교에도 확산되고 있습니다.[26]

해밀학력두레에서 해밀학력을 주제로 두레 모임을 하게 되었다. 학력에 대한 이야기를 하면서 해밀학력을 어떻게 세울 것인가에 대한 토의를 시작했다.

세종 창의적 교육과정의 세종형 학력은 2015 개정 교육과정의 핵심 역량을 바탕으로 이루어져 있다. 지성, 심성, 시민성으로 나누어 세종형 학력을 각 범주별로 3개씩 역량 중심으로 기술하고 있다. 범주별로 3개씩 총 9개의 세종형 학력으로 이루어져 있고, 세종형 학력마다 핵심 요소가 3개씩 있다.

학교 교육계획을 수립할 때 지성, 심성, 시민성, 건강 영역을 함께 세웠으므로 두레 선생님들과 토의할 때 건강까지 넣어 해밀학력을 세우기로 했다.

9월에 개교하고 두레가 구성되어 해밀학력 주제가 세워지고 나서

---

26. 유우석, 「해밀초 소개 자료」(해밀초등학교 홈페이지-파파스머프).

여러 달 동안 두레 선생님들이 학년군으로 흩어져서 함께 공유하고, 의견 나누고, 다시 두레에 모여 토의해 보았다.

11월 9일 두레 날!

두레 모임에서 해밀학력을 세우기로 한 날이다. 두레장으로 기획하고 선생님들과 협의하여 새로운 한 꼭지를 만들어 내는 날이라 다른 두레 모임과 느낌이 달랐다.

뭔가를 기획하고 협의하고, 만들어 내는 것의 설렘이 있었다. 더구나 오늘은 혁신학교에서의 화두 중 하나인 '학력'이 아닌가. 해밀학력이 어떻게 풀어질지 기대되었다. 전담이라 교실이 없어 두레 모임 장소를 고민했는데, 선뜻 교실을 내어 주고, 따뜻한 차까지 준비해 놓은 젠틀한 선생님의 교실에서 해밀학력 이야기를 풀어 나갔다.

해밀학력을 세우는 기본 틀은 세종형 학력과 맥을 같이하기로 했기에 지성, 심성, 시민성, 건강 범주의 해밀학력을 토의했다.

각 학년군에서 중점적으로 강조한 역량과 가치들, 그리고 해밀교육 계획에서 함께 세운 비전과 공통 교육활동들, 세종형 학력, 2015 개정 교육과정 핵심역량들을 함께 토의했다.

두레 선생님들을 보니 평소 토의 때보다 학년군 마실에서 나온 학년군별 역량과 가치들을 이야기를 할 때 목소리 톤이 더 올라가고, 얼굴에 환한 웃음이 담긴다.

삶을 나누는 학년군 선생님들과 함께 토의했던 그 시점을 다시 생각하니 즐거운 모양이다.

"여기서는 정의를 보면 자율적 행동 능력이랑 어울리잖아. 자기 이해를 바탕으로 해서 자신의 흥미와 과제를 해결하고 자기의 발전 계획을 수립하는 것 말이야."

"자율적 행동과 자기주도는 아예 다르죠?"

"응, 여기 봐 봐!"

머리를 맞대고 나누는 두 선생님의 대화는 진지했다.

삶을 나눈다는 것, 함께 세운다는 것, 모두가 기획해 본다는 것은 해밀이어서 가능한 것이라 생각된다.

단어 하나하나 신중하게 토의해서 드디어 해밀학력이 완성되었다. 아직 초안이고, 다시 기획위, 학년군 마실로 들어가야 하지만 그래도 큰 것을 하나 세웠다.

두레에서 나온 해밀학력 초안을 두레 선생님들은 각 학년군 마실에서, 두레장으로 나는 기획위에서 말하기로 했다.

두레 선생님들이 학년군 마실을 할 때 해밀학력 이야기에서 리더로 서는 경험을 해 보면 좋겠다는 생각을 했다. 모든 아이들을 각자가 잘할 수 있는 부분에서 리더로 세우는 교육, 해밀에서는 그것을 해밀박사라고 부른다. 해밀박사를 키우는 선생님이니 선생님도 리더로 서는 경험을 해 봐야지.

"학년군 마실에서 해밀학력 이야기 나누어 본 느낌이 어땠어요?"

"학력에 대해 이끌어 보니 학교를 위해 뭔가를 하는 기분이라 뿌듯합니다. ㅎㅎ"

항상 진지하고 열심히 하는 5학년 선생님의 답변이다. 나중에 해밀학력 이야기가 나오면 선생님은 더 반갑게 다양한 이야기를 들려줄 것이다. 앞으로 해밀학력을 생활 3주체와 함께 나누고 삶과 연결시키는 데 시간이 필요할 것이다.

모두를 리더로 세우는 교육, 함께 만들어 가는 해밀의 한 발자국을 찍었다.

조카를 사랑하는
이모의 마음, 조이맘

"손 깨끗하게 씻었어?"

"네, 비누칠도 했어요."

봄마을에 저학년 체육 창고를 만들기 위해서 실측하러 가는 길이었다. 1학년 조이맘 선생님과 여학생이 수업 시간에 화장실을 다녀오는 모양이다. 혼자 가기 쑥스러웠는지, 아님 조이맘 선생님이 자발적으로 따라나섰는지는 모르지만 밝은 표정의 아이와 선생님을 보니 엄마와 딸 모습이 떠올랐다.

조이맘은 '조카를 사랑하는 이모의 마음'이란 뜻이다. 1학년 4개 반, 2학년 4개 반으로, 처음부터 8명의 조이맘 선생님과 함께 학교가 시작되었다. 조이맘 선생님은 1, 2학년 교실 수업 시간에 학생들의 기초 학력을 지원해 주는 자원봉사 선생님이다. 자녀가 있는 다른 학교 학부모인 선생님도 있으니 이모가 맞겠다.

한 해 평가회 및 내년도 협의를 위해 모인 조이맘 선생님들과의 협의회 시간이었다.

"저는 이번에 조이맘 선생님 하면서 오히려 아이들에게 제가 더 많은 것을 배웠어요."

많은 선생님들이 이 말을 하면서 깊은 공감의 끄덕임을 보인다. 1, 2학년 아이들, 담임선생님들과 함께 삶을 나누면서 생활 속 소소한 성찰이 이루어졌음을 느낄 수 있었다.

"혹시, 여건이 된다면 조이맘실에 서랍을 좀 설치할 수 있을까요? 가방 둘 곳이 마땅치가 않아서요."

"1, 2학년 일정이 변경되면 바로 알 수 있게 가람반 조이맘 선생님

중심으로 소통 체계를 만들면 어떨까요?"

조심스럽게 건의하는 선생님들의 모습을 보니 참 감사하다. 개교 학교라 실 정비에 빠지는 부분이 있는데, 불편하다는 불평보다 함께 더 나은 방향으로 만들어 보려는 선생님들의 진심이 느껴졌다.

9월에 완공되지 않은 교실부터 함께 시작했기에 이제 담임선생님의 눈빛을 보면 동지애가 생긴다고 이야기하던 선생님의 소감이 인상적이었다.

학교에는 이처럼 교직원뿐 아니라 조이맘 선생님, 방역해 주시는 선생님 등 많은 봉사자분들이 계신다. 앞으로 마을 주민들도 포함하여 더 많은 분들이 함께할 것이다.

소통하고 협력하며 함께 가는 것, 철학과 비전을 공유하고 모두 주인으로 참여하는 것, 쉽지 않은 이러한 일들이 오늘도 해밀에서는 자연스레 이루어지고 있다.

다 같이,
더 가치

"오늘 술래는 ○○이야. 이제 시-작!"
"비행기를 잘 날리려면 날개 균형이 중요해. 내 것 한번 봐 봐."

10분밖에 안 되는 쉬는 시간에 2층 데크에서 볼 수 있는 모습이다. 이제 2층 데크의 이름은 아이들이 투표로 정한 '해밀이 놀이터'이다.

"엄마! 나 다모임 때 말할 것 생각해 가야 해. 저번 다모임 때는 친구 칭찬하기였는데 나도 친구한테 칭찬받았어. ○○이가 칭찬해 줘서 나도 ○○이 칭찬해 줬어. 이번 다모임에는 뭐 말할까? 아 맞다. 운동장에 놀이터 만들어 달라고 해야겠다."

저녁시간에 집에서 식사를 하면서 1학년 둘째 녀석이 털어놓은 나름 진지한 고민이다.

"오후 시간이나 주말에 아파트 놀이터에서 초등학교 아이들이 너무 위험하게 놀아요. 나쁜 말도 사용하고, 아파트 물건도 파손되었어요."

"비비탄 총을 쏘고 너무 위험해요. 보면 함께 지도하고, 카페 글 보는 부모님도 함께 지도해 주세요."

아파트 입주자 카페에 아이들이 놀이터에서 위험하게 노는 것에 대한 글이 올라왔다. 걱정과 우려가 담긴 댓글들도 많이 달렸다.

같은 시기에 학교로 비비탄 총 관련 전화가 왔다. 관련된 아이들이 모두 모였고, 교장 선생님과 진지한 대화를 했다. 집에 총이 있는 사람은 가지고 나와서 배틀하자는 이야기가 나왔고, 아이들은 이를 실천한 것이다.

아이들은 총기류 금지법도 몰랐을 것이며, 비비탄 총의 위험성을 생각하기보다 배틀 경기의 설렘과 즐거움이 더 컸을 것이다.

이제 위험하다는 것을 알았으니 아이들 스스로 자제하고 그것을 꾸준히 지키도록 기다려 봐야 한다.

'다 같이, 더 가치'는 해밀초 학군 아파트의 슬로건이다. 3,500여 세대의 초등학교 자녀는 해밀초를 다닌다. 많은 세대가 입주하는 입주 시기에는 아파트에서도 당연히 이런저런 문제가 생긴다. 하지만 아파트의 슬로건답게 같이 문제를 해결하려는 모습을 보니 아파트 슬로건을 잘 지었다는 생각이 든다.

"힘들 텐데 어떻게 개교 학교 TF에 신청하게 되었어요?"

"나 혼자서 하는 게 아니라 12명의 경력 교사가 함께하니까요."

주변에서 여러 개교 학교를 지켜보면서 해밀초가 그중에 빨리 안정화되었다고 한다. 하나하나의 역량과 모두 모여 함께 이루어 내는 힘의 능력을 몸소 느끼고 있다.

스스로 더불어 삶을 가꾸고 다 같이 모여 더 가치로운 일을 하는 해밀마을이다. 지금도 어디선가 어떤 문제가 생기고 있을지도 모른다. 괜찮다. 또 함께 모여 해결하여 더 가치 있는 방법을 찾으면 되는 것이다.

내가 찾으려고 했던 길은 애초에 없었다. 길을 찾는 사람이 새로운 길을 만든다.

나는 해밀에서 새로운 길을 만들고 있다. 이 길이 어디로 가는지 알 수도 없고 내가 원하는 대로 가고 있는 건지도 모른다. 하지만 나는 이 길에서 많은 것을 경험하며 성장하리라 믿는다. 8개월의 여정 동안 보이는 것이 전부가 아님을 깨달았고, 지나치는 길마다 누군가의 손길이 담겨 있음에 감사함을 배웠고, 배려는 누군가의 희생임을 몸소 느꼈다.

해밀에서 시작된 길에서 만난 걱정, 두려움, 슬픔, 비난, 괴로움, 미움, 부족함, 외로움 등의 부정적인 단어들이 나를 힘들게 하고 그러다가 발견한 기대, 희망, 기쁨, 고마움, 행복, 칭찬, 인정, 위로 등의 긍정적인 단어들이 나를 앞으로 나아가게 한다. 어쩌면 길을 잃고 헤매기도 하고, 어둠과 밝음, 부정과 긍정을 맞보는 일련의 과정들은 순리인지 모른다. 그 과정에서 더 멋진 길을 만들어 갈 수 있을 테니까.

리셋! 나의 길

이연우

길을
묻다

교장 선생님이 다급하게 들어오며 질문을 던진다.

"실장님의 버킷리스트가 뭐예요?"

"……."

머릿속에 있는 단어들을 쉽게 뱉지 못한다.

"본인 이름으로 된 책을 출판하고 싶지 않아요?"라고 다시 질문을 던진다.

"제 이야기가 담긴 책을 소장하고는 싶지만 외부에 남기는 출판까지는….."

이 짧은 대화 속에 내 성향이 드러난다. 나를 표현하는 일이 지금 이 순간에도 낯설고 어렵다. 내 생각을 표현하고 드러내는 일이 왜 나에게는 어려운 일인지. 그 지점에서 시작하려고 한다. 내 관심사를 나에게로 향해 보았다. 나는 어떤 사람이지?

나는 과거에도 현재에도 지극히 평범한 일상을 살아가고 있다. 변화를 두려워하지만 그 변화에 적응하고, 투덜대면서도 끝까지 한다. 하지만 그 투덜댐을 쉽게 밖으로 드러내지 않는다. '처음'은 두렵고 '마지막'은 부담스러워서 '중간'에서 평범하게 사는 걸 추구하는 것 같다. 내가 원하는 걸 하기보다는 내가 해야 하는 걸 하는 일이 더 많다. 타인의 시선이 나를 향하지 않길 바란다. 주목받는 게 부담스럽다. 내게 주어진 일과 내가 해야 할 일을 하며 성취감을 느끼고 만족감을 갖는 나는 오늘도 그렇게 일상을 살아오고 있다.

"실장님은 융통성이 없고 고지식한 것 같아요."

전에 함께 근무했던 직장 동료가 말했다. 현재의 나를 바라봤을 때 누군가의 눈에 나는 고지식한 사람으로 보이기도 한다. 직업의 특성상 그렇게 변한 건지 아니면 나의 이십 대는 달랐는지 궁금해졌다.

나의 20대와 30대를 같이한 친구들과의 대화방에 질문을 던졌다.

나 얘들아 너희들이 보는 나는 어떻니? 누군가의 시선에서 나는 융통성 없고 고지식한가 봐. 너희들이 바라보는 나도 그래?

친구 1 그건 공무원의 특징이 아닐까. 네가 가진 고유의 특징은 아닌 것 같다.

친구 2 나보고도 딱 공무원 스타일이라고 해.

친구 1 책임감이 강해서 그런 성격이 두드러질지도 몰라. 직업의 특징이야. 다른 곳에서 다른 일을 하고 있었으면 달랐을 거야.

나 네 말대로 직업의 영향도 있는 것 같다. 나를 딱 정의한다는 게 어렵네.

친구 1 얼마 전에 집에 있는 편지 정리하면서 읽어 봤는데, 예전 10대, 20대 때의 나는 통통 튀더라. 그런데 지금의 나는 그렇지 않아. 그 시절을 같이했던 친구마저 요즘은 나에게 왜 이렇게 공무원 같으냐고 그래. 예전엔 나도 뺀질과였는데 지금은 엄청 책임감이 강하대.

친구 3 우리 모두 딱 공무원이다. 어느 정도 틀에 갇혀 있어. 나도 젊었을 때 무지 돌아다니는 거 좋아하고 일탈을 꿈꾸고 그랬어. 뭔가 모범생 스타일처럼 보이는 거 싫었는데….

친구 1 그러니까 환경이 사람을 만든다니까. 그래서 지금의 모습만 가지고는 판단할 수 없는 것 같아. 직장에서의 우리를 보면 우리 끼리 보는 우리와 다를 것 같아. 우리 서울 잠실야구장에서 열린 이티피 록페스티벌 간 거 기억나냐? 지하철 끊겨서 밤에 찜 질방에서 자고 새벽에 인천에 왔었는데. 그런 네가 뭐가 고지식 하고 융통성이 없냐.

나 그랬지. 그런 기억들이 머릿속에 지워져 있었네. 이래서 기억이 아닌 기록이 필요한가 보다. 나 그 시절엔 고지식하지 않았네. 일 탈과 자유를 꿈꾸던 여자였어.

친구 1 그럼 그럼. 너의 전부를 알 수는 없지. 네가 갖고 있는 많은 부분 중에 한 면만 보고 그렇게 얘기한 것 같아. 너의 세계가 얼 마나 넓고 자유로운데.

나 근데 난 이 말 듣고 기분이 나쁜 게 아니고 동조의 의미로 웃 었어. 지금 내 모습이 그래 보였거든. 너희들이랑 얘기하다 보니 나 자신에 대해 참 관심이 없었구나 싶다. 나의 10대, 20대를 생 각해 보지 않았어. 그냥 지금이 나의 전부라고 생각하며 산 것 같다.

친구 1 어른이 되니 상황에 따른 내가 만들어지더라.

친구 3 나에게 관심 없고 사랑할 줄 모르는 듯 지내 왔네.

친구 1 맞아 그냥 살아 있으니 사는 듯하다.

친구 3 네 말에 급 슬퍼진다. 너무 맞는 말이라서.

친구 1 그렇지만 슬퍼하지 말고 앞으로는 그러지 말아 볼까 해. 자기만의 정체성을 찾고 지키고 사랑해야지. 다들 충분히 할 수 있다고 본다. 아니 지금으로도 난 충분하다고 봐. 남들이라고 생각만큼 대단하게들 살고 있는 건 아니니까. 자신감을 가져 얘들아. 나는 가끔씩 잘 살고 있는 너희들을 부러워하고 있단다.

친구 3 그래그래 우리 모두 파이팅. 우리 모두 잘 살고 있어.

나 이렇게라도 나를 생각해 보는 시간을 가지니까 좋다. 지금 우리가 나눈 이야기가 내 기억에 머무르는 게 아니라 이젠 기록을 해야겠어. 내가 흘려보낸 시간이 기억에만 남아 있다가 사라지는 게 슬퍼지네.

친구 3 이젠 기록해야 할 나이이기도 하지. 어릴 때만 일기 쓰는 게 아닌가 봐.

나의 20대, 30대가 지금하고는 달랐던 게 분명하다. 단지 내가 잊고 있었던 것뿐. 풋풋함, 열정, 일탈도 있었고, 그 속에 책임감도 있었다. 시간이 흐르고 나이를 먹으면서 주변이 변화하듯 나 또한 변화하고 있었다. 경험이 쌓이고 시행착오를 겪으며 성장했는데 그걸 지나치고 있었다.

길을 시작하다
초행길에 만난 사람들

유난히 낯선 공기를 느끼며 하루를 맞이한다. 낯선 공간, 낯선 사람들, 낯선 대화들. 바쁘게 움직이는 사람들 속에 들리는 알 수 없는 말들. 누군가와의 통화 소리, 모든 게 혼잡해 있는 시공간에 내가 합류했다.

처음은 뭐든 기억에 박힌다. 첫 발령지는 중학교 행정실. 나는 중학교 차석[27]이었다.

내가 발령받기 전까지 차석이었던 사무원[28] 주무관님은 경력도 없고 어린 신규 공무원 때문에 삼석 자리로 내려가고 업무도 바뀌게 되었으니 기분이 썩 좋지만은 않았을 거다. 전임자이기도 하니 이것저것 물어보지만 대답을 잘 해 주지 않는다.

전화벨이 울리고 삼석주무관님이 전화를 당겨 받는다. 큰 소리로 통화를 하고 수화기를 내려놓으며 나에게 말한다. "주무관님 다 들으셨죠?" 이런 황당무계한 일이 자주 일어났다.

나는 도대체 무엇을 들었어야 하는 걸까. 내가 소머즈라고 착각하는 듯했다. 항상 귀를 열어 놓고 주변의 소리를 들어야 한다는데 내 귀는 주변의 소리를 흡수할 역량이 못 된다. 너무 어이가 없고 황당해서 매번 말문이 막혔다. 내가 할 수 있는 건 퇴근 후 내 방 벽에 대고 화풀이를 하는 것뿐이었다. 낮에 하지 못했던 말들을 조근조근 쏟아냈다. 다음번에도 나에게 이러면 한마디 하겠다고… 하지만 나는 끝내 한마디도 하지 못하고 애꿎은 벽만 보며 괴이한 언어들을 쏟아 내는 걸로 스트레스를 풀었다.

2개월 만에 실장님이 바뀌었다. 첫 번째 실장님은 외모와 패션에 관심이 많고 공무원과는 동떨어진 느낌이었다면, 두 번째 실장님은 자연인 같은 자유로움이 느껴지는 분이었다.

커피포트에 헤이즐넛 커피를 내리고 자리에 앉아 그날의 분위기에

---

27. 행정실장 바로 아래 직급에 있는 사람을 부르는 호칭으로 계장이라고도 한다.
28. 학교에서 세입, 급여 업무를 담당한 기능직. 현재는 일반직화하여 소수만 남아 있는 직렬.

맞는 음악을 선곡하는 일로 실장님의 일과가 시작된다. '라떼는 말이야'라고 시작되는 이야기의 끝은 항상 같았다.

사람은 흘러가는 상황의 변화를 감지하고 스스로를 그 변화에 맞춰 가야 한다고. 청렴한 공무원은 아니었지만 흐름에 맞춰 처세술을 발휘한 덕분에 공직생활을 꾸준히 하고 있다고 말씀하셨다. 실무자처럼 업무를 해 줄 순 없지만 해결사 역할은 확실히 해 주겠다고 하셨는데 돌이켜 보니 분명 약속은 지켜 주셨다.

내 일상은 베팅 머신 앞에 놓인 타자처럼 날아오는 공을 쳐내며 시작되었다. 기본적인 타격자세도 모르고 공을 맞히겠다는 의지만 가지고 미련할 만큼 너무나 성실하게 방망이를 휘둘렀다. 때로는 헛스윙을 날리기도 했지만 시간이 지날수록 안정된 선구안과 타격자세로 나날이 성장해 가는 나를 느낄 수 있었다.

걸려오는 전화벨소리가 그렇게 심장을 조이고, 외국인과 대화하는 것도 아닌데 무슨 말을 해야 할지 몰라서 어리둥절하던 그날은 내가 공직생활을 시작하고 두 번째로 발령받아 첫 업무를 시작한 날이었다. 우왕좌왕하는 나와 달리 방문 민원과 전화 민원을 동시에 해결하고 있는 동기의 모습을 부러움과 미안함의 시선으로 바라보고 있을 때, 낡은 책 한 권을 나에게 건넨다.

"대부분의 전화는 설립 신고에 관한 기본적인 사항을 질문하니까 이 부분을 보고 답변해 주면 돼. 그리고 답변이 막힐 때는 민원인에게 자세히 알아보고 연락드릴 테니 연락처를 남겨 달라고 해. 즉답보다는 정확한 정보를 알려 주는 게 더 중요해."

"고마워…."

오전 내내 민원 전화를 받고, 오후에는 설립신고서를 제출한 학원의 시설을 확인하러 출장을 나간다. 2~3군데를 돌다 보면 4시간이 훌쩍 지나가 버린다. 그러곤 다시 사무실로 돌아온다. 오후 출장지에서 노트에 빼곡히 적었던 숫자들을 엑셀에 도식화하고 숫자를 적는다. 이게 매일 되풀이되는 일상이다.

"큰일도 아니구먼. 풀 죽어 있지 마. 답은 있어."

"네…."

문제가 생겼음을 직감했다. 전화상으로 답변해 준 데 허점이 발견됐다. 실체가 없는 통화는 현장에 가면 사뭇 다른 상황이 펼쳐질 때가 있다. 건물이 준공된 시점, 법 개정 시기, 유예기간, 건축법, 소방법… 너무나 많은 것들이 엮여 있다. 건물이 준공되고 오랜 시간이 지나면서 의도치 않게 불법 건축물이 지어지게 되면, 불법 건축물을 철거하기 전까지는 용도변경도 학원 설립도 불가능하다.

민원인은 학원을 설립하기 위해 자금을 투자하고 신고를 하러 온다. 학원법, 소방법, 건축법에 문제가 없다면 기간 내에 문제없이 신고 수리가 되지만 그중 한 가지라도 적법하지 않으면 수리가 되지 않는다. 이로 인해 발생하는 금전적인 손해가 때로는 억 단위로 올라가기에 민원인은 예민하고 날이 서 있다. 이곳에 발령받았을 때 멱살과 양 볼을 기꺼이 내주며 해야 하는 업무라고 부담감을 주었던 그 말이 어떤 의미인지 업무를 하면서 알아 가게 됐다.

나에게도 위기가 한 번 있었다. 법의 연혁을 뒤지고 건축법 관련 상위 기관에 질의를 하고 민원 사례를 뒤져 보고 팀 협의를 하면서 보냈던 그 며칠간이 고통스러웠다. 다행히도 해결책을 찾아 문제없이 마무리가 되었지만 아직도 그때의 잔상은 쉽게 잊히지 않는다. 그때 채근하지도 재촉하지도 질타하지도 않으셨던 팀장님. 자책하지 말라고 도리어 나를 위로하던 동료. 모두가 묵묵히 나의 고민을 함께 나누었다. 민원 부서라 하루하루가 살얼음판을 걷는 것 같은 날도 있었지만 동

료 그 이상인 친구가 있고 든든하게 버팀목이 되어 주는 선배가 있어
서 마음이 든든했고 뭐든지 할 수 있을 것 같은 자신감이 생겨서 힘
든 2년을 견뎠다. 그 이후로 나도 누군가에게 그런 울타리가 될 수 있
는 선배이자 상급자가 되자고 다짐했다.

학원팀에서의 2년간의 생활을 작은 상자에 모두 정리하고, 교육지원
청 건물을 바라보는데 하염없이 눈물이 흘렀다. 초임지에서 떠나올 때
도 느끼지 못했던 감정이었다. 반복되던 일상이 주던 행복감과 그 공
간에서 나눴던 마음들이 갈 길을 잃은 것 같았다. 이제는 그들과 그
일상을 나누지 못한다는 슬픔에 마음이 먹먹했다. 앞으로는 지금과
같은 만남과 이별이 익숙해질 때가 있을 것이다. 하지만 누군가를 떠
나보내는 이별이기보다는 내 안에 좋은 사람들을 축적하기 위한 과정
중에 맞이하는 이별로 받아들이기로 했다.

경로를 이탈하여
잠시 멈추다

변화의 시작점에 서 있다.

첫째 아이가 초등학생이 되었다. 유치원이라는 작은 울타리에서 어
느 정도의 자율과 무질서가 보장된 그들만의 세상에서 생활해 온 아
이가 울타리 밖으로 첫발을 내딛는 도전의 시작점이었다. 누구나 겪는
성장과정이라고 치부해 버리고 그 낯설음과 싸워야 하는 아이의 마음
을 헤아리지 못했다. '아이라고 익숙함을 버리고 새롭게 시작하는 것
에 대한 두려움이 없었을까?' 돌이켜 보니 이제 막 8살이 된 아이가
견뎌 냈을 그 무게감이 대단해 보였다.

나 또한 첫째 아이와 같이 익숙한 울타리를 뒤로한 채 새로운 울타리 안으로 들어왔다. 내 선택이고, 그 결과 또한 나의 몫이다. 변화를 받아들이는 게 쉽지 않은 나에게 익숙함을 버린다는 건 큰 결심이었고, 그 길의 출발선에 놓여 있었다. 갈 길이 멀다.

'업무에 물음표가 생겼는데 바로 전화해서 물어볼 상대가 없구나! 조언을 구할 곳이 없구나! 교육을 신청하려는데 같이 갈 친구가 없구나! 속상한 일이 있는데 소소하게 푸념을 털어놓을 친구가 옆에 없구나!' 주변의 변화를 조금씩 체감하게 된다. 참 낯설다.

전입서류를 준비하고, 면접을 치르고 합격 통지 받기까지의 간절함은 어디 가고, 현재의 나는 불평과 불만뿐인 사람 같다. 생각이 현실이 되면 그 시간들은 과거가 되고, 소중하게 갈망했던 기억은 잊히나 보다. 변화의 장소에 서서 변화를 받아들이고 있지 않은 꼴이라니 참 어리석다.

사무실 안에는 다양한 지역에서 온 동료들이 일을 한다. 인천에선 고향은 달라도 인천이 출발점이라는 공통점이 있었는데, 세종은 고향도 출발점도 다른 사람들이 모여 있다. 주변에 익숙함을 버리고 새로운 곳에서 다시 출발하는 사람들이 많은 곳이 세종이다. 지역색이 나타나고, 그 안에서의 갈등도 예상된다. 하지만 그런 과정을 거쳐 융합되어 가는 곳이 세종이었다.

'받아들이자, 익숙해지자'고 다짐한다.

세종살이 첫 근무지인 영재학교는 학교 자체로 신선한 충격이었다. 기숙형 학교, 멋진 외관, 천연잔디 운동장, 최상위권 학생들. 모든 게 새롭다. 고등학교인데 대학교 강의실처럼 교실 사방이 칠판인 곳. 그 속에서 너무나 열심히 치열하게 생활하는 학생들. 학교의 예산이 70억 원 정도이고, 학교운영위원회는 전문적으로 움직이고, 연구하는 선생님과 배움을 갈망하는 학생들. 학생들이 자유롭게 영어를 구사할 줄 알기에 원어민 교사가 굳이 한국어를 배우지 않아도 불편함 없이 생활할 수 있는 학교. 한 해 동안 수강할 교과목을 선택하고 학점 관리를 하는 무학년졸업학점제, 진로선택형 교육과정을 보면서 주도적 학습과 개별화 교육이 실현되고 있는 살아 있는 학교 같았다.

뭐든지 상상 그 이상인 학교는 나에게도 상상 그 이상의 업무량과 새로움을 주었다.

내 주된 업무는 계약, 지출, 감사, 학교운영위원회 운영이었다. 해외직구, 국외 수학여행 용역 계약, 신입생 선발에 따른 계약, 별빛축제, open sasa, 인턴십 등 다양한 업무들이 학기와 방학 구분 없이 진행되기에 나 또한 숨 가쁘게 보냈다. 초과근무가 일상이 되었고, 현실판 애니팡게임을 하는 것처럼 일을 했다. 찰나의 순간까지도 놓치지 않고 치고 들어오는 업무들. 그 틈바구니에서 버텨 내고 있었다.

식은땀이 흐른다. 어지럽고 정신이 몽롱해진다.

세종 살이 2년째 되던 해에 이상징후가 나타났다. 구토, 메스꺼움, 어지럼증 등의 증상이 동반되었고 하늘이 빙빙 도는 현상이 내 눈앞에 펼쳐졌다. 어지럼증으로 중심 잡기도 힘든 상태였지만 가까스로 몸을 이끌고 이비인후과에 갔다. 병명은 '이석증'이었다. 이탈한 이석을 제 위치에 맞춰 놓으니 여러 가지 증상들이 완화되었지만 머리가 맑지 않았다.

다음 해에 교육청으로 발령이 났다. 학교는 범위가 정해지지 않은 다양한 업무를 하지만 교육청은 고유의 업무가 정해져 있다. 인건비 예결산, 연봉제, 급여에 관련된 업무를 맡았는데 공직생활하면서 처음 접해 본 업무였다. 1월은 정말 울며 겨자 먹기로 하루하루를 버텼다. 급여 담당자 3명이 모두 바뀌었다. 설상가상으로 급여를 제대로 해 본 사람이 없다. 그런데 급여는 기한이 정해져 있다. 법령, 지침을 뒤지며 시간과의 사투를 벌였다. 새벽 2시가 되어 퇴근길에 올라도 마음이 편치 않다. 금방이라도 터질 것 같은 촉촉한 눈망울로 서로를 안쓰럽게 바라보며 퇴근 인사를 나누고, 몇 시간이 채 지나지도 않아 출근 인사를 나누고 제자리로 돌아와 숫자와 씨름을 한다. 과장님은 며칠째 조용하게 일만 하는 담당자들의 상태가 궁금하셨는지 정작 우리에겐 묻지 않으시고 주변에 질문을 던진다. "신문기사에 나올 일은 없는 거지?" 우린 아무런 말이 없다. 나조차 미래를 장담할 수 없기에. 우여곡절 끝에 무사히 첫 번째 급여가 나갔다. 안도하는 것도 잠시 5급 이상 연봉 책정, 결산 자료 제출, 정보공개 청구 등 시차를 주지 않고 새치기하듯 일이 몰려들었다.

"너는 일복이 참 많아."

친한 친구들이 하던 말에 화답하듯 그해에도 어김없이 일복이 찾아왔다.

울퉁불퉁 비포장도로를 달리는 것처럼 불안하더니만 이상 신호가 감지되었다. 사무실에 있는 시간이 길어질수록 시어머니는 육아에 지쳐 가고 있었다. 매일같이 대전에서 출퇴근하는 며느리는 새벽에 나가 다음 날 새벽이 되어 돌아오니 육퇴[29] 없는 생활에 지쳐 가는 건 당연했다. 우려가 현실이 되었고 불면증과 우울증이 동반되어 더 이상 견디기 힘드셨던 어머니는 파업을 선언하셨다. 나는 해결책이 필요했다. 남아 있는 연가를 쪼개서 매일 2시간씩 조퇴를 하고 장기재직휴가까지 끌어다 썼다. 근무시간에 모든 걸 해결해야 했기에 항상 바빴다. 주말에는 사무실에서 살다시피 했다. 그리고 이석증이 재발했다. 보통

---

29. '육아퇴근'의 준말로, 아이가 잠들면 그제야 육아에서 놓여남을 퇴근에 비유하여 이르는 말이다.

은 1년에 한 번, 많아 봐야 1년에 두 번이라고 했는데 6개월이 지나지도 않은 시점에 재발했다. 몸 상태도 좋지 않았고, 육아를 맡길 곳도 없는 최악의 상황이었기에 육아휴직을 결정했다.

세종 살이 3년 차에 가던 길을 멈추고 숨을 고른다.

해밀로에서
길을 잃다

인사팀에서 6월 복직 의사를 물었다. 조기 복직에 신설 학교라니 선뜻 마음이 내키진 않았다.

'몸을 쉬게 하자'와 '뇌를 깨우자'의 고민 사이에서 뇌를 깨우기로 결정했다.

경험만큼 좋은 자산은 없기에 한발 내디뎌 도전해 보기로 했다. 그렇게 나는 해밀초등학교 TF팀원 13명 중 유일한 행정직으로 합류했다.

마냥 따스하기만 했던 6월에 무거운 마음으로 임시 사무소인 소담초에 홀로 앉았다. 공사장에 덩그러니 있는 6개의 건물이 학교이고, 그 공간에 살을 붙여 '해밀초등학교'를 채워 가야 한다. 아무것도 없는 곳에 놓인 무서운 낯섦. '무無' 정말 아무것도 없구나!

이전까지는 학교가 나를 맞이해 주었는데, 이제는 내가 학교를 맞이할 준비를 해야 한다.

준비해야 할 것들이 의외로 많았다. 인증서 발급, 공인대장 작성, 회계업무 개시를 위한 금고계약, 통장 개설, 법인카드 발급, 수요기관 등록, K-에듀파인 사용을 위한 나이스, 업무관리, 에듀파인 권한 부여, 과제카드 등록… 학교에 근무하게 되면 당연하게 사용하던 것들이 실

제로는 누군가의 수고로움으로 편하게 이용해 왔던 것임을 알게 된 순간이다. '당연한 것은 없다.'

머릿속에 정리되지 않은 생각들이 제각각 목소리를 낸다. 우선 음소거 처리를 하고 우선순위를 정해서 순차적으로 끄집어내기로 했다. 개교와 동시에 갖추어야 할 실을 우선 정하고, 실에 구비되어야 할 물품은 어떤 것이 있을지 물품 목록을 정리한다. 학생들이 수업할 공간의 학습환경, 관리실의 근무환경을 조성해야 한다. 아직 공사가 완료되지 않은 상황이지만 입주청소를 병행하고, 새집증후군 예방을 위한 공기질 관리를 위해 베이크아웃과 환기를 번갈아 실시하고, 교사 내외부 공사 진행 현황을 점검하여 개교에 차질이 없게 신경을 곤두세운다.

6개동이 연결된 학교, 모든 곳이 연결되어 있다는 건 한 곳이 뚫리면 모든 곳이 열린다는 뜻이기도 하다. 너무나 멋진 의도로 설계된 학교 시설이 관리적 측면에서 보안과 안전에 모두 취약해 보인다. 취약점을 보완하기 위해 무인경비 시스템 가동에도 사전 준비를 철저히 해본다. 개교가 임박할수록 행정실도 바쁘게 돌아간다.

8월 31일. 열심히 달려온 것 같은데 내 앞에 길이 한순간에 사라진 것 같은 기분이 들었다.

솔직히 말하면 이대로 개교를 하게 된 현실을 받아들이는 게 너무 속상했다. 채워지지 않음보다 정리되지 않았음을 여실히 드러내야 한다는 게 성에 차지 않았다. 저녁 9시를 훌쩍 넘기고도 학교를 나올 수가 없었다. 내일은 학생들이 첫 등교하는 날. 동선을 파악하고 그 길을 따라 걸었다. 그날도 도서관이 한창 인테리어를 하고 있었다. 입주청소를 완료했지만, 만족스럽지 않은 곳들이 눈에 띈다. 빗자루를 들고 입학식이 있을 행복마루로 가는 동선을 따라 걷는다.

의식의 흐름대로 한참을 걷다가 순간 눈에 들어온 알 수 없는 물체.

'뱀'이다.

덩그러니 큰 학교에 남아 있는 내가 할 수 있는 게 없다. 이대로 뱀과 눈싸움만 하고 있을 노릇도 안 된다. 무작정 전화를 건다.

"학교에 뱀이 나타났어요. 실내로 들어오진 않았지만 이 문만 열리면 실내로 들어오는 건 금방이에요. 너무 늦은 시간이고 어찌해야 할지 몰라 무작정 전화 드렸어요." 떨리는 목소리로 뱀이 똬리를 틀고 있는 모습과 어느 곳에 위치해 있는지 등을 설명한다.

"실장님, 기다리세요. 저 지금 퇴근하는 길인데 뱀 박사 모시고 그리로 바로 갈게요."

시간이 흐른 후 두 명의 남성[30]이 들어온다. 그중 한 명은 준비해 온 장갑을 끼고 내가 들고 있던 빗자루를 낚아챈다. 뱀을 향해 성큼 다가가더니 빗자루 손잡이로 뱀의 목을 짓누르고 다른 한 손으로는 뱀의 목을 잡아 들어올린다. 순식간에 일어난 일이다.

"독사네요. 학교에 뱀이 들어오면 그 학교에 좋은 기운이 온대요. 실장님, 해밀초에 좋은 일이 많이 생기려나 봅니다."

이미 10시를 넘긴 시각에도 한달음에 달려와 준 고마운 사람들. 어쩌면 그 시간과 그 장소에 함께 있어 준 것만으로도 나에게 큰 위로였다.

내가 상상하던 개교의 모습이 아닐지라도 있는 그대로를 받아들여야 하는데, 왜 나는 어리석게도 혼자 고뇌하고 있었을까… 곰곰이 생각해 보니 나는 신설 학교가 처음이었다. 처음이라서 이만큼이면 되었다고 토닥여 줄 누군가가 없었던 거다.

'아무도 너의 슬픔에 관심 없대도 난 늘 응원해, 수고했어, 오늘도.'[31]

---

30. 교육시설과 건축담당 강○구 주무관, 이○한 주무관.
31. 옥상달빛의 노래 〈수고했어 오늘도〉의 한 소절.

학교의 존재는 학생으로 시작하고, 그 학생으로 인해 교직원이 존재한다. 학교, 학생, 교직원이 구성되어 해밀초등학교의 드라마는 개교일에 맞춰 학생맞이로 시작되었다. 아직 아파트 입주가 시작되지 않았지만 미리 전입신고를 마친 아이들이 부모님 손을 잡고 등교한다. 아직 곳곳이 완성되지 않아 불안한 요소가 있기도 하지만 그만큼 신경을 쓰고 바라본다. 출입구를 일원화하고 외부 인원을 통제하여 학생과의 동선이 겹치지 않게 분리한다고 해 보지만 말처럼 완벽하게 되진 않는다. 건물 구조상의 특징 때문에 동선 분리가 쉽지 않다. 그렇게 시행착오를 겪으며 학교는 안정을 찾아가기 위해 애쓰고 있다.

개교와 동시에 나는 건물에 대한 하자를 체크하고 기록했다. 점검은 선택이 아닌 필수이고, 발견된 하자는 하자 보증 기간 내에 처리하도록 하는 것이 사용자의 역할이라고 생각했다. 흔히 학교에서 볼 수 있는 하자에는 누수가 포함되어 있다. 개교 이후 비 내리는 날이 적었던 탓에 건물 외관 청소를 빙자한 물 뿌리기 작전을 펼쳐 보기도 하는 등 나름의 방식으로 점검활동을 이어 갔다. 정말 이제부터는 사용자의 몫이라는 생각이 들어서 막중한 책임감과 무게감이 느껴졌다.

완벽한 사람도 완벽한 건물도 없다. 단점을 보완해 가며 완벽해지기 위해 노력할 뿐이다.

'불편不便'하면 '불不'을 없애면 된다. 불만을 만족으로 변화시키는 것보다 불편을 편함으로 변화시키는 것이 빠를 테니까.

해밀에 와서 나는 역할놀이에 빠져 있다. 시설직이 되어 폭설로 인한 학교시설물 안전점검, 한파로 인한 동파 방지를 위해 취약한 공간을 점검했다. 예산 담당자로 2021학년도 예산요구서를 취합 검토하고 세입 대비 세출예산이 얼마나 차이 나는지 확인해 보고 기초자료를 작성했다. 계약 담당자로 인테리어 설계용역에 필요한 원가산출 및 과

업지시서를 작성했다. 그러곤 누군가의 소소한 질문에 답을 해 주고, 불편사항을 접수하기도 한다.

이런저런 일을 하다 보니 문득 내 지위와 역할에 대한 고민이 들었다. 사전적 의미로 지위란 한 개인이 사회 내에서 차지하고 있는 위치이며, 역할은 각자의 지위에 부여된 업무를 말한다.

행정실장에게 주어진 지위는 몇 개일까? 역할은 몇 개일까? 실제로 하는 일은 무엇일까?

아직 나는 정확한 답을 구하지 못했다. 찾아가는 과정에 서 있다.

길을 찾다

중학교 미술시간에 데생을 배우면서 명암을 표현한 적이 있다. 선생님 말에 따라 교탁에 놓인 운동화 한 켤레를 열심히 스케치하고 명암을 표현했다. 처음엔 빛과 그림자에 의한 명암을 소심하게 표현하다가 연필심이 지나가는 횟수가 늘어나면서 욕심이 과해지기 시작했고 내 눈에만 보이는 명암을 표현하기 시작했다. 정말 열심히 작품을 완성했지만 욕심이 화를 불렀던 건지 데생 수업이 끝나갈 무렵 선생님은 몇 개의 작품을 선택하여 칠판에 세워 두었고 그중에 내 작품도 있었다. 명암이 표현되지 않은 까만 운동화만 그려 두었다고 평가되었다. 순간의 선택으로 까만 색칠을 해 버린 셈이 되었다. 아직도 중학교 시절 그 까만 운동화 같은 일들은 일상에서 매번 재현되고 있다. 그 횟수를 줄여 나가기 위해 고군분투할 뿐이다.

내가 찾으려고 했던 길은 애초에 없었다. 길을 찾는 사람이 새로운 길을 만든다.

나는 해밀에서 새로운 길을 만들고 있다. 이 길이 어디로 가는지 알 수도 없고 내가 원하는 대로 가고 있는 건지도 모른다. 하지만 나는 이 길에서 많은 것을 경험하며 성장하리라 믿는다. 8개월의 여정 동안 보이는 것이 전부가 아님을 깨달았고, 지나치는 길마다 누군가의 손길이 담겨 있음에 감사함을 배웠고, 배려는 누군가의 희생임을 몸소 느꼈다.

해밀에서 시작된 길에서 만난 걱정, 두려움, 슬픔, 비난, 괴로움, 미움, 부족함, 외로움 등의 부정적인 단어들이 나를 힘들게 하고 그러다가 발견한 기대, 희망, 기쁨, 고마움, 행복, 칭찬, 인정, 위로 등의 긍정적인 단어들이 나를 앞으로 나아가게 한다. 어쩌면 길을 잃고 헤매기도 하고, 어둠과 밝음, 부정과 긍정을 맞보는 일련의 과정들은 순리인지 모른다. 그 과정에서 더 멋진 길을 만들어 갈 수 있을 테니까.

2021년 신축년을 맞이했지만 학교는 3월부터 다음해 2월까지 1년살이를 하기에 아직 2020년에 머물러 있다. 정확히 말하면 2020학년도에 머물러 있다. 첫째 아이가 12살이 되었지만 아직 4학년인 것처럼 말이다. 이상한 2개월은 2020학년도 회계 마감과 2021학년도 회계 시작을 준비한다. 길이 끝나는 지점에서 다시 시작되는 새로운 길은 어떤 모습일지 그 속에서 펼쳐질 다양한 이야기들이 어떤 식으로 발자국을 남길지 궁금해진다.

삶의 행복을 꿈꾸는 교육은 어디에서 오는가?

● **교육혁명을 앞당기는 배움책 이야기** 혁신교육의 철학과 잉걸진 미래를 만나다!

한국교육연구네트워크 총서

 01 핀란드 교육혁명
한국교육연구네트워크 엮음 | 320쪽 | 값 15,000원

 02 일제고사를 넘어서
한국교육연구네트워크 엮음 | 284쪽 | 값 13,000원

 03 새로운 사회를 여는 교육혁명
한국교육연구네트워크 엮음 | 380쪽 | 값 17,000원

 04 교장제도 혁명
한국교육연구네트워크 엮음 | 268쪽 | 값 14,000원

 05 새로운 사회를 여는 교육자치 혁명
한국교육연구네트워크 엮음 | 312쪽 | 값 15,000원

 06 혁신학교에 대한 교육학적 성찰
한국교육연구네트워크 엮음 | 308쪽 | 값 15,000원

 07 진보주의 교육의 세계적 동향
한국교육연구네트워크 엮음 | 324쪽 | 값 17,000원
2018 세종도서 학술부문

 08 더 나은 세상을 위한 학교혁명
한국교육연구네트워크 엮음 | 404쪽 | 값 21,000원
2018 세종도서 교양부문

 09 비판적 실천을 위한 교육학
이윤미 외 지음 | 448쪽 | 값 23,000원
2019 세종도서 학술부문

 10 마을교육공동체운동:
세계적 동향과 전망
심성보 외 지음 | 376쪽 | 값 18,000원

 11 학교 민주시민교육의
세계적 동향과 과제
심성보 외 지음 | 308쪽 | 값 16,000원

 12 학교를 민주주의의 정원으로
가꿀 수 있을까?
성열관 외 지음 | 272쪽 | 값 16,000원

한국교육연구네트워크 번역 총서

 01 프레이리와 교육
존 엘리아스 지음 | 한국교육연구네트워크 옮김
276쪽 | 값 14,000원

 02 교육은 사회를 바꿀 수 있을까?
마이클 애플 지음 | 강희룡·김선우·박원순·이형빈 옮김
356쪽 | 값 16,000원

 03 비판적 페다고지는
세상을 변화시킬 수 있는가?
Seewha Cho 지음 | 심성보·조시화 옮김
280쪽 | 값 14,000원

 04 마이클 애플의 민주학교
마이클 애플·제임스 빈 엮음 | 강희룡 옮김
276쪽 | 값 14,000원

 05 21세기 교육과 민주주의
넬 나딩스 지음 | 심성보 옮김 | 392쪽 | 값 18,000원

 06 세계교육개혁:
민영화 우선인가 공적 투자 강화인가?
린다 달링-해먼드 외 지음 | 심성보 외 옮김 | 408쪽 | 값 21,000원

 07 콩도르세, 공교육에 관한 다섯 논문
니콜라 드 콩도르세 지음 | 이주환 옮김
300쪽 | 값 16,000원

 08 학교를 변론하다
얀 마스켈라인·마틴 시몬스 지음 | 윤선인 옮김
252쪽 | 값 15,000원

 09 존 듀이와 교육
짐 개리슨 외 지음 | 김세희 외 옮김
372쪽 | 값 19,000원

 혁신학교
성열관·이순철 지음 | 224쪽 | 값 12,000원

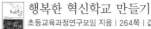 행복한 혁신학교 만들기
초등교육과정연구모임 지음 | 264쪽 | 값 13,000원

 서울형 혁신학교 이야기
이부영 지음 | 320쪽 | 값 15,000원

 대한민국 교사, 어떻게 가르칠 것인가?
윤성관 지음 | 320쪽 | 값 15,000원

 아이들을 어떻게 가르칠 것인가
사토 마나부 지음 | 박찬영 옮김 | 232쪽 | 값 13,000원

 모두를 위한 국제이해교육
한국국제이해교육학회 지음 | 364쪽 | 값 16,000원

● **비고츠키 선집 시리즈** 발달과 협력의 교육학 어떻게 읽을 것인가?

 생각과 말
레프 세묘노비치 비고츠키 지음
배희철·김용호·D. 켈로그 옮김 | 690쪽 | 값 33,000원

 도구와 기호
비고츠키·루리야 지음 | 비고츠키 연구회 옮김
336쪽 | 값 16,000원

 어린이 자기행동숙달의 역사와 발달 I
L.S. 비고츠키 지음 | 비고츠키 연구회 옮김
564쪽 | 값 28,000원

 어린이 자기행동숙달의 역사와 발달 II
L.S. 비고츠키 지음 | 비고츠키 연구회 옮김
552쪽 | 값 28,000원

 어린이의 상상과 창조
L.S. 비고츠키 지음 | 비고츠키 연구회 옮김
280쪽 | 값 15,000원

 비고츠키와 인지 발달의 비밀
A.R. 루리야 지음 | 배희철 옮김 | 280쪽 | 값 15,000원

 수업과 수업 사이
비고츠키 연구회 지음 | 196쪽 | 값 12,000원

 비고츠키의 발달교육이란 무엇인가?
비고츠키교육학실천연구모임 지음 | 412쪽 | 값 21,000원

 비고츠키 철학으로 본 핀란드 교육과정
배희철 지음 | 456쪽 | 값 23,000원

 성장과 분화
L.S. 비고츠키 지음 | 비고츠키 연구회 옮김
308쪽 | 값 15,000원

 연령과 위기
L.S. 비고츠키 지음 | 비고츠키 연구회 옮김
336쪽 | 값 17,000원

 의식과 숙달
L.S 비고츠키 | 비고츠키 연구회 옮김
348쪽 | 값 17,000원

 분열과 사랑
L.S. 비고츠키 지음 | 비고츠키 연구회 옮김
260쪽 | 값 16,000원

 성애와 갈등
L.S. 비고츠키 지음 | 비고츠키 연구회 옮김
268쪽 | 값 17,000원

 흥미와 개념
L.S. 비고츠키 지음 | 비고츠키 연구회 옮김
408쪽 | 값 21,000원

 관계의 교육학, 비고츠키
진보교육연구소 비고츠키교육학실천연구모임 지음
300쪽 | 값 15,000원

 비고츠키 생각과 말 쉽게 읽기
진보교육연구소 비고츠키교육학실천연구모임 지음
316쪽 | 값 15,000원

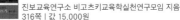 **교사와 부모를 위한 비고츠키 교육학**
카르포프 지음 | 실천교사번역팀 옮김
308쪽 | 값 15,000원

 혁신교육, 철학을 만나다
브렌트 데이비스·데니스 수마라 지음
현인철·서용선 옮김 | 304쪽 | 값 15,000원

  혁신교육 존 듀이에게 묻다
서용선 지음 | 292쪽 | 값 14,000원

 다시 읽는 조선 교육사
이만규 지음 | 750쪽 | 값 33,000원

 대한민국 교육혁명
교육혁명공동행동 연구위원회 지음
224쪽 | 값 12,000원

 경쟁을 넘어 발달 교육으로
현광일 지음 | 288쪽 | 값 14,000원

 독일 교육, 왜 강한가?
박성희 지음 | 324쪽 | 값 15,000원

  핀란드 교육의 기적
한넬레 니에미 외 엮음 | 장수명 외 옮김
456쪽 | 값 23,000원

 한국 교육의 현실과 전망
심성보 지음 | 724쪽 | 값 35,000원

통하는 공부
김태호 · 김형우 · 이경석 · 심우근 · 허진만 지음
324쪽 | 값 15,000원

내일 수업 어떻게 하지?
아이함께 지음 | 300쪽 | 값 15,000원
2015 세종도서 교양부문

인간 회복의 교육
성래운 지음 | 260쪽 | 값 13,000원

교과서 너머 교육과정 마주하기
이윤미 외 지음 | 368쪽 | 값 17,000원

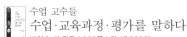
수업 고수들
수업·교육과정·평가를 말하다
박현숙 외 지음 | 368쪽 | 값 17,000원

도덕 수업, 책으로 묻고 윤리로 답하다
울산도덕교사모임 지음 | 320쪽 | 값 15,000원

체육 교사, 수업을 말하다
전용진 지음 | 304쪽 | 값 15,000원

교실을 위한 프레이리
아이러 쇼어 엮음 | 사람대사람 옮김
412쪽 | 값 18,000원

마을교육공동체란 무엇인가?
서용선 외 지음 | 360쪽 | 값 17,000원

교사, 학교를 바꾸다
정진화 지음 | 372쪽 | 값 17,000원

함께 배움
학생 주도 배움 중심 수업 이렇게 한다
니시카와 준 지음 | 백경석 옮김 | 280쪽 | 값 15,000원

공교육은 왜?
홍섭근 지음 | 352쪽 | 값 16,000원

자기혁신과 공동의 성장을 위한
교사들의 필리버스터
윤양수 · 원종희 · 장군 · 조경삼 지음 | 280쪽 | 값 14,000원

함께 배움 이렇게 시작한다
니시카와 준 지음 | 백경석 옮김 | 196쪽 | 값 12,000원

함께 배움 교사의 말하기
니시카와 준 지음 | 백경석 옮김 | 188쪽 | 값 12,000원

교육과정 통합, 어떻게 할 것인가?
성열관 외 지음 | 192쪽 | 값 13,000원

학교 혁신의 길, 아이들에게 묻다
남궁상운 외 지음 | 272쪽 | 값 15,000원

미래교육의 열쇠, 창의적 문화교육
심광현 · 노명우 · 강정석 지음 | 368쪽 | 값 16,000원

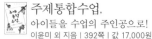
주제통합수업,
아이들을 수업의 주인공으로!
이윤미 외 지음 | 392쪽 | 값 17,000원

수업과 교육의 지평을 확장하는 **수업 비평**
윤양수 지음 | 316쪽 | 값 15,000원
2014 문화체육관광부 우수교양도서

교사, 선생이 되다
김태은 외 지음 | 260쪽 | 값 13,000원

교사의 전문성, 어떻게 만들어지나
국제교원노조연맹 보고서 | 김석규 옮김
392쪽 | 값 17,000원

수업의 정치
윤양수 · 원종희 · 장군 지음 | 280쪽 | 값 14,000원

학교협동조합,
현장체험학습과 마을교육공동체를 잇다
주수원 외 지음 | 296쪽 | 값 15,000원

거꾸로 교실,
잠자는 아이들을 깨우는 수업의 비밀
이민경 지음 | 280쪽 | 값 14,000원

교사는 무엇으로 사는가
정은균 지음 | 292쪽 | 값 15,000원

마음의 힘을 기르는 감성수업
조선미 외 지음 | 300쪽 | 값 15,000원

작은 학교 아이들
지경준 엮음 | 376쪽 | 값 17,000원

아이들의 배움은 어떻게 깊어지는가
이시이 준지 지음 | 방지현 · 이창희 옮김
200쪽 | 값 11,000원

대한민국 입시혁명
참교육연구소 입시연구팀 지음 | 220쪽 | 값 12,000원

교사를 세우는 교육과정
박승열 지음 | 312쪽 | 값 15,000원

전국 17명 교육감들과 나눈 교육 대담
최창의 대담·기록 | 272쪽 | 값 15,000원

들뢰즈와 가타리를 통해 유아교육 읽기
리세롯 마리엣 올슨 지음 | 이연선 외 옮김
328쪽 | 값 17,000원

학교 민주주의의 불한당들
정은균 지음 | 276쪽 | 값 14,000원

프레이리의 사상과 실천
사람대사람 지음 | 352쪽 | 값 18,000원
2018 세종도서 학술부문

교육과정, 수업, 평가의 일체화
리사 카터 지음 | 박승열 외 옮김 | 196쪽 | 값 13,000원

혁신학교, 한국 교육의 미래를 열다
송순재 외 지음 | 608쪽 | 값 30,000원

학교를 개선하는 교장
지속가능한 학교 혁신을 위한 실천 전략
마이클 풀란 지음 | 서동연·정효준 옮김 | 216쪽 | 값 13,000원

페다고지를 위하여
프레네의 『페다고지 불변요소』 읽기
박찬영 지음 | 296쪽 | 값 15,000원

공자뎐, 논어는 이것이다
유문상 지음 | 392쪽 | 값 18,000원

노자와 탈현대 문명
홍승표 지음 | 284쪽 | 값 15,000원

교사와 부모를 위한
발달교육이란 무엇인가?
현광일 지음 | 380쪽 | 값 18,000원

선생님, 민주시민교육이 뭐예요?
염경미 지음 | 244쪽 | 값 15,000원

교사, 이오덕에게 길을 묻다
이무완 지음 | 328쪽 | 값 15,000원

어쩌다 혁신학교
유우석 외 지음 | 380쪽 | 값 17,000원

낙오자 없는 스웨덴 교육
레이프 스트란드베리 지음 | 변광수 옮김
208쪽 | 값 13,000원

미래, 교육을 묻다
정광필 지음 | 232쪽 | 값 15,000원

끝나지 않은 마지막 수업
장석웅 지음 | 328쪽 | 값 20,000원

대학, 협동조합으로 교육하라
박주희 외 지음 | 252쪽 | 값 15,000원

경기꿈의학교
진흥섭 외 지음 | 360쪽 | 값 17,000원

입시, 어떻게 바꿀 것인가?
노기원 지음 | 306쪽 | 값 15,000원

학교를 말한다
이성우 지음 | 292쪽 | 값 15,000원

촛불시대, 혁신교육을 말하다
이용관 지음 | 240쪽 | 값 15,000원

행복도시 세종,
혁신교육으로 디자인하다
곽순일 외 지음 | 392쪽 | 값 18,000원

라운드 스터디
이시이 데루마사 외 엮음 | 224쪽 | 값 15,000원

나는 거꾸로 교실 거꾸로 교사
류광모·임정훈 지음 | 212쪽 | 값 13,000원

미래교육을 디자인하는 **학교교육과정**
박승열 외 지음 | 348쪽 | 값 18,000원

교실 속으로 간 **이해중심 교육과정**
온정덕 외 지음 | 224쪽 | 값 13,000원

흥미진진한 아일랜드 전환학년 이야기
제리 제퍼스 지음 | 최상덕·김호원 옮김 | 508쪽 | 값 27,000원
2019 대한민국학술원우수학술도서

교실, 평화를 말하다
따돌림사회연구모임 초등우정팀 지음
268쪽 | 값 15,000원

폭력 교실에 맞서는 용기
따돌림사회연구모임 학급운영팀 지음
272쪽 | 값 15,000원

학교자율운영 2.0
김용 지음 | 240쪽 | 값 15,000원

그래도 혁신학교
박은혜 외 지음 | 248쪽 | 값 15,000원

학교자치를 부탁해
유우석 외 지음 | 252쪽 | 값 15,000원

학교는 어떤 공동체인가?
성열관 외 지음 | 228쪽 | 값 15,000원

국제이해교육 페다고지
강순원 외 지음 | 256쪽 | 값 15,000원

교사 전쟁
다나 골드스타인 지음 | 유성상 외 옮김
468쪽 | 값 23,000원

선생님, 페미니즘이 뭐예요?
염경미 지음 | 280쪽 | 값 15,000원

시민, 학교에 가다
최형규 지음 | 260쪽 | 값 15,000원

평화의 교육과정 섬김의 리더십
이준원·이형빈 지음 | 292쪽 | 값 16,000원

학교를 살리는 회복적 생활교육
김민자·이순영·정선영 지음 | 256쪽 | 값 15,000원

 수포자의 시대
김성수·이형빈 지음 | 252쪽 | 값 15,000원

 교사를 위한 교육학 강의
이형빈 지음 | 336쪽 | 값 17,000원

 혁신학교와 실천적 교육과정
신은희 지음 | 236쪽 | 값 15,000원

 새로운학교 학생을 날게 하다
새로운학교네트워크 총서 02 | 408쪽 | 값 20,000원

 삶의 시간을 잇는 문화예술교육
고영직 지음 | 292쪽 | 값 16,000원

 세월호가 묻고 교육이 답하다
경기도교육연구원 지음 | 214쪽 | 값 13,000원

 혐오, 교실에 들어오다
이혜정 외 지음 | 232쪽 | 값 15,000원

 미래교육, 어떻게 만들어갈 것인가?
송기상·김성천 지음 | 300쪽 | 값 16,000원
2019 세종도서 교양부문

 혁신교육지구와 마을교육공동체는
어떻게 만들어지는가?
김태정 지음 | 376쪽 | 값 18,000원

 교육에 대한 오해
우문영 지음 | 224쪽 | 값 15,000원

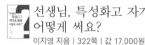 선생님, 특성화고 자기소개서
어떻게 써요?
이지영 지음 | 322쪽 | 값 17,000원

 혁신교육지구 현장을 가다
이용운 외 4인 지음 | 344쪽 | 값 18,000원

 학생과 교사, 수업을 묻다
전용진 지음 | 344쪽 | 값 18,000원

 배움의 독립선언, 평생학습
정민승 지음 | 240쪽 | 값 15,000원

 혁신학교의 꽃, 교육과정 다시 그리기
안재일 지음 | 344쪽 | 값 18,000원

 교육혁신의 시대
배움의 공간을 상상하다
함영기 외 지음 | 264쪽 | 값 17,000원

 학습격차 해소를 위한 새로운 도전
보편적 학습설계 수업
조윤정 외 지음 | 225쪽 | 값 15,000원

 서울의 마을교육
이용윤 외 지음 | 352쪽 | 값 18,000원

 물질과의 새로운 만남
베로니카 파치니-케처바우 지음 | 240쪽 | 값 15,000원

 평화와 인성을 키우는 자기우정
따돌림사회연구모임 우정팀 지음 | 240쪽 | 값 15,000원

 미래교육을 열어가는
배움중심 원격수업
이윤서 외 지음 | 332쪽 | 값 17,000원

● **살림터 참교육 문예 시리즈** 영혼이 있는 삶을 가르치는 온 선생님을 만나다!

 꽃보다 귀한 우리 아이는
조재도 지음 | 244쪽 | 값 12,000원

 선생님이 먼저 때렸는데요
강병철 지음 | 248쪽 | 값 12,000원

 성깔 있는 나무들
최은숙 지음 | 244쪽 | 값 12,000원

 서울 여자, 시골 선생님 되다
조경선 지음 | 252쪽 | 값 12,000원

 아이들에게 세상을 배웠네
명혜정 지음 | 240쪽 | 값 12,000원

 행복한 창의 교육
최창의 지음 | 328쪽 | 값 15,000원

 밥상에서 세상으로
김흥숙 지음 | 280쪽 | 값 13,000원

 북유럽 교육 기행
정애경 외 14인 지음 | 288쪽 | 값 14,000원

 우물쭈물하다 끝난 교사 이야기
유기창 지음 | 380쪽 | 값 17,000원

 시험 시간에 웃은 건 처음이에요
조규선 지음 | 252쪽 | 값 15,000원

 오천년을 사는 여자
염경미 지음 | 272쪽 | 값 16,000원

 다정한 교실에서 20,000시간
강정희 지음 | 296쪽 | 값 16,000원

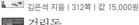

● 더불어 사는 정의로운 세상을 여는 인문사회과학 사람의 존엄과 평등의 가치를 배운다

 밥상혁명
강양구·강이현 지음 | 298쪽 | 값 13,800원

 도덕 교과서 무엇이 문제인가?
김대용 지음 | 272쪽 | 값 14,000원

 자율주의와 진보교육
조엘 스프링 지음 | 심성보 옮김 | 320쪽 | 값 15,000원

 민주화 이후의 공동체 교육
심성보 지음 | 392쪽 | 값 15,000원
2009 문화체육관광부 우수학술도서

 갈등을 넘어 협력 사회로
이창언·오수길·유문종·신윤관 지음
280쪽 | 값 15,000원

 동양사상과 마음교육
정재걸 외 지음 | 356쪽 | 값 16,000원
2015 세종도서 학술부문

 교과서 밖에서 배우는 철학 공부
정은교 지음 | 280쪽 | 값 14,000원

 교과서 밖에서 배우는 사회 공부
정은교 지음 | 304쪽 | 값 15,000원

 교과서 밖에서 배우는 윤리 공부
정은교 지음 | 292쪽 | 값 15,000원

 한글 혁명
김슬옹 지음 | 388쪽 | 값 18,000원

 우리 안의 미래교육
정재걸 지음 | 484쪽 | 값 25,000원

 왜 그는 한국으로 돌아왔는가?
황선준 지음 | 364쪽 | 값 17,000원
2019 세종도서 교양부문

 공간, 문화, 정치의 생태학
현광일 지음 | 232쪽 | 값 15,000원

 인공지능 시대의 사회학적 상상력
홍승표 지음 | 260쪽 | 값 15,000원

 동양사상과 인간 그리고 사회
이현지 지음 | 418쪽 | 값 21,000원

 장자와 탈현대
정재걸 외 지음 | 424쪽 | 값 21,000원

 놀자선생의 놀이인문학
진용근 지음 | 380쪽 | 값 185,000원

 좌우지간 인권이다
안경환 지음 | 288쪽 | 값 13,000원

 민주시민교육
심성보 지음 | 544쪽 | 값 25,000원

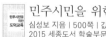 **민주시민을 위한 도덕교육**
심성보 지음 | 500쪽 | 값 25,000원
2015 세종도서 학술부문

 교과서 밖에서 배우는 인문학 공부
정은교 지음 | 280쪽 | 값 13,000원

 오래된 미래교육
정재걸 지음 | 392쪽 | 값 18,000원

 대한민국 의료혁명
전국보건의료산업노동조합 엮음 | 548쪽 | 값 25,000원

 교과서 밖에서 배우는 고전 공부
정은교 지음 | 288쪽 | 값 14,000원

 전체 안의 전체 사고 속의 사고
김우창의 인문학을 읽다
현광일 지음 | 320쪽 | 값 15,000원

 카스트로, 종교를 말하다
피델 카스트로·프레이 베토 대담 | 조세종 옮김
420쪽 | 값 21,000원

 일제강점기 한국철학
이태우 지음 | 448쪽 | 값 25,000원

 한국 교육 제4의 길을 찾다
이길상 지음 | 400쪽 | 값 21,000원
2019 세종도서 학술부문

 마을교육공동체 생태적 의미와 실천
김용련 지음 | 256쪽 | 값 15,000원

 교육과정에서 왜 지식이 중요한가
심성보 지음 | 440쪽 | 값 23,000원

 식물에게서 교육을 배우다
이차영 지음 | 260쪽 | 값 15,000원

 왜 전태일인가
송필경 지음 | 236쪽 | 값 17,000원

 한국 세계시민교육이 나아갈 길을 묻다
유네스코태평양 국제이해교육원 지음 | 260쪽 | 값 18,000원

● 평화샘 프로젝트 매뉴얼 시리즈 학교폭력에 대한 근본적인 예방과 대책을 찾는다

 학교폭력 어떻게 만들어지는가
문재현 외 지음 | 300쪽 | 값 14,000원

 아이들을 살리는 동네
문재현·신동명·김수동 지음 | 204쪽 | 값 10,000원

 학교폭력, 멈춰!
문재현 외 지음 | 348쪽 | 값 15,000원

 평화! 행복한 학교의 시작
문재현 외 지음 | 252쪽 | 값 12,000원

 왕따, 이렇게 해결할 수 있다
문재현 외 지음 | 236쪽 | 값 12,000원

 마을에 배움의 길이 있다
문재현 지음 | 208쪽 | 값 10,000원

 젊은 부모를 위한 백만 년의 육아 슬기
문재현 지음 | 248쪽 | 값 13,000원

 별자리, 인류의 이야기 주머니
문재현·문한뫼 지음 | 444쪽 | 값 20,000원

 우리는 마을에 산다
유양우·신동명·김수동·문재현 지음
312쪽 | 값 15,000원

 동생아, 우리 뭐 하고 놀까?
문재현 외 지음 | 280쪽 | 값 15,000원

 누가, 학교폭력 해결을 가로막는가?
문재현 외 지음 | 312쪽 | 값 15,000원

 **코로나 19가 앞당긴 미래,
마을에서 찾는 배움길**
문재현 외 지음 | 308쪽 | 값 16,000원

● 남북이 하나 되는 두물머리 평화교육 분단 극복을 위한 치열한 배움과 실천을 만나다

 10년 후 통일
정동영·지승호 지음 | 328쪽 | 값 15,000원

 선생님, 통일이 뭐예요?
정경호 지음 | 252쪽 | 값 13,000원

 분단시대의 통일교육
성래운 지음 | 428쪽 | 값 18,000원

 김창환 교수의 DMZ 지리 이야기
김창환 지음 | 264쪽 | 값 15,000원

 한반도 평화교육 어떻게 할 것인가
이기범 외 지음 | 252쪽 | 값 15,000원

 포괄적 평화교육
베티 리어든 지음 | 강순원 옮김 | 252쪽 | 값 17,000원

● 창의적인 협력 수업을 지향하는 삶이 있는 국어 교실 우리말 글을 배우며 세상을 배운다

 **중학교 국어 수업
어떻게 할 것인가?**
김미경 지음 | 340쪽 | 값 15,000원

 토론의 숲에서 나를 만나다
명혜정 엮음 | 312쪽 | 값 15,000원

 토닥토닥 토론해요
명혜정·이명선·조선미 엮음 | 288쪽 | 값 15,000원

 인문학의 숲을 거니는 토론 수업
순천국어교사모임 엮음 | 308쪽 | 값 15,000원

 어린이와 시
오인태 지음 | 192쪽 | 값 12,000원

 수업, 슬로리딩과 함께
박경숙 외 지음 | 268쪽 | 값 15,000원

 언어떤
정은균 지음 | 268쪽 | 값 15,000원
2019 세종도서 교양부문

 민촌 이기영 평전
이성렬 지음 | 508쪽 | 값 20,000원

 감각의 갱신, 화장하는 인민
남북문학예술연구회 | 380쪽 | 값 19,000원

참된 삶과 교육에 관한
생각 줍기